本书受云南师范大学省级重点马克思主义学院、马克思主义理论一级学科和研究生核心课程建设经费资助。

本书为2020年度云南省哲学社会科学创新团队"习近平新时代中国特色社会主义思想重大理论与现实问题研究"（项目号：2020CX01）阶段性成果。

旅游影响下的阿细女性实践

对可村的研究

蒋如娟　著

中国社会科学出版社

图书在版编目(CIP)数据

旅游影响下的阿细女性实践：对可村的研究／蒋如娟著.—北京：中国社会科学出版社，2021.12
ISBN 978 - 7 - 5203 - 9114 - 6

Ⅰ.①旅… Ⅱ.①蒋… Ⅲ.①彝族—旅游业—女性—研究—马关县 Ⅳ.①F592.774.5

中国版本图书馆 CIP 数据核字 (2021) 第 185982 号

出 版 人	赵剑英	
责任编辑	伊 岚	
责任校对	张爱华	
责任印制	张雪娇	

出 版	中国社会科学出版社	
社 址	北京鼓楼西大街甲 158 号	
邮 编	100720	
网 址	http://www.csspw.cn	
发 行 部	010 - 84083685	
门 市 部	010 - 84029450	
经 销	新华书店及其他书店	

印 刷	北京明恒达印务有限公司	
装 订	廊坊市广阳区广增装订厂	
版 次	2021 年 12 月第 1 版	
印 次	2021 年 12 月第 1 次印刷	

开 本	710×1000 1/16	
印 张	17	
插 页	2	
字 数	260 千字	
定 价	98.00 元	

序

少数民族地区旅游开发是促进民族地区乡村振兴的重要途径，如今，民族旅游特色村寨、民族风情小镇层出不穷，在西南地区更是多见。可以说，乡村振兴靠的是"人"，且其终极价值追求也是促进"人"的发展。在民族旅游产业中，少数民族女性的身影出现在旅游区的各个场所，身着民族服饰的她们俨然已成为当地民族旅游的一张名片。旅游开发对于少数民族女性这一特定人群来说究竟意味着什么，社会、文化变迁对她们的发展有何影响，带着对这些问题的思考，笔者进入了本书的田野调查点—可村。

可村是云南红河州的一个彝族阿细山寨，经过十余年的旅游发展，如今可村已成为红河民族旅游的标杆。旅游的深入发展，给可村阿细社会、文化带来了多方面的影响。在对可村阿细人特别是女性进行了长期地参与观察、深度访谈，并对相关文献进行了深入地研究后，笔者认为无论研究旅游中女性的任何问题，都要从她们的实践来着手。因此，本书以旅游影响下的女性实践为主题，以可村阿细女性为主要研究对象来进行民族志研究。围绕主题，本书研究的主要问题有：旅游业给阿细社会、文化变迁带来什么影响；在旅游开发的背景下，阿细女性是如何实践的，她们的能动性如何体现，结构与能动性的关系如何，她们的生存理性又如何体现；旅游开发对少数民族女性的社会地位、女性发展带来什么影响。

针对于以上研究的主要问题，本书主要从阿细女性的经济行为、社会关系再生产、旅游文化展演中"前台"与"后台"的实践展开描述、论述。旅游成为可村村民众多生计方式中的一个重要组成部分，如今的可村阿细女性以比较独立的姿态参与其中，与传统的耕作生计相区别，女性对男性的"依附"程度降低，新经济结构留给阿细女性更大的能动性空间。她们采用"身兼数职"的方式来应对多种生计方式，积极学习旅游中的新技能。旅游给可村家庭积累了财富，理财作为一个新事物在阿细社会出现，在此方面，女性有一定的话语权，现阶段她们更倾向于多盖房子向外出租或自己经营小生意，在此方面，她们追求"安全第一"的生存伦理特征突出。旅游影响了当地的消费文化，女性在形象上的消费增加，以积累形象资本。

旅游带给可村阿细女性社会关系再生产较为突出的影响，当下她们采用各种实践策略，使夫妻关系朝着更为平等的方向去发展。婆媳关系中，双方在力量变化的背景下积极实践，实现良好关系的再生产，以符合阿细社会的道德标准，为自身赢得有利位置。在家族活动中阿细女性"抛头露面"的新习性已被阿细社会接受，其影响力有所提升。旅游业扩展了可村阿细女性的生活空间，其社会关系日益"复杂"。

旅游文化展演中女性承担着重要的责任，"前台"展演的服饰文化、婚恋都与"后台"有着很大区别，旅游大大推进了节日文化的商品化，如今可村阿细节日的仪式、功能都发生了"巨变"。可村女性已能较清楚地分清"真""假"节日，她们在"后台"的生活中能动地采用多种策略，不断积累文化资本并适时进行转化，以为家庭、自身争取有利地位。

通过研究发现，旅游开发带给可村村民生计方式的变化，进而引起经济结构、社会关系、文化认知、认同等多方面阿细社会、文化变迁。在旅游经济的大浪潮下，可村阿细女性对于经济、理财等方面有了新的认识，在经济行动、择偶实践中经济方面的考虑越来越多，但这并不能就给她们随便贴一个"经济小农"的标签，现阶段在经济生活中，她们追求安全的特征也很突出，但也不能据此简单说她们就是"道义经济的实践者"。任何实践活动都必须放在具体的文化情境下去考察，可以说，以上这些都是可村阿细女性的生存理性，只是，不同时期的理性考虑侧重点会有所不同。

在旅游开发的背景下，可村阿细女性实践中的能动性不断涌现，但能动性不是凭空产生的，它与结构密切相关。当旅游产业出现，女性逐渐独立地参与其中，出现在更多的公共场合。经济新结构留给女性更多的能动性空间，她们积极实践，推动了新习性的形成，同时，也促进了阿细文化的再生产。尽管旅游带给女性更多能动性的空间，但新结构依然带有昨日痕迹，"传统"的事物不可能在一夜之间消失。所以，尽管在旅游开发的背景下，可村阿细女性地位特别是在家庭中的地位有所提高，但总体来看，在很多场域特别是家族生活、社区治理等方面，女性的影响力仍然十分有限，男性依然是主体。因此，进一步提高少数民族女性的地位、促进她们的发展，依然需要在尊重文化差异的基础上，为她们提供更有利的外部条件。

民族旅游开发与少数民族女性发展是一个极有意义、意思的研究主题，本书的研究只是初步探索，随着今后学术积累的增加，以及新时代的新特征、新情况的出现，笔者将会有更深入的研究。同时，本书如果能够在一定程度上拓展、丰富相关研究，提供有益研究视角，为学术研究做出一定贡献，那对于笔者而言是一大幸事。

蒋如娟

2019 年 9 月

目　　录

绪　　论

一　研究缘起

目前，旅游开发在少数民族地区开展得如火如荼，在中国的西南地区更是如此，各地都在依靠独特的民族文化、自然风光，进行民族旅游开发，以促进民族地区经济、社会的发展。笔者在云南求学、工作、生活十余年，曾多次到各地进行多种主题、形式的调查，很多时候会接触到民族风情小镇、民族特色旅游村寨等。云南省作为一个民族旅游大省，其旅游宣传中少数民族女性载歌载舞的画面，充当着旅游宣传的主角。到云南旅游已是两大主题，大好河山和少数民族风情。由于笔者的生活经历，经常看到在民族旅游开发地的少数民族女性，看到她们首先是在景区的歌舞广场、酒店、餐馆等地。大多数时间，只见她们身着漂亮的民族服饰，笑容可掬地从事着与各种旅游相关的服务工作。这些少数民族女性大多善于沟通，拥有一定的职业素养。笔者比较好奇，在旅游产业开发的背景下，少数民族社会、文化经历了何种变迁，少数民族女性在此背景下，如何谋求自己的生存、发展，她们的地位如何，她们的前台、后台生活究竟如何。

阿细是彝族的一个支系，聚居于云南省石林、弥勒、丘北等市、县，其有着悠久的历史和灿烂的民族文化，为了发展民族地区经济，阿细人在政府的领导、组织和各方的支持下积极开发民族旅游。旅游开发促进了阿细民族经济的发展，传统的生计方式也在发生着变化。彝族阿细女性勤劳、善良、隐忍、包容，他们在传统生计方式背景下，除了在家庭生活中充当重要的角色外，在耕作、畜牧中也是重要的劳动力。尽管她们在阿细社会中的作用重大，但在父权制的背景下，她们的地位长期以来比较低下，其活动范围大多被局限在私人领域，公共领域生活中很难见到她们的身影。村社议事、家族议事、祭祀几乎是男人们的专利。改革开放后特别是进入新世纪后，政府对民族文化开发给予了必要的引导和大力支持，阿细人民逐步也有了文化自觉，一些阿细村寨开始有意识地发展旅游。可村就是这样一个村寨，可村隶属于云南省弥勒市西三镇，是闻名遐迩的彝族歌舞"阿细跳月"的发源地，民族文化多姿多彩。可村的民族文化旅游开发，产生了显著的经济效益、社会效益。本书以可村为调查点，来探讨民族旅游开发背景下女性的实践相关问题。

民族旅游开发需要大量的人才，与之相联系，不少的可村阿细女性积极投入其中，她们的活动范围不断扩大，影响力也有所提升。生计方式、经济结构的变化对整个社会结构、族群文化带来影响，变化的共生是一个共识。旅游开发之前的阿细社会生活中，阿细女性当然有一套自己的实践策略，纵然其地位低下，但她们在那样独有的社会结构中，其行动的选择必然根植于社会结构中，其能动性也必然存在，以实现自身、家庭的安全、生存。然而，社会变迁正在进行，旅游开发是之前所没有的，当新鲜事物出现，研究问题也随之浮出水面。

人类学强调整体性视角，本书的研究力图探讨在民族旅游开发的背景下，可村阿细女性的实践相关问题，其必然涉及社会生活的各方面，本书将展开一幅可村阿细女性全观的多姿多彩画卷，具体主要探讨以下问题：首先，旅游业给阿细社会、文化变迁带来什么影响；其次，在旅游开发的背景下，阿细女性是如何实践的，她们的能动性如何体现，结构与能动性的关系如何，她们的生存理性如何体现；最后，旅游开发对少数民族女性的社会地位带来什么影响。以此研究来关注少数民族女性及民族旅游发展问题。

二　研究意义

笔者对田野点可村进行了长期的田野调查，搜集了大量的一手资料，以民族旅游产业开发背景下的可村阿细女性为研究对象，以人类学的视角对其在当今社会背景下的生存、发展状态予以关注，主要探讨可村阿细女性的实践相关问题。这样的研究既积极关照当下女性生存、发展的现实问题，又对结构与能动性、生存理性及旅游人类学等相关理论问题的探索具有积极的理论意义。

（一）理论意义

在对实践问题的研究中，结构与能动性的探讨非常重要。结构与能动性是文化人类学理论中最重要、最根本的问题。从文化人类学产生之初的古典进化论到当今的各理论流派，无不对二者进行探讨、研究。从人类学产生早期的杜尔干、拉德克里夫-布朗等先驱强调结构的理论主张，到后来的弗雷德里克·巴特等人的突出能动性的理论阐释，再到布迪厄等人的架起结构与能动性的桥梁，这个理论脉络贯穿了整个人类学发展史。在这个根本性理论问题的探讨突破上，布迪厄功不可没。他提出了场域、实践、惯习、策略等概念，终结了结构与能动性的二元对立。本书以可村阿细女性为研究对象，对其在多个场域中进行的实践进行研究，找出其实践策略、实践逻辑，尤其关注在旅游出现后，经济结构的变化如何使阿细女性的能动性更加凸显，经济结构的变化是如何被阿细女性内化为自己的新习性，新习性又如何再生产了阿细社会文化等。对于这些问题的研究，有助于深化结构与能动性关系问题的探讨。

在对于女性实践问题的研究上，难以避免从人类学的角度去审视关于理性的问题，因此本书也会在一些章节中探讨关于其经济理性、生存理性、生存伦理等。关于此方面，经济人类学的形式主义与实体主义的"大辩论"就与此相关，其争论的焦点是，人类的经济行为究竟是经济学所普遍信奉的追求经济利益最大化，还是其嵌入社会生活中，时刻受特定的文化要素的制约。在之后的相关研究中，波普金和斯科特对此也发起了学术探讨，究竟农民行为动机遵从的是经济理性还是道义生存伦理。在旅游产业的影响下，可村阿细女性的实践是怎样的，她们的生存理性如何，经济理性、生存理性与生存伦理是何关系，对这些问题的研究，有助于对经济人类学理论核心问题的探讨，理论意义突出。另外，本书也会涉及旅游人类学的关于旅游中文化的"商品化"、"真实性"以及旅游与性别等理论，对深化、丰富相关理论具有一定的意义。

（二）现实意义

女性是人类历史重要的推动者，但在很长一段时期，其身影总是鲜有出现在各学科的研究中。自女性主义研究产生以来，女性发展的问题得到重视，但从人类学的研究看，此方面的关注还很不够。可村女性是西南彝族的一个支系阿细人，历史上很长一段时间比较封闭，长期处在父权制大环境下生存。旅游产业开发后，当地的经济结构发生了变化，在社会转型的当下，她们的生存、发展状况如何，对于这些问题的探讨，在关注少数民族、女性发展的今天，显得尤为重要。因此，本书对可村阿细女性在生计方式变化的背景下，对她们的生存状态、实践策略予以关注，对她们的社会关系加以研究，对她们的情感世界给予深描，是关注女性发展，尤其是推动少数民族女性发展最实在的努力。并且，本书对少数民族女性的研究是放在旅游产业开发的背景下予以关注，研究对两方面都有所关照，这对于推进少数民族女性发展、民族旅游产业发展来说，都有重要的现实意义。

三　研究综述

本书以旅游影响下的女性实践为研究主题，讨论旅游影响下的阿细文化变迁、女性在其中的实践逻辑、实践策略、阿细女性的社会地位等问题。以下，笔者从本研究相关的旅游对目的地社会文化影响研究、旅游与目的地女性研究、实践研究、彝族女性研究、阿细文化社会研究五个方面对已有的相关研究文献做一个梳理。

（一）旅游对目的地社会文化影响研究

20世纪60年代，伴随着旅游产业的兴起，学术界开始从各种学科、视角研究旅游，人类学对于旅游的关注随即开始，旅游人类学作为人类学的一个重要分支应运而生。与旅游学的"短线"研究不同，人类学是从整个人类文化、从人的角度对旅游进行"长线"研究。旅游人类学的研究范围广泛，在研究的问题上看，主要包括旅游对目的地社会文化的影响、旅游与社会性别、旅游与地方社会的发展、游客的动机与行为、旅游本质等。本书关注的是旅游影响下目的地女性的实践，旅游对目的地社会文化的影响是重要的研究方面。前人在此方面的研究主要包括价值判断、文化商品化、文化真实性、文化涵化、文化变迁等。

1. 价值判断

首先从人类学的视角研究旅游的是欧洲和北美学者，学界一般认为1963 年人类学者努涅斯的《一个墨西哥山村开发周末旅游带来的影响》是最早研究此问题的文章。该文分析了开发旅游的墨西哥村民在社会关系、生活方式等方面的变化。① 从此以后，越来越多的学者开始关注旅游对目的地的影响。1974 年，旅游人类学的第一次研讨会在墨西哥城召开，其主题便是旅游对目的地的影响。此后的很长一段时间，旅游人类学的主要研究议题都集中在此方面。在问题的探讨上，有不少学者对其进行多方面的描述，最终进行价值判断，从而来论证旅游对目的地来讲是有利的或是有害的。其中具有代表性的观点来自于格林伍德，他指出在旅游开发中当地优秀的文化都变成了商品，为了讨好游客，目的地文化被完全破坏了，这对于目的地社会是极其不利的。② 纳什也从旅游的"帝国主义"来进行论述，揭示游客和旅游目的地人民不平等的关系，旅游目的地为了获取利益，按照游客的喜好进行开发、提供服务，人们"自愿"地接受外来影响，这种"隐形"的"帝国主义"对目的地社会带来了极大的不平等。③ 史密斯对此方面的看法没有那么绝对。他的论述认为：旅游给目的地带来了

① Nunez, T., *Tourism, Tradition, and Acculturation: Weeken Dismo in a Mexican Village*, South Weatern Journal of Anthropology, 1963（21）.

② ［美］戴维·J. 格林伍德：《文化能用金钱来衡量吗？——从人类学的角度探讨旅游作为文化商品化问题》，载［美］瓦伦·L. 史密斯《东道主与游客——旅游人类学研究》，张晓萍、何昌邑等译，云南大学出版社 2002 年版，第 185—201 页。

③ ［美］丹尼森·纳什：《作为一种帝国主义形式的旅游》，载［美］瓦伦·L. 史密斯《东道主与游客——旅游人类学研究》，张晓萍、何昌邑等译，云南大学出版社 2002 年版，第 41—59 页。

财富，并且有可能会给贫穷、落后地区的传统文化带来消极影响，但这并不意味着旅游业一定会产生文化上的破坏。他提到民族文化旅游中大众性的仪式是可以与外来游客分享的，这并不会给当地的文化带来损害。但当旅游侵犯到社区居民的日常私人生活中，其负面影响便会显现出来。①

国内对于旅游业给目的地社会文化带来的正面和负面影响研究上，在研究的早期，许多人类学家提出旅游会损害当地文化，但随着研究的深入开展，大部分学者也开始更"客观"地看待旅游的作用并持较为乐观的态度。如杨慧从云南民族旅游促进族群认同、传统文化重建的角度肯定了民族旅游的积极作用，她提到，云南少数民族在旅游开发的特定场景中，族群仪式借助于民族身份的再认同被强化，并在与民族旅游发展的互动中不断传承、延续、发展。与此同时，旅游业推动着各少数民族传统文化的复兴，为族群文化的再生产提供了舞台。②何明的观点是"在全球化背景下，民族文化保护最有效的途径，就是各种文化在与全球化的文化互动中进行自我革新与自我创造，就是通过合理的适度开发使民族文化的价值和意义获得文化持有者认同而产生文化自信"。③

2. 文化商品化与文化真实性

旅游开发必然涉及文化商品化问题，文化商品化对目的地社会带来各方面影响。较早提出文化商品化这一概念的是格林伍德，他指出，旅游产业使得地方传统文化作为商品进行售卖，在这样的背景下，文化早已失去其真正内涵。"旅游业只不过是一个民族的文化现实包装连同其他资源一起拿去出售，但我们知道，在任何地区，如果没有文化，当地人就无法生存。"④纳什在这个问题上态度温和，他指出文化"商品化"在旅游中极

① ［美］瓦伦·L. 史密斯：《绪论》，载［美］瓦伦·L. 史密斯《东道主与游客——旅游人类学研究》，张晓萍、何昌邑等译，云南大学出版社 2002 年版，第 7—12 页。

② 杨慧：《民族旅游与族群认同、传统文化复兴及重建——云南民族旅游开发中的"族群"及其应用泛化的检讨》，《思想战线》2003 年第 1 期。

③ 何明：《当下民族文化保护与开发的复调逻辑——基于少数民族村寨旅游与艺术展演实践的分析》，《云南师范大学学报（哲学社会科学版）》2008 年第 1 期。

④ ［美］戴维·J. 格林伍德：《文化能用金钱来衡量吗？——从人类学的角度探讨旅游作为文化商品化问题》，载［美］瓦伦·L. 史密斯《东道主与游客——旅游人类学研究》，张晓萍、何昌邑等译，云南大学出版社 2002 年版，第 185—201 页。

其突出，人们也越来越多地使用这个概念，"指的是社会关系深受市场交换规则的影响。"当社会关系发生变化，作为整体的文化也必然随之发生变迁。① 克里斯特尔考察了托六甲的旅游业，详细描述了其葬礼仪式的"商品化"过程，托六甲仪式文化的"商品化"，官方政府起到了关键作用，社区原住民在经济利益的"诱惑"下，在疑惑与不安中成为"共谋"。他指出，作为长期以来半封闭的托六甲，在旅游的冲击下显得脆弱与不知所措，在文化"商品化"的背景下，他们的信仰体系没有以前强大了，导致了部分文化内涵的消失。②

文化商品化究竟为旅游目的地带来什么影响，是否会使文化内涵消失一直以来也是国内旅游人类学研究的重点之一。张晓萍的观点是：文化商品化是少数民族在经济全球化背景下的必然选择，其积极影响突出，对于文化的影响并不明显。③ 马翀炜研究了现代旅游作为文化商品的意义："对于民族文化要素而言，因其参与到重新编码的过程之中，极有可能因其主动的参与而改变了原有的制度基础，从而使这些要素获得新的价值实现的空间，更为有意义的是它也改变着将其纳入的那个主流制度的基础，从而为民族文化价值新的实现空间的获得找到新的机会。"④ 他认为，旅游开发的文化商品化，会刺激一些传统的东西保存下来。我们看到，中国的大部分学者特别是近年来的研究，对于文化商品化的问题持较为乐观的态度，通常认为，如果是有效地、合理地引导，调动当地人参与的积极性，文化商品化就并非是洪水猛兽，反而对地方文化、民族文化的发展具有积极作用。

文化商品化随之而来的是其带来的关于文化的"真实性"相关问题。

---

① ［美］丹尼逊·纳什：《旅游人类学》，宗晓莲译，云南大学出版社2004年版，第23页。

② ［美］埃里克·克里斯特尔：《印度尼西亚苏拉威西托六甲的旅游业》，载［美］瓦伦·L.史密斯《东道主与游客——旅游人类学研究》，张晓萍、何昌邑等译，云南大学出版社2002年版，第150—183页。

③ 张晓萍：《旅游开发中的文化价值——从经济人类学的角度看文化商品化》，《民族艺术研究》2006年第5期。

④ 马翀炜、张帆：《想象的真实与真实的商品——经济人类学视野中的现代旅游》，载张晓萍《民族旅游的人类学透视——中西旅游人类学研究论丛》，云南大学出版社2005年版，第146页。

麦坎内尔从"前台""后台"的旅游人类学理论来探讨"真实"。他是从戈夫曼的"拟剧论"中获得启发，戈夫曼将戏剧表演的舞台定义为"前台"，"前台"是一种表演，具有理想化的特性，"后台"即为真实的呈现。麦坎内尔在《旅游者：休闲阶层新论》中集中论述了"舞台真实"，他首先是从旅游者的角度来论述，游客远道而来是为了寻找"真实"，东道主就必须刻意提供给游客"真实"。东道主刻意展现的文化为旅游人类学的"前台"，一些游客认为这是不"真实"的，他们渴望进入东道主的"后台"，但允许游客进入的"后台"，其实也是装扮成"后台"的"前台"。为了满足游客对于"真实"的欲求，游客、东道主持续互动，他们之间的互动，对东道主民族文化带来影响。① "而科恩却认为，所谓'真实性'并不等于原始，而是可以转变的，因为不同的人对'真实'有不同的看法和认识，这些都取决于他们的文化水平，审美能力等。所谓'真实'是可以被创造的，变化着的。"②

　　彭兆荣在"真实"的探讨上认为，旅游活动中的景观分裂为不同的部分，游客与景观既不是完全意义上的"真实"，也非完全意义上的"虚假"，他提出这是一种"部分真实"，东道主会根据游客的期待进行预先选择、安排，有意识地选择、遮蔽"真实"。③ 另外，李春霞、彭兆荣对游客的"想象真实""客观真实""建构真实"也进行了阐述，他们提到："实际上，所有的旅游开发，尤其是出彩的旅游开发均是对旅游目的地'客观真实性'的一次改写，一次在旅游目的地'客观真实性'上'涂抹'游客'想象真实性'的'建构真实性'行为。"④ 张晓萍也提出大多数游客并不会去深究是不是文化再造的问题，文化再造是存在的，其是真实存在的，至于旅游展演中的文化、舞台化的文化是否是所谓客观的"真实"，

---

　　① Dean MacCannell：《旅游者——休闲阶层新论》，张晓萍等译，广西师范大学出版社 2008 年版。

　　② 张晓萍：《从旅游人类学的视角透视云南旅游工艺品的开发》，《云南民族学院学报》（哲学社会科学版）2001 年第 5 期。

　　③ 彭兆荣：《民族志视野中真实性的多种样态》，《中国社会科学》2006 年第 2 期。

　　④ 李春霞、彭兆荣：《彝族"都则"（火把节）的仪式性与旅游开发》，《旅游学刊》2009 年第 4 期。

游客觉得无关紧要，文化的再造，反而为传统文化注入新的活力。①

3. 文化涵化与文化变迁

文化变迁一直是人类学研究的重要课题。涵化是文化变迁的一个主要内容，也是文化变迁中的重要概念。旅游人类学研究者将旅游者与东道主社会之间的互动视为涵化，这实则是多种文化接触、发生变迁的互动过程，即旅游同样对东道主社会、游客都产生影响，但游客来自于不同的文化背景，短期的他文化旅游并不能持续、高强度地发挥作用，而东道主社会在受外来文化长期的影响下，其文化变迁较为明显。所以，东道主社会的文化变迁是旅游人类学长期以来的一个研究重点。

纳什在此方面的观点为："研究涵化应考虑发生接触的文化体系性质、接触情况、接触后的社会关系和文化变化过程。实践中，人类学者，包括那些研究旅游的学者，都对较发达的西方游客和欠发达的目的地居民间接触引发的涵化更感兴趣，而且大多都假定了双方间的某种统治——从属关系。"② 在对中国此方面的研究中，也有学者持有这样的观点，不少学者认为以主要来自于汉族、城市的游客到欠发达的少数民族地区旅游，他们所代表的"强势文化"对少数民族文化带来了较大影响，发生了涵化。但纳什同时也提到，人类学研究者对此方面要谨慎看待，多数是因为人类学者过分关心处于劣势地位的人们，认识上可能会有一些偏差。并且他还提到："旅游如何引起目的地社会的变化？人类学者通常预设任何社会文化体系中的各个因素都在一定程度上相互联系，并且，某个因素的变化迟早都会导致另外因素的变化。"③ 所以，总结纳什在旅游而带来的文化涵化方面的观点，其注重从作为"整体"的人类学研究旅游，慎重使用"文化帝国主义"的视角，应根据具体情境去考量旅游目的地的文化涵化。

中国的学者对于旅游带来的文化涵化、文化变迁研究成果颇丰，以下仅对具有代表性的研究、观点进行综述。宗晓莲是中国学者中较早探讨此

---

① 张晓萍：《从旅游人类学的视角透视云南旅游工艺品的开发》，《云南民族学院学报》（哲学社会科学版）2001 年第 5 期。

② ［美］丹尼逊·纳什：《旅游人类学》，宗晓莲译，云南大学出版社 2004 年版，第 26 页。

③ ［美］丹尼逊·纳什：《旅游人类学》，宗晓莲译，云南大学出版社 2004 年版，第 22 页。

问题的学者，她以云南省丽江纳西族文化为例来研究旅游开发与文化变迁，她主要从纳西古乐、传统手工艺等方面来阐述其变迁。在旅游市场上演出的纳西古乐与丽江纳西古乐已经有本质的差别，富有个性的纳西古乐逐渐趋同于大众游客较易接受的大众文化。旅游中的外来纪念品在市场中占据主导地位，给本地的艺术、手工艺品带来了冲击，本地的皮革、银铜制品制作工艺没有得到振兴、发扬光大。① 孙九霞、张倩考察了旅游带来的傣族竹楼的文化变迁，其研究指出：旅游的发展促使傣楼在外形和功能上都发生了变迁，变迁的侧重点在于功能的转换。② 陈刚对云南沪沽湖地区发展旅游的摩梭人村落进行了调查，揭示了其影响下的文化变迁，包括饮食文化、建筑文化、婚姻方式、家庭结构、价值取向、宗教信仰、娱乐方式等多个方面。特别是在婚姻方式、家庭结构、价值取向方面的变迁最为突出，主要表现在择偶观念更加务实、外来婚姻增多、摩梭母系家庭小型化的趋势。价值取向方面，旅游开发之前的摩梭人耻于交换，是其自给自足的生计方式使然，他们认为不买不卖是富有的象征。旅游的快速发展，使得他们较快地转变对于财富的观念，使得他们迅速地投入到市场经济、全球化的怀抱之中。③ 廖婧琳、孙九霞以西江苗寨为例，探讨了旅游对苗族家庭变迁的影响。研究发现："在旅游影响下，传统苗族家庭正从一种单一性向复杂性迈进。家庭结构从一元到多元，夫妻权力关系从丈夫独大到夫妻协商，彩礼与嫁妆从给娘家的补偿到提前给小家庭的遗产，亲属关系从紧密的父系单线到松散的多元变化等。"④ 徐赣丽对桂北壮瑶村落在旅游开发的背景下的文化变迁进行了调查研究，其指出，商业利益的冲击改变了红瑶村民的羞耻文化，如"传统"中红瑶女性的长发是羞于给外

① 宗晓莲：《旅游开发与文化变迁——以云南省丽江县纳西族文化为例》，中国旅游出版社2006年版。

② 孙九霞、张倩：《旅游对傣族物质文化变迁及其资本化的影响——以傣楼景观为例》，《广西民族大学学报》（哲学社会科学版）2011年第3期。

③ 陈刚：《从社会转型到文化转型：泸沽湖地区摩梭社会文化变迁》，《民族论坛》2012年第11期。

④ 廖婧琳、孙九霞：《旅游发展与少数民族家庭变迁：从单一性到复杂性》，《贵州社会科学》2015年第5期。

人看的，但旅游的开发，使得害羞的东西成为大家争先恐后展示的东西。壮族村落的互助观念变得淡薄，人际关系、民风均发生了变化，昔日朴实的民风变得功利化倾向突出。①

旅游究竟给目的地社会文化带来什么影响，一直以来都是旅游人类学所最为关注的问题。从文化接触而引起的文化涵化、文化变迁，文化商品化带来文化"真实性"的探讨，旅游是否带来民族文化内涵的消失，旅游究竟对当地社会文化意味着什么，其带来积极还是消极影响。中外学者通过对以上主要问题的探讨，形成了旅游人类学研究的一个基本框架。

（二）旅游与目的地女性研究

从 20 世纪 70 年代不少西方学者开始关注旅游对东道主社会文化影响开始，旅游对于接待地女性的影响就进入了研究者的视野之中。玛格丽特·B. 斯温考察了库拉莫拉·库拉亚拉的旅游业对性别角色的影响，她的研究发现："当库拉人没有负责旅游发展时（如'摩拉'和旅馆业），以前的性别角色和迁移模式就得到强化。当库拉人成为负责人时就会产生新的角色发展变化：妇女从合作社的领导变成社区成员……将来可能会有库拉女护林员，'全体议会'可能改变态度以接受妇女的意见；库拉男子有可能不再临时外出就业；制作'摩拉'可能被视为全体库拉人的，而不仅是库拉妇女的工作。"② 旅游给库拉人的生计方式带来变化，继而引起男女角色、两性关系的变化。斯温还在文中提到了云南省的民族旅游正在蓬勃发展，还提到库拉人与云南的撒尼人有一些相似之处，如定期向城市售卖旅游产品，其中女性有着重要的作用。斯温指出像库拉人一样能够管理自己的资源，利用旅游实现了其文化生存的目的。由此可见，斯温对民族旅游发展总体上持有乐观态度。路易莎·莎因以贵州苗族为着眼点分析了少数民族女性的形象，她指出少数民族女性总是被人们等同于大自然，并

---

① 徐赣丽：《民俗旅游与民族文化变迁——桂北壮瑶三村考察》，民族出版社 2006 年版。

② ［美］玛格丽特·B. 斯温：《土著旅游业中的性别角色：库拉莫拉·库拉亚拉的旅游业和文化生存》，载［美］瓦伦·L. 史密斯《东道主与游客——旅游人类学研究》，张晓萍、何昌邑等译，云南大学出版社 2002 年版，第 112 页。

带有一定的情欲意味，当少数民族女性纳入被"凝视"的情境中，她们已经把自己身体商品化看的习以为常。这些少数民族女性主要充当"原始的"文化的展览者，她们是自己民族文化的维护者，与此同时，她们也在这个过程中具有了鲜明的"现代性"。路易莎·莎因似乎无意探讨旅游究竟是否及多大程度上提高了少数民族女性的地位，她只是揭示了在此过程中女性的"独特使命"，及其体现出的"传统"与"现代"的并存及矛盾。①

　　国内刘永青较早地以宁蒗县落水村摩梭社区为个案，从民族旅游发展对社会性别关系的影响角度关注女性问题。其文对摩梭人传统的家户领域与公众领域、旅游业引起的公众领域扩张等进行了阐述，当旅游成为落水村的支柱产业，"很多家户的、私人的事务也被置于公众、集体的规管之下，如建房、分家要经上级部门批准。实际上，这种提升和规管一开始是由男性依靠其家户的声望进行的。可以说，男性凭借着家户领域的力量，发展出一个比以往任何时候都更为强大的公众领域"。旅游带来公众领域的扩大，给男性更多的发展空间，为其树立威望提供了条件。最终其得出的结论为，家户领域依然是摩梭女性难以逾越的藩篱。旅游的发展给落水村的两性关系带来了变化，虽然其两性关系总体上是较为和谐、平等的，但在与外来文化的交流互动中，摩梭男性的影响力在不断扩大。摩梭社会的两性文化与其他社会有很大不同，因此，此研究的独特性也是显而易见的，但其研究视角，对于公众领域的详尽分析对相关研究具有一定的借鉴意义。②

　　金少萍以女性人类学的视角探讨了妇女与旅游业的互动发展。她的研究发现：通过发展旅游，妇女的潜能和创造意识得到了释放和发挥，形成了与旅游业发展的互动效益，同时指出旅游的日益商业化，部分少数民族妇女在旅游服务过程中的色情化也给当地社会带来了一定的负面效益。③陈斌发现旅游业的兴起使摩梭人家庭角色发生变化，妇女不但从事家中旅

　　① ［美］路易莎·莎因：《中国的社会性别与内部东方主义》，载马元曦《社会性别与发展译文集》，生活·读书·新知三联书店2000年版，第98—121页。
　　② 刘永青：《家户领域与公众领域：旅游业发展对摩梭人社会性别关系的影响——宁蒗县落水村摩梭社区个案研究》，载杜芳琴、王政《社会性别》（第1辑），天津人民出版社2004年版，第199—216页。
　　③ 金少萍：《云南少数民族妇女与旅游业的互动发展》，《中央民族大学学报》2003年第5期。

游接待工作还参加村中集体组织的旅游活动，而男性只是帮忙性质的参与。他强调在民族旅游业中，男女的角色分工使男性在家庭中的地位受到一定的影响，在家庭旅游接待的决策中，妇女的意见占有重要作用。[①] 宗晓莲提到旅游开发对妇女地位的影响，她认为妇女通过参与旅游业，经济地位提升并获得更多的自由和自信。[②] 赵巧艳以金坑梯田旅游与红瑶女性角色变迁为调查、研究对象，以布迪厄实践理论为分析工具，研究表明："随着农业场域向旅游场域的转变，红瑶女性的社会和家庭角色也发生了由从属地位向主导地位的转变，"红瑶女性主要通过自身持有的文化资本向经济资本的转换，获得了自身地位的提升，其家庭角色、社会角色也与旅游开发前有很大不同。[③]

目前国内外学者在旅游人类学研究中，有关旅游与女性、社会性别之间的关系研究已取得一定成果，多数研究少数民族女性，其关注点主要在旅游对于目的地女性就业和经济收入的影响、旅游中的社会角色及其变迁、旅游对于目的地女性社会地位的影响等方面。目前研究多是侧重于某一方面的研究，系统探讨旅游发展中目的地女性的实践策略、角色变迁、价值观念、社会地位等问题的研究还并不多见。

（三）实践研究

农民实践问题是人类学实践研究的一个重要方面，对于农民是"理性"的还是"非理性"的探讨此起彼伏。在实践研究中，特别是在理论关照上，结构与能动性是一个核心问题。在此方面，人类学各个学派都有自己的观点，总体来看，此方面经历了重视其一到综合二者的研究趋势。

1. 农民实践问题研究

美国农民学家詹姆斯·斯科特是研究农民行为问题的专家。他在研究

---

① 陈斌：《旅游发展对摩梭人家庭性别角色的影响》，《民族艺术研究》2004 年第 1 期。

② 宗晓莲：《旅游开发与文化变迁—以云南省丽江县纳西族文化为例》，中国旅游出版社 2006 年版。

③ 赵巧艳：《布迪厄实践理论视角下民族旅游与社会性别的互动——以龙胜金坑红瑶为例》，《人文地理》2011 年第 6 期。

东南亚农民的行为时提出："农民的经济行为是一种非理性的行为。"斯科特将他的发现定义为道义经济学以区别于正统经济学的基本假设：由于生活在接近生存线的边缘，农民家庭对于传统的新古典主义经济学的收益最大化，几乎没有算计的机会。典型的情况是，农民耕种者力图避免的是可能毁灭自己的歉收，并不想通过冒险而获得大成功、发横财。[1] 斯科特认为农民的非理性行为是由农民的"生存伦理"所决定的。在斯科特的研究中，"生存伦理"产生的基础是东南亚农民的生存状况：他们长久地处于一种"水深齐颈"的生存边缘位置，即使是微波细澜也会导致灭顶之灾。道义经济学的核心原则是"安全第一"：即生存取向的农民宁愿选择回报较低但较稳定的策略，而不是那些收入回报较高但同时也有较高风险的策略。他们的检验标准极有可能是"剩下多少"而不是"被拿走多少"。[2] 另外类似的还有格尔茨所提出一个经典概念——农业内卷化。[3] 黄宗智在《华北的小农经济与社会变迁》的研究中指出，冀鲁西北平原小农经济劳动力的边际报酬严重递减的内卷化现象。[4] 另外，马克斯·韦伯在其《新教伦理和资本主义精神》中提到一种值得人们关注的现象：19 世纪的德国农场主通过提高计件的方式来获得农民更多的劳动量，但农民只是满足于获得之前的报酬，之后便停止工作，而不是像农场主所想象的那样，他们会付出更多的劳动以获取更多的报酬。韦伯把这种心态称之为"传统主义"，其特点是：并不追求得到更多，只追求为得到够用的而付出的最少。[5]

中国学者在侧重于农民经济行为的研究方面，张兆曙以浙江的后乐村为个案，研究了该村 50 年来的经济实践，最后得出结论：在农民的经济

① ［美］詹姆斯·C. 斯科特：《农民的道义经济学：东南亚的反叛与生存》，程立显等译，译林出版社 2001 年版，第 6 页

② ［美］詹姆斯·C. 斯科特：《农民的道义经济学：东南亚的反叛与生存》，程立显等译，译林出版社 2001 年版，第 6 页。

③ Clifford Geertz, *Agricultural Involution：The Processes of Ecological Change in Indonesia*, University of California Press, 1963.

④ ［美］黄宗智：《华北的小农经济与社会变迁》，中华书局 2000 年版。

⑤ ［德］马克斯·韦伯：《新教伦理和资本主义精神》，阎克文译，上海人民出版社 2012 年版。

实践中，无论是否有生存危机，农民都极富理性精神。因此，支配农民行为的不是生存伦理，而是生存理性。① 郑宇、曾静聚焦一位从越南嫁到中国的苗族妇女的生活经历。该文阐述了此位苗族妇女各个不同时期为了生存最大化而灵活地采取了多种策略，重点考量了其经济行动策略。研究指出："推动其系列行动的生存理性，是一种以个体经济理性与群体道义理性为基本框架，以生存安全的最大化为行动的核心目标，同时密切考量社会规则与伦理道德，具有动态性与多样性特点的实践理性。"② 文军在《从生存理性到社会理性的选择：当代中国农民外出就业动因的社会学分析》中主要从社会学的角度，论述何为"理性"，农民有没有理性的问题，他的研究表明农民的理性是存在的，而不同指向的"理性"是由于学科、假设的不同，该研究主要从当代中国农民外出就业为切入点，来探讨农民的"理性"相关问题，最后本研究得出结论：农民外出就业是理性行动的表现，源于生存压力和理性选择的共同作用，农民的选择除了受生存压力的影响，也受到传统观念和制度安排的影响，他们的行动始终受制于一定的结构、规则。并且文军的研究还提到，由于受中国文化的影响，家庭是中国人理性选择的决策单位。经济理性选择理论对当今中国人的行动解释力较强，但他所强调时刻考虑行动者选择过程的多样性和复杂性的社会理性选择同等重要，这也将成为解释当今中国农民、中国人行动的重要解释工具。③ 郭于华在《"道义经济"还是"理性小农"——重读农民学经典论题》中主要进行理论探讨，该文将农民学经典进行解读，提出："无论将农民表述为'道德的'或'理性的'，还是将其行为逻辑概括为生存逻辑与投资逻辑，或群体逻辑与个体逻辑，都是在理论层面讨论农民问题，这可以形成完全合乎理性的假设，但与现实常常会有距离。对农民行为的分析必须放在其特定的、具体的生存境遇、制度安排和社会变迁

---

① 张兆曙：《生存伦理还是生存理性？——对一个农民行为论题的实地检验》，《东南学术》2004 年第 5 期。

② 郑宇、曾静：《社会变迁与生存理性：一位苗族妇女的个人生活史》，《民族研究》2015 年第 3 期。

③ 文军：《从生存理性到社会理性的选择：当代中国农民外出就业动因的社会学分析》，《社会学研究》2011 年第 6 期。

的背景中进行。"①

在中国学者对农民经济实践以外的其他研究或综合研究方面，比较有代表性的研究有以下几种。辛允星、赵旭东在《羌族下山的行动逻辑——一种身份认同视角下的生存策略选择》中认为，"羌族下山"现象背后存在着深层的动力来源，即在特定身份认同模式支撑下所做出的某种生存策略选择；与此同时，"下山"之后的羌族社会文化正在新的生存状态中经历着一场深刻的"自我再造"过程。②张爱华采用民族志的方法，主要聚焦农村中年女性发展新型的代际策略，来应对自身权力丧失的困境。在传统与现代的碰撞下，中年女性采用了温情策略，以此她们来应对在传统与现代之间的彷徨、无奈。同时温情策略也体现了作为弱势群体的农村中年女性的能动性。③朱宇晶主要探讨一个乡村教会中女性的实践策略，在所谓"传统"性别观念回归的社会背景下，这些女性采取的是顺应的实践策略，"可以说，这是一部分女性在结构性限制之下，寻求个人自利的一种短期选择：她们在话语上有意无意地迎合这种"传统"父权的审美；在获得正当性的同时，又在现实生活中拓展了自己的空间和影响力"。作者的观点是：这些看似行为保守的农村女性的行动，其实是她们主动选择的一种策略，依然在一定程度上体现出她们的能动性。④

对农民经济行为的研究，西方一些经典著作提出了与经济学中所设定的"人都在追求经济利益最大化"所不同的"生存伦理"，人的行为特别是经济行为是在遵循着"经济理性"还是"生存伦理"，或许不是那么绝对的事，因为人的行为是极其复杂的。中国学者对于此方面的研究更倾向于以上两方面的综合，农民的经济行为有时是追求经济利益的最大化，有时又追求风险最小化，很多时候，人的行为能同时体现出以上两方面。农

---

① 郭于华：《"道义经济"还是"理性小农"——重读农民学经典论题》，《读书》2005 年第 2 期。

② 辛允星、赵旭东：《羌族下山的行动逻辑——一种身份认同视角下的生存策略选择》，《广西民族大学学报》（哲学社会科学版）2013 年第 4 期。

③ 张爱华：《农村中年女性的温情策略与家庭关系期待——对河北上村隔代照顾实践的研究》，《妇女研究论丛》2015 年第 5 期。

④ 朱宇晶：《表征性父权：传统、女性策略与父权再生产》，《民俗研究》2017 年第 3 期。

民所处的经济、文化境遇不同，其表现也就会有不同。中国学者对农民经济行为以外的实践研究表明，对于如今在传统与现代大碰撞中行动的中国农民而言，"迎合"与"自我再造"是他们主要的实践策略。

2. 实践中的结构与能动性研究

人类如何进行实践，人类的行动逻辑如何，人类在行动中的策略如何选择，结构如何形塑人的行为，人的能动性如何体现等这些始终是人类学探讨的主要问题。同时，这些问题也是不同人类学理论学派所阐述的结构和能动性的问题。在早期的人类学理论中，个体与结构的对立，主观与客观的对立，是一个突出的问题。这其中的理论探讨从杜尔干、拉德克里夫－布朗、列维－斯特劳斯再到弗雷德里克·巴特等，他们围绕结构与能动性的论题，进行了持久地论争和研究。他们的研究或多或少都体现了重视其一，有二元对立的倾向、特点。自20世纪六七十年代开始，理论界出现了消除二元对立的理论取向。许多理论家都在思考：究竟是结构优先还是人的能动性优先？能不能在结构与能动性之间找到互通，打破二者的对立，在这个问题上，布迪厄、帕森斯、吉登斯等都做了深入探讨，形成了较为系统的理论，其中影响较大的是布迪厄的实践理论。萨林斯受布迪厄实践理论的影响，进一步探讨了事件、结构、能动性、历史等之间的关系，拓展了实践理论。

（1）强调结构的理论主张

"结构"早期多运用于建筑学领域，意指各个组成部分的排列、组合，后运用于多个学科。人类学中的结构从杜尔干到20世纪中期以后的各人类学理论学派、人类学家，有的将结构指向人与人之间的关系，有的则指向理想主义的心智结构。无论如何，强调结构的各理论都赞成结构对于人们的选择、行动的决定作用。

杜尔干强调社会是一个整体，它超越了一般个人而存在，并对生存于其中的每一个人带来不可避免的影响，并且他提出了"集体意识"的概念。在《社会分工论》中，他将"集体意识"定义为一社会中多数人所共有的信仰与情感，通过它而形成该社会生活的固定意识。后来，在《自杀论》中，他用"集体观念"代替"集体意识"，主要是指一个社会中的语言、道德、信仰、习俗、传统意识，甚至包括神话等。① 他所指的集体观念或者也被称为"社会事实"，是由社会强加给个人的，并非个人从经验中获得。很明显，杜尔干的理论只注重结构对于人们行为的影响，虽然他并未用到结构一词，而他所讲的"集体观念""集体意识""社会事实"实际上指向了结构。在以杜尔干为主要代表人物的社会学学派中，个人的能动性并未占有任何位置，个人完全处在被动的境地，受结构的完全影响。

功能主义大师拉德克里夫－布朗深受杜尔干的影响，他认为必须要从社会角度解释社会现象。在他之前还从未有人类学家对"社会结构"如他一样进行大量的阐述。他明确指出社会结构是指在一个文化体内部的人与人之间的关系，而人与人之间的关系又是由"制度"支配的。他认为掌握了制度，就能弄明白社会结构。他将社会结构定义为："在由制度即社会上已确立的行为规范或模式规定或支配的关系中，人的不断配置组合。"② 拉德克里夫－布朗非常强调社会关系，虽然不像杜尔干那样几乎完全忽视个人的能动性，但他也并未对个人的能动性有更多的涉及。

列维－斯特劳斯深受杜尔干的影响，但其继承的是杜尔干的理性主义传统，他也部分吸取了拉德克里夫－布朗的"结构"思想，但必须强调的是，列维－斯特劳斯所研究的是人类的思维结构，而并非经验性的社会结构，从这点上来讲，列维－斯特劳斯的关于结构的思想与他之前的人类学家的思想有很大不同。他给"结构"下定义为："结构或社会结构这个术语与经验实在并无关系，而是与依据经验实在建立的模型有关。"③

象征人类学代表人物玛丽·道格拉斯认为，人们的分类体系就是为了维持社会秩序，人们创造的模式化的认知领域，也是为了维持社会秩序。分类、整理等活动是加强了社会结构。在结构与符号之间的关系上，她认

---

① 夏建中：《文化人类学理论学派——文化研究的历史》，中国人民大学出版社 1997 年版，第 98 页。

② ［英］拉德克里夫－布朗：《社会人类学方法》，夏建中译，山东人民出版社 1988 年版，第 148 页。

③ ［法］列维－斯特劳斯：《结构人类学》，谢维扬、俞宣孟译，上海译文出版社 1995 年版，第 299 页。

为人类的仪式、信仰都与社会秩序紧密联系，社会关系通过仪式来表达。在她的研究中我们看到，人的精神、主动性无时无刻不受到社会结构的规制。①

（2）突出能动性的理论阐释

人类学中关注的能动性必然从关注人的个体开始。人类学对能动性的关注主要是在20世纪中期以后，但在此之前的侧重于讨论个人的一些理论给能动性的探讨很大的启发，如功能派大师马林诺夫斯基。马林诺夫斯基的理论基础是人的生理和心理需求，他认为人的生理和心理需求是原生的，文化首先要满足的就是这两点的需求，满足个体的需要。随后他的弟子埃德蒙·利奇在研究克钦人的政治制度时突出这样的思想：克钦人政治制度的摇摆与社会制度、结构有关，但离开了个体，这些结构的矛盾就不复存在。② 利奇在他的研究中强调了人的主观能动性的作用，在能动性的探讨方面他比他的老师马林诺夫斯基走的要远很多。

对能动性进行比较系统探讨的是弗雷德里克·巴特，在他的行动或交易理论中他指出：人是能动者，人们的行为体现制度和习俗，制度和习俗是不能直接观察，结构是人们的策略带来的附属物。他认为人们无时无刻不在盘算着自己的利益，据此来做出选择，即人总是在进行理性选择，也正是这种理性选择形成、维系着社会结构。很明显，巴特在强调能动性的重要和优先。③

（3）超越二元对立的实践理论

布迪厄的实践理论被认为是超越二元论最有价值的理论之一。布迪厄在他的《实践理论大纲》《实践与反思》《实践感》等著作中阐述了惯习、场域、资本和策略的基本含义和相互关系，消除了理论界长期以来存在的二元对立状态。布迪厄也正是通过社会实践理论的以上几个关键概念来研

---

① ［英］玛丽·道格拉斯：《洁净与危险》，黄剑波等译，民族出版社2008年版。
② ［英］埃德蒙·R. 利奇：《缅甸高地诸政治体系》，杨春宇、周歆红译，商务印书馆2012年版。
③ ［挪威］弗雷德里克·巴特：《斯瓦特巴坦人的政治过程——一个社会人类学研究的范例》，黄建生译，上海人民出版社2005年版。

究、揭示社会生活。

布迪厄所突出的场域概念，为了说明各种客观结构的空间位置，他将其定义为："一个场域可以被定义为在各种位置之间存在的客观关系的一个网络，或一个构型。"① 在布迪厄看来，场域绝不是简单的空间客体事物，其指向的是以各种关系为纽带连接起来的社会场合或社会领域，其本质是各要素之间的关系。每个场域都有各自的价值观和规范，而是"某种被赋予了特定引力的关系构型"。② 布迪厄认为，社会科学研究的对象应是个体所构成的场域，各种场域构成了社会。可以说，场域概念充分体现了布迪厄的关系主义的思维方式。另外，布迪厄的场域概念，非常强调社会生活的冲突性。场域是一个包含着力量的空间，同时也是一个各种力量格局斗争的场所，是一个对资源争夺的竞技场。场域既是具体的实际活动的场所，同时又是实际活动的过程、结果的力的相互关系，场域在本质上是历史的和现实的、有形的和无形的、现有的和正在发生的、物质性的和精神性的各种因素力之关系网。

"惯习是一种结构形塑机制，其运作来自行动者自身内部，尽管惯习不完全是个人性的，其本身也不是行为的全部决定因素。"③ 惯习具有两面性，既是被个体内化了的社会结构，以"体现在人们身上的历史"形式存在，同时它作为存在于个体身体之中的秉性系统，又积极建构着社会结构。布迪厄所说的"惯习"就是"性情倾向系统"，每个"场域"都会有自己的"惯习"，惯习与客观结构紧密相连，它是一种主观性，也是一种"主观性的社会结构。""实践一方面实现了个人的利益，另一方面在某种程度上使结构和体系得以不断再生产，形成其'霸权'的中介。也就是说，实践既是策略性的个人行动，也是再造文化的社会秩序的途径。"④ 布

---

① ［法］皮埃尔·布迪厄、［美］华康德：《实践与反思——反思社会学导引》，李猛、李康译，中央编译出版社1998年版，第134页。

② ［法］皮埃尔·布迪厄、［美］华康德：《实践与反思——反思社会学导引》，李猛、李康译，中央编译出版社1998年版，第17页。

③ ［法］皮埃尔·布迪厄、［美］华康德：《实践与反思——反思社会学导引》，李猛、李康译，中央编译出版社1998年版，第19页。

④ 王铭铭：《西方人类学思潮十讲》，广西师范大学出版社2005年版，第103—104页。

迪厄强调惯习总是伴随着行动者的一生，同时实现内在化和外在化的双重过程，是完成主观和客观、个人与社会两方面的共时双向运动的相互渗透过程。惯习不是习惯，是存在于行动者的性情倾向系统中的从实践操作的意义上来讲的作为一种技艺存在的生成性能力。"总之，我们可以把布迪厄的惯习概念理解为：既是行动者的内在主观精神状态，又是外化的客观活动；既是行动者主观心态的向外结构化的客观过程，又是历史的及现实的客观环境向内被结构化的主观过程。"①

布迪厄实践理论的另一个重要概念是资本。布迪厄关于资本的概念，自然不同于经济学对资本的看法，布迪厄当然也受到马克思主义的启发。以马克思主义的实践观来看，实践工具是把主体和客体联系起来，使二者之间的相互作用得以实现的条件和中介。在布迪厄的理论中，"资本"是与"场域""惯习"相联系的一个重要概念，布迪厄主要阐述了经济资本、文化资本、社会资本和象征资本等方面。资本可以相互转化，大多情况下的经济资本可转化为文化资本、社会资本。

布迪厄的实践理论中，策略同样也是一个关键词。它与"场域""惯习""资本"等的研究密切联系。因为在布迪厄看来，场域是一个争夺的空间，场域中各种位置的占据者利用种种策略来保证或改善他们在场域中的位置，不断在场域中展开斗争。"惯习的提出，可以说是一件不得已而又是甘愿为之的事情，这是一个结合了客观必然性的产物，它产生了策略，即使这些策略不是建立在对客观条件有足够了解的基础上，不是在此基础上通过有意识的针对得到清晰的系统阐释的目标而产生的，但这种策略最终表明是客观的适合于环境的。"② 在布迪厄看来，策略之所以重要，是因为策略的制定及运用，反映了场域中各个行动者手中所拥有的资本及其相互关系的状况，并且行动者策略斗争的结果，还决定着资本及其拥有者的社会命运，以及整个资本再分配的变化动向，当然也就反映了行动者

---

① 宫留记：《场域、惯习和资本：布迪厄与马克思在实践观上的不同视域》，《河南大学学报》（社会科学版）2007 年第 3 期。

② ［法］皮埃尔·布尔迪厄：《布尔迪厄访谈录——文化资本与社会炼金术》，包亚明译，上海人民出版社 1997 年版，第 70 页。

社会地位的变化动向。策略是由场域的竞争性、冲突性所决定的，每个行动者在其社会生活中都有策略，在每个行动者的惯习中，就已经内化了他们的实践逻辑。布迪厄所说的策略，和他提出的惯习很接近，之所以要单独把这个概念加以强调，是因为布迪厄要纠正之前理论对于"规则"的过度重视，他要完全区别于结构主义的静态模式。行动者必然会根据惯习的实践逻辑而灵活采取"策略"，行动者采取的策略，取决于他的位置，但位置也并非决定策略的唯一要素，策略显然还会考虑更多的实践情境。布迪厄所提出的"策略"概念，如前文所讲，并非完全是行动者的理性算计，并非行动者完全的有意识设计，但这种"策略"却是根植于、适合于社会环境的。

在结构与能动性中寻找"中间"路径的还有萨林斯，不少研究者也将其划归实践论一派。他的不少著作一直在探讨结构、能动性、实践等问题，此方面的探究主要体现在他的《文化与实践理性》《历史之岛》中。在《文化与实践理性》中，他重点涉及实践理性和象征理性的辩论。从他的著作中我们发现，他在很大程度上对文化视功利的观点提出质疑与挑战。他非常反对将人看作古典经济学中所说的单纯追求经济利益的物种，这样的人与其他动物并无任何区别。他提出，"人的独特性在于……根据他自己设定的意义图式来生活"。① 因此，他认为纯粹的经济理性是站不住脚的，他极力反对经济脱嵌于社会。他指出人的经济行为首先是一个文化行为，人的实践是一个极其复杂的过程。他认为文化是主体与客体、精神与物质的中介，如果说结构给予了人能动性的空间，那么，同样，结构也限制了人实践中能动性的发挥。

当很多研究者研究社会转型、文化变迁时，更多地突出实践中人的能动性，很难将结构放置于合适的位置，似乎结构在解释社会转型、文化变迁中是无法作为的。萨林斯在《历史之岛》中解决了这一问题。在这一著作中，他对事件、结构、实践、能动性、历史等做了综合研究，提出了著

---

① ［美］马歇尔·萨林斯：《文化与实践理性》，赵丙祥译，上海人民出版社 2002 年版，第 2 页。

名的"并接结构"的概念，解决了以上所讲问题，并帮助人们从历史中发现结构、从结构中发现历史，提供了一个能将历史研究与人类学研究融合的模型，形成了"萨林斯式"的历史人类学研究。该著作内容丰富，其中的"并接结构"是研究的核心，萨林斯如此界定"并接结构"："它是一系列的历史关系，这些关系再生产出传统文化范畴，同时又根据现实情境给它们赋予新的价值。"①"并接结构"有些"过渡状态"的意味，同时又是一种"动力系统"，人们在实践中总是承接着社会一定的结构，人们在行动中始终有一个认知图式，同时也有能动性。萨林斯笔下的库克船长之死就是由于夏威夷人既有观念结构影响下的结果，而夏威夷人的能动性就在于，西方人来到当地后，他们把对外来人、外来新事物的理解纳入自己的认知图式当中。因此，萨林斯提出了搬演性结构和惯例性结构的概念。"搬演性秩序倾向于将自身融浸于偶然性情境之中；相反，惯例性秩序则倾向于——以一种否认其情境偶然性或突发性之方式——把这种情境吸收为自身的一部分。"②当然，其实再进一步看，"惯例性秩序"似乎能体现出人的能动性，但萨林斯更重要的是强调结构的强大，能动性依然根植于结构之中。

布迪厄在探讨实践时，非常重视经济资本对结构与能动性的影响，此点萨林斯则与其不同，他更强调偶然发生的事件与结构的关系，从人们对待事件的态度，人们具体实践中的认知图式上去研究。即便如此，布迪厄和萨林斯的理论仍然有一些相同之处，他们都试图弥合结构与能动性的鸿沟，来揭示人类复杂的实践。但其实我们也看到，两者理论都更倾向于结构，他们多在实践中看结构，结构中看实践。

农民行为、实践方面的研究历来受到中外学者的重视，对于其生存理性、生存伦理的探讨从未停止。如今的研究更倾向于将其放在具体的情境中去考察，较少有学者有非此即彼的论断。实践研究中的结构与能动性始终都是人类学的中心论题之一，不少人类学大家都有此方面的研究，从重

---

① ［美］马歇尔·萨林斯：《历史之岛》，蓝达居等译，上海人民出版社 2003 年版，第 163 页。
② ［美］马歇尔·萨林斯：《历史之岛》，蓝达居等译，上海人民出版社 2003 年版，第 9 页。

视其一到两者之间的综合，对此问题的探讨伴随着整个人类学的发展。同农民行为问题研究一致的是，如今此方面的研究同样注重情境性，通常学者不会下一个"放之四海而皆准"的结论。

（四）彝族女性研究

马林英对凉山彝族女性的研究主要是从婚姻文化的角度来切入，她认为凉山彝族女性在择偶观方面，越来越重视现实利益而打破等级、年龄界限，改革开放后婚变的大潮中彝族女性正由被动地位向主动地位转变，马林英比较乐观地认为凉山女性能够调整自己的婚姻角色，选择适宜自己发展的婚姻模式。[①] 刘代霞从彝族哭嫁歌管窥彝族女性意识，她认为哭嫁歌表达彝族女性对母权制到父权制的感受，是女性的一种控诉和质疑，她论述了彝族哭嫁歌现在已经成为一种婚礼的展演性仪式，其意味着现代彝族婚姻实质性的变化。[②] 李晓莉通过对云南楚雄直苴彝族村的考察，指出"彝族女性择偶条件的变化似乎是一个自然回归的过程，或者说是以一个以感情为核心到以经济为杠杆的过程，或多或少显得'唯利是图'"。作者认为这个过程反映了彝族社会经济的发展，该文从一个彝族村寨女性择偶变化过程，看到社会发展和文化变迁的特点。[③] 蔡富莲从《杉林女神经》《鬼源经》等毕摩经书总结了凉山彝族女性在生产生活中社会地位的变迁过程。通过该研究作者指出，在母系氏族社会中彝族女性有崇高的社会地位，参与军事行动，她们还参加生产劳动，作为首领带领部落成员狩猎。在婚姻生活中，她们拥有自主权。随着母系氏族社会逐步过渡到父系氏族社会，女性的社会地位逐步下降，沦为家庭财产的一部分，出嫁前，身价钱归父兄，婚后则属丈夫家庭所有。该文主要从女神—鬼祖—厉鬼的角度分析，从对毕摩文献的分析为人们展示了彝族妇女社会地位的变迁。[④]

---

① 马林英：《当代凉山彝族婚姻文化中女性角色的变迁》，《中华女子学院学报》1999 年第 4 期。

② 刘代霞：《女性意识在彝族哭嫁歌中的裸现》，《贵州大学学报》（社会科学版）2014 年第 7 期。

③ 李晓莉：《女性择偶的动因与需求——以云南楚雄直苴村彝族择偶为例》，《思想战线》2005 年第 2 期。

④ 蔡富莲：《凉山彝族毕摩文献中的女性形象研究》，《民族文学研究》2015 年第 5 期。

徐睿在《宗教性别社会化——毕摩教在凉山彝族女性生命转折点中的作用》中考察了毕摩教在凉山彝族女性角色社会化的重要作用，该研究论述道："在特定的民族文化背景下，毕摩教获取了社会化的主体地位，在凉山彝族女性人生阶段的转折点上以仪式的方式推动女性按其所期望的角色行为，完成由被动接受到主动内化的性别社会化过程。""毕摩教针对女性的通过仪式教给女性如何扮演社会角色，如何行为才能在社会领域获得认可，同时还运用了一些带有对比性的男性通过意识，如'密枝'，从负面否定的角度强化女性不应该扮演社会角色的观念。"① 郝彧把彝族女性的地位放在家支文化中进行考察，其研究表明：彝族女性在家支生活中承担着较大的责任，其中最重要的是生育传承，然而他们并没有获得足够的尊重和应有的地位。在家支文化中包含着对女性的矛盾情结：既被需要，又被排斥；既被赞美，又被贬抑；既被神化，又被丑化。如今随着经济社会的发展，她们的地位有所提高，处境有所改善，但要获得更平等的地位，仍然需要较长的过程。②

当下对彝族文化相关研究成果丰硕，但对于彝族女性的研究较少，并且为数不多的彝族女性研究主要是对凉山彝族、云南楚雄彝族的研究，研究主要集中在婚恋、社会角色、社会地位变迁等方面。彝族支系繁多，各支系文化差异较大，针对本书的阿细女性方面的研究较为少见。

（五）阿细文化、社会研究

如今现存的多个版本的彝族史、西南民族史中，大部分都是对作为整体的彝族的经济、社会等历史的描述，对阿细支系的记载较少。目前有较为详细研究的是朱映占等著的《云南民族通史》，该著作记载了中华人民共和国成立后阿细支系的社会、文化，其中主要包括阿细婚恋文化、性别文化、宗教信仰等。该研究记载了"公房"对于阿细青年恋爱的作用，较

① 徐睿：《宗教性别社会化——毕摩教在凉山彝族女性生命转折点中的作用》，《云南社会科学》2007 年第 3 期。
② 郝彧：《彝族家支文化中的女性地位》，《西南民族大学学报》（人文社会科学版）2015 年第 11 期。

为自由的恋爱、婚姻，婚后妻子从夫居，信鬼神等。该研究指出彝族阿细支系与撒尼支系的习俗、语言较为接近，"彝族性"阿细更少，婚姻上阿细支系比撒尼支系更加自由。① 对阿细支系文化、社会的研究现存可查的资料绝大部分都出现在20世纪50年代后，其中在50年代后期，由云南省民族民间文学红河调查队搜集整理的《阿细的先基》是阿细史诗出版的较早版本，其详细记载了"最古的时候""男女说合成一家"等内容，成为研究阿细文化、社会的重要资料。② 阿细本土学者石连顺、石晓莉的《阿细人生礼仪》，比较全面的对阿细的民俗、礼仪进行了记载、研究，成为了解、研究阿细社会、文化的一本重要著作。③

近年来从人类学的角度对阿细文化、社会进行的研究如下。路芳立足于阿细村寨红万村（"阿细祭火名村"），从"客位"视角分析了阿细人的"祭火"仪式，通过对"祭火"仪式的考察，来揭示阿细人的宇宙观、历史记忆、生活记忆等，通过一系列的研究，作者认为：该仪式正在经历从"密祭摩"到"祭火节"的变迁，阿细人的"祭火"是关于新年祭、祖先崇拜、生殖崇拜等的仪式性表达。④ 马翀炜通过对阿细村寨的人类学考察，对阿细人驱火妖仪式进行了深入的分析，指出阿细人驱火妖仪式与"传统"诸多的不同，驱火妖是消失已久的仪式在今日的复活，是人们在经济全球化的背景下将民族文化资本化运用的体现。⑤ 与以上研究比较相似的是，卢鹏、路伟从文化资源开发的角度来探讨阿细文化、传统文化的复兴，"这种复兴并非是传统文化的如实再现，而经历了一定程度的发明，发明为传统文化的延续提供了条件"。⑥ 彭多意、崔江红等的《变迁中的彝族社区——以可邑村为例》主要由多位云南大学师生在2007年前后对彝

① 朱映占等：《云南民族通史》（下册），云南大学出版社2016年版，第331页。
② 云南省民族民间文学红河调查队搜集整理：《阿细的先基》，云南人民出版社1959年版。
③ 石连顺、石晓莉：《阿细人生礼仪》，云南民族出版社2007年版。
④ 路芳：《火的祭礼：阿细人密祭摩仪式的人类学研究》，北京大学出版社2012年版。
⑤ 马翀炜：《众神狂欢与意义追寻——彝族阿细人驱火妖节日的人类学分析》，《民族艺术研究》2003年第3期。
⑥ 卢鹏、路伟：《传统的复兴与发明——以彝族阿细人山寨可邑村为例》，《黑龙江民族丛刊》2009年第2期。

族阿细村寨的全面调查、研究组成，内容主要涉及被调查社区的经济、社会、文化等诸多方面，是了解阿细社区、研究阿细社会、文化的一部重要的著作。① 彭兆荣、路芳探讨了阿细人的宗教和生态观的相关问题，研究以弥勒红万村阿细人的密枝山祭祀为例，通过对仪式的详细、深入解读，为我们展示了阿细人祭祀的生动画卷，并指出"仪式与生态的依存关系"，红万村阿细人在仪式实践中实现与生态的和谐。②

　　"阿细跳月"是阿细文化的一张名片，近些年来，一些学者对其进行了研究。普丽春对"阿细跳月"的起源与发展进行了研究，关于其起源，作者的观点是：尽管民间说法不同，但"其起源必定与彝族先民的生产活动密切相关，可以说'阿细跳月'产生于劳动生产和社会生活之中"，是阿细人民物质生活与精神生活的反映。此文较早地对阿细跳月的种类及特点进行了较为详细的分类、论述，并总结出"其文化特征主要表现为继承性、群众性、通俗性和地方性等几个方面"。③ 姚艳以阿细跳月进行分析，对村寨阿细人各年龄段参与阿细跳月的活动情况进行了调查，指出阿细跳月在传承上面临着一些问题，其原因主要归纳为：认识配偶途径的增多、学习的难度、精神生活的丰富、青少年受教育时间增长等。该文最后从政府、阿细村寨两方面提出了促进阿细跳月传承的措施。并最终得出结论：民族文化本身具有社会价值和经济价值，应该做到合理开发、加大保护力度。④ 万义以阿细跳月为例关注非物质文化遗产保护的相关问题。其从体育文化的角度对阿细跳月进行研究，在村落社会结构变迁中对阿细跳月进行非物质文化遗产的考察，最终提出：像阿细跳月这样的传统体育非物质文化遗产保护要与村落经济发展、村落政治建设、村落先进文化形成联动。⑤

---

　　① 彭多意、崔江红等著：《变迁中的彝族社区——以可邑村为例》，民族出版社 2007 年版。

　　② 彭兆荣、路芳：《阿细密枝山祭祀仪式与生态和谐——以云南省弥勒县西一镇红万村为例》，《广西民族研究》2009 年第 3 期。

　　③ 普丽春：《彝族舞蹈"阿细跳月"的文化特征浅析》，《思想战线》2001 年第 2 期。

　　④ 姚艳：《文化传承的困境——阿细跳月的个案研究》，《贵州民族学院学报》（哲学社会科学版）2006 年第 1 期。

　　⑤ 万义：《村落社会结构变迁中传统体育的非物质文化遗产保护——以弥勒县可邑村彝族阿细跳月为例》，《体育科学》2011 年第 2 期。

当前对阿细文化、社会的研究比较集中于宗教、以阿细跳月为代表的娱乐、体育文化研究，还有部分研究聚焦于阿细文化的开发与保护，相关研究的专著数量有限，且介绍性居多。因此，总体来看，阿细文化、社会方面的研究数量不多，深度不够，此方面的研究需要继续扩展、深入。

综合本书相关研究，旅游对目的地社会文化影响研究、旅游与目的地女性研究、实践研究、彝族女性研究、阿细文化、社会研究已取得了一定的研究成果，特别是在实践相关理论研究方面成果突出，为本书的研究奠定了一定的理论基础，但同时也存在着不足之处。首先，旅游影响下的女性相关问题对现象的描述居多，其研究内容多以旅游与女性的表层简单关系为主，解释性研究较少。其次，在旅游开发对当地女性影响方面的研究还比较单一，仅限于某些方面，综合性的研究较少。最后，不同民族、族群文化各异，其女性的实践、发展必然也有差异，之前对于彝族女性尤其是阿细女性的相关研究很少，特别是民族旅游开发背景下彝族阿细女性的实践策略、生存状态及其社会地位、发展的研究更是少见。基于以上几方面的不足之处，本书试图对其进行补充。

四　研究方法

作为典型的人类学研究，本书对田野点可村进行长期地参与观察，并主要针对可村阿细女性的实践相关问题对相关报道人进行访谈。民族志写作有别于其他类型的写作，故本研究还对相关研究文献进行梳理、研究，尤其注重理论层面的提升。因此，本书的研究方法，可归纳如下。

（一）文献法

文献研究对于任何学术研究都是必要的。针对本书的人类学研究，一方面要搜集当下相关研究的最新动态，另外还要注重搜集经典研究中此方面的理论阐述。田野调查前的文献搜集、整理、消化有助于提高田野工作的效率，田野调查后的资料搜集、文献研究更能帮助研究者从田野材料中找出相关问题，也能够帮助在前人的基础上再进行深入研究。当然，文献研究也能帮助研究者提高理论水平。在本书中，笔者对相关理论研究、前沿研究成果进行了必要的梳理、研究，也从地方志办公室、田野点可村村委会等部门搜集到了有关可村历史的文献资料，同时也对可村相关的新闻报道、网络发布的相关信息等进行了搜集、整理、研究。从经典理论到相关基础研究、前沿研究再到田野点相关的文献研究，本书的文献研究构筑了全方位的结构，这对本书的顺利、高效率撰写提供了必要条件。

（二）参与观察法

参与观察法是人类学研究最重要的研究方法。客位的观察与主位的参与是参与观察法的要义。本书的田野调查点是传统人类学的村落，笔者在过去的田野调查中，用了大量的时间进行参与观察。由于研究对象是旅游开发背景下的可村阿细女性，她们与传统村落所不同的是，她们不仅是村民，而且是职场女性，她们的生活节奏较快，对多数人进行长期访谈显得不切实际。笔者长时间的参与观察，深入她们的生活实践中，才能获取更多的信息，得到更多的田野材料。对于笔者而言，彝族阿细社会完全是一个陌生的世界，在这样的条件下，参与观察更能使笔者在异文化环境中获得更多的材料，有更多的感受和思考。笔者在过去持续一年多的长期田野调查中，与可村村民同吃同住同劳动，和村民们一起喝"满月酒"、吃杀猪饭，同他们一起过"密枝节"、"阿细跳月节"、"祭虎节"、春节等节日。通过长期的参与观察，对可村彝族阿细社会、文化、可村女性的生活空间、关系网络有了较多、较深地了解，对她们的实践相关问题有较多的认识和思考。

（三）深度访谈法

访谈法是人类学田野工作中的另一重要方法。在参与观察的基础上，针对要研究的问题，进行结构性与非结构性访谈。笔者在过去的田野作业中，对多位可村村民进行了访谈，了解到可村的各方面情况，并主要针对本书的研究问题，重点对可村女性进行了访谈。针对不同的旅游从业者，不同年龄段的可村阿细女性，重点对六位女性进行了深入访谈，了解到她们的生存状态、实践策略等。在访谈的具体操作中，由于笔者为女性，本书的研究对象也为女性，报道人也多为女性，因此，在访谈上笔者进行得比较顺利、自然。在访谈方式上，笔者与访谈对象一般都是在比较轻松的氛围下以拉家常的方式进行，非结构性访谈使用的频率较高，尽量不用录音笔、笔记本等设备以使报道人不拘谨，使其呈现出放松的、自然的状态。

第一章　可村昔今

本书的田野点可村是云南省红河州的一个阿细村寨，本章从可村的自然物质空间开始考察，并从族群溯源与村寨历史、婚恋与家庭结构、节日仪式与宗教信仰进入其历史时空，进而阐述如今可村村民生计、关系网络、社会组织等。本章的内容大致勾勒了可村的"前世"与"今生"。

第一节　自然地理

人类活动总是在一定的自然地理环境中展开，文化总是与位置、地形、气候、资源能源等密切相关。本节主要从可村的地理环境、资源能源方面进行考察，以明确可村阿细文化得以存在、绵延的自然物质空间。

一　地理环境

可村位于云南省红河州弥勒市（县级市）西三镇，西三镇坐落于弥勒县西北部，东西北三面皆与石林彝族自治县相连，南与弥阳、西一镇接壤。可村位于弥勒市区以北 20 余公里、西三镇西北 8 公里处，在西山地区的东北面，村寨坐落在斜坡中，四面青山环抱，空气清新。

弥勒整体地处亚热带，靠近北回归线。由于境内地形多样，在海拔 1600 米以下，年平均气温 16—19.7℃ 的坝区、河谷地带，属南亚热带或中亚热带气候；海拔 1600—2000 米，年平均气温 15—16℃ 的山区属亚热带气候；海拔 2000 米以上，年平均气温 12.5—14℃ 的东山等少数地区，具有温热带气候特点，边缘垂直地带立体气候明显。①弥勒处于山区，各地海拔不同，气候有明显差别。我第一次去可村正值暑假，体感舒适，只是中午稍热，感觉接近30℃，早晚凉快，空气清新。可村虽距离弥勒市区仅20余公里，但由于海拔较高，气温明显低于市区，据村民们讲，可村的最高温度通常也不会超过35℃。但夏季的可村时常会有强对流天气，有时会有大风伴随冰雹。这会对农作物带来巨大的影响，特别是对烟田危害较大，会大大减少其产量。可村80%的降水都集中在5—10月，这期间是可村的雨季，每年的其他时间则为旱季。可村海拔1900米左右，冬冷夏凉，温差较大是其气候特点。所以，在可村，经常会看到人们早晨穿棉衣、中午穿短袖的情景。印象最深的一次是在11月份参加一个"满月酒"活动，有好几个小伙子都是薄款羽绒服里内搭短袖衬衫，中午在室外吃饭时，骄阳四射，他们纷纷脱掉羽绒服，穿着短袖在室外吃饭、帮忙等。这种穿法之前似乎在一些羽绒服广告中才会看到，在可村却是常态。可村每年春节前两个月左右是一年中最冷的时间点，有时路面会结冰，山路难行。这时山中树木挂满冰花，银装素裹，分外秀美。

人们到达一个地方，通常第一感觉就是温度、体感。从省城昆明驾车出发，经过宜良县、石林县之后就进入了弥勒县，从国道进入法依哨岔路口，盘山路走大约3公里就到了可村。从法依哨路口往前走，海拔越来越高，空气也变得更加清新，山中的凉意渐渐袭来。与此同时，还有映入眼帘的自然风光。可村位于云贵高原的西南部，地势西高东低，属于最典型的山区。村内石灰岩分布广泛，由于长期被雨水侵蚀而形成一些溶洞，地面有形态各异的石峰、石芽，这种景色虽不似附近石林的面积广、名气大，但在山间盘旋看到各类奇异的石峰，依然有一定的视觉冲击力。村中高山与洼地相间分布，蜿蜒崎岖。

可村的山南北走向，大致呈锯齿状。东有密枝山，西有姑娘山，南有怒色山，北有三头山。大山小山相连，有些挺拔巍峨，有些秀丽婀娜。密枝山是可村祖先唯一完整保留下来的原始森林，山上古树参天，枝木繁

---

① 云南省弥勒县志编纂委员会编纂：《弥勒县志》，云南人民出版社1987年版，第53页。

盛。可村土地主要有以下几种类型：耕地、森林、灌木林、石山、草坡、村民宅基地、道路等。山地占据可村所有土地类型中的最大比例，山地占所有土地的33%。所以，在可村，山地、森林随处可见，一些家庭的宅基地就在山脚下。多山的环境尽管给可村的发展，特别是交通的推进带来了一定的障碍，但与此同时，靠山吃山，多山的自然环境当然也给可村人带来了一些资源能源。

二　资源能源

可村有丰富的大理石、马牙石等石材资源，一些村民会就地取材，建造石头房子。但总体来看，石头房子占少数，可村在如今钢筋混凝土结构的房子普遍之前，传统的阿细房子大部分都是土木结构，土木结构也为先民们就地取材的结果。在可村的山上有大片的树木，人们盖房子就砍树作为重要的原材料。由于20世纪八九十年代的大量砍伐，如今唯有密枝林作为唯一的原始森林保存下来。据对可村村主任的访谈，如今森林的面积大概有7000余亩，树种主要为松木。可村还有灌木林，主要为栗木及其他杂木。如今的山地大部分已分给各个家庭，有少量归集体所有。分给各家庭的山地主要种有梨、柿子等果树。

在森林和山间林木中有许多山珍，夏季有多种菌子长出。可村人和大多数云南人一样，视野生菌为最美味的山珍。每到夏季雨水充沛时，可村不少人都会上山采摘。我在村中居住多日，其中有较多时间恰好正值暑假，这时是食用野生菌的集中时期。我没少吃各种味道鲜甜的野生菌，虽然我不能一一叫上名字，也不能像可村人一般熟知它们的秉性，确定它们有毒没毒，但当我看到乡亲们采来各种菌子时，也同他们一般极其喜悦。据可村人介绍，可村产的野生菌种类有鸡枞、青头菌、牛肝菌、木耳等。野生菌中，可村人只会将木耳晒干长期保存，以备日后食用，其他野生菌都是现采现吃。除了野生菌之外，森林、山林中还有草乌、苦参等多种草药。在西医影响力还不大的时期，可村阿细人治病疗伤主要靠山中草药。如今，依然还有一些老年人会去山上采些草药回来晾晒，以备日后服用。森林、山林中还有一些动物，据村中老人回忆，20世纪五六十年代山中有野猪、松鼠、狐狸、老虎等大型动物，如今以上这些大型动物几乎绝迹，只有像野鸡、野兔、布谷鸟、斑鸠、麻雀等小动物了。历史上的阿细男人喜欢打猎，他们用自制的弓箭射杀山中野兽、禽类，如今极少人打猎。一方面是国家管控，另一方面，打猎也几乎打不到野味。如今的可村人煮饭有使用柴火作为燃料的，也有使用煤气的，电磁炉、电饭锅等也被较为广泛的使用。在历史上很长一段时间，可村阿细女人有一个重要的活儿就是砍柴背柴，柴火是最为重要的燃料。如今，依然有一些年龄较大的中老年人上山捡干枯的树枝，背回家中整理整齐放在杂物间。如今可村不少中老年人依然用柴做饭，她们认为这样既省钱，煮的饭菜也好吃。

可村耕地有 1500 余亩，历来面积变化不大。① 土类是典型的红土，酸性较大，保水能力较差。根据土壤的特点，可村耕地主要种植玉米、大麦、烤烟、稻谷等作物。历来玉米种植的面积较大，主要供人及家畜食用。近十余年时间，可村才大规模地种植烤烟，获得了较高的经济效益。不少可村家庭的房前屋后会有一些空地，通常会被种上各种青菜、瓜类、豆类等，以满足家庭食用。

弥勒地处亚热带，降雨量充沛。但石洞分布不均匀，东、西部山区地表水径流小而不均，地下水埋藏较深，水资源开发利用率低。中部盆地属地表水和地下水的富集区。② 可村就属于水资源利用率低的山区，可村人长期以来吃水是最大的问题。

> 我们寨子基本上没有水资源，森林里也不出水。密枝山有一个小水塘，我们小时候、年轻时候有一些水，现在嘛水也不多，也不顶太大的用处。一到干旱年，水比油都金贵。20 世纪 70 年代的时候，政府出钱，我们寨子曾打过井，打到快一百米仍然是没有水。我们吃水一直都困难啊，直到 90 年代，兴起了家庭水窖，我们村的侨胞陈先生每户给 1000 元，政府也给补贴，到 90 年代中后期，基本上家家都

---

① 此数据从村主任处访谈得知。
② 弥勒县地方志编纂委员会编纂：《弥勒县志（1978—2005）》，德宏人民出版社 2008 年版，第 61 页。

有水窖了，吃水的问题基本就解决了。水窖藏水还是好呢，雨水经过沉淀后很干净、很甜很好吃。①

图 1 - 1　可村家庭水窖②

2009 年县政府出资通了自来水，如今，绝大多数家庭都能用上自来水，村民用水难的问题彻底被解决。但即便如此，出于多年的习惯，多数可村家庭依然保留着家庭水窖，很多情况下，他们依然使用水窖里的水。

第二节　历史时空

据可村阿细人的传说所言，"阿细"是一位骁勇善战的首领，后来追随他的人不断发展为阿细人。可村是一个典型的阿细山寨，已有三百多年的历史。历史上阿细人一直通过自由恋爱结婚，独特的婚俗及不同时期的

---

① 被访谈人：H 爷爷（男，81 岁，可村彝族阿细人）。访谈时间：2017 年 7 月 2 日。访谈地点：可村街边。

② 笔者拍摄于 2017 年 8 月 6 日。

家庭结构是了解可村阿细社会的一个好的角度。历史上可村阿细人的春节、密枝节等节日、仪式颇具特色。可村阿细人一直持有"万物有灵论"的观点，多神信仰、祖先崇拜是他们信仰的特点。

一 族群溯源与村寨历史

据弥勒县志记载，阿细的源流主要有三种说法。一说从张"下""阿着的"（四川西北）来到"果火阿替米"（滇池附近）。《阿细先基》唱词中有："在很古的时候，西北有个'阿着的'，那里有'的卜''车卜'，我们的祖先啊，就在那个地方……"二说从南京柳树湾、高石坎迁来。三说是滇池地区的土著。《阿细叙诗》中载："我们阿细人啊，人数虽不多但来源不一致，我们祖先'阿丕'（姜氏）这一支自古就在这儿，只因兵荒马乱，顺着宜良来到西山。"据清康熙《广西府志》卷十一载："阿细罗罗其俗及衣袍等，俱同白罗，但语言稍异。"阿喜、阿西、阿细同为彝语汉译的同音字。本支姓氏多石、毕、李、卢、杨、昂、段、何、武、岳等。①

对于阿细族源，在可村我曾访谈过不少村民，他们基本说不太清楚，个别读书较多的乡亲及毕摩表示，他们知道阿细其实是一个先祖的名字，具体的事件、迁徙路线等他们不太知晓，只知道自己村寨的祖先是从昆明迁徙而来。可村发展旅游以来，修建了一个民族博物馆，里面有一些介绍阿细族源、文化的展板。关于阿细源流，可村的民族博物馆对其作如下记述：在很久以前，大理王朝的西绿、自吻来到这个地方，这里住着一个极为强悍善战而又义重千金的部族，部族的首领名叫阿细，他精通兵法，武艺高超，精干勇猛，很受大理王侯阿厄的赏识器重。就在此时，大理东绿的阿栽叛乱，外部侵袭，民不聊生。当时阿厄王侯招聘天下名将，治国安邦。阿细便受聘领命，起部兵长驱平乱，在阿格来地方，大破阿栽叛军，并分兵追赶。逃窜东南的叛军残部，遂至鲁底、巴颂底、窝底之东。为继续平乱、安邦大业，阿细领命，在各地百里安营扎寨，镇守边防，兴修水

---

① 云南省弥勒县志编纂委员会编纂：《弥勒县志》，云南人民出版社1987年版，第689页。

利，屯田垦荒。随之化卒为民，兴建家园，其他部族，凡与阿细有缘和入伙者，自称阿细颇。唐南诏兼并战争中，大理阿细因战败而离开大理，北上到达沙那衣么（金沙江）。后顺金沙江下至尼当衣么（牛栏江），到贵州贝氏侯（草海）居住，又因山林土地纠纷，离开草海返回云南到昆明，与昆明阿细居住。后又奉命南征，兵分两路，左路顺呈贡、宜良、路南下至弥勒，与阿细融合。右路顺澄江、江川、华宁而下，后东渡南盘江进入弥勒。后来弥勒坝区的阿细颇由于明朝实行"改土归流"和战争等原因，从坝区退居山区，逐渐形成今天聚居西山、散居各地的格局。阿细颇就是这样一代一代地繁衍生息起来。①

对于可村民族博物馆的介绍，据访谈主要是根据民间传说整理而成，因为具体史书上基本见不到记载。大多数民族史只是对整个彝族的记录，对于阿细的记载极为少见。对于其族群的记载多数史书是从民国这段时间才出现，并且相关记录较少。因此，可村博物馆基于民间传说而整理出来的相对比较详细的介绍，是了解阿细人的一个重要材料。

可村中的"可"为阿细音，意为"吉祥富饶"。据可村碑刻及对村民的访谈，从一个叫毕武的阿细人迁来此地定居算起，可村已有三百六十多年的历史。可村祖先从昆明西郊的碧鸡关而来，先人毕武来到现在可村的位置，看到如今的密枝山上有水源，有土地可以耕种，有森林可以采集、狩猎，于是全家迁居至此。之后不断有人迁徙至此，繁衍生息。据对村中天主教徒的访谈，清光绪年间天主教开始在可村传播。据村中碑刻记载：民国期间，可村经常受到土匪的侵扰，村民出力，在寨子周围修筑寨门。在民国期间，山间野兽还较多，寨门的修建，也有效地防止了山间野兽对村民人身、财产的威胁。这期间可村人的生计主要靠种植玉米、稻谷，山上打猎等。1947 年，在中国共产党领导下，可村人参加了西山反蒋武装起义。经过重重考验，牺牲多人。②

1949 年中华人民共和国成立，可村人获得了彻底解放。1951 年可村

---

① 摘自可村民族博物馆。
② 根据可村村史碑刻整理。

成立了西山第一完全小学，来此校读书的有临近数村学生。之后高小班并入了邻村凤凰村。① 可村的交通在 1949 年以前极其落后，通往外村的路非常难走，据村里老人回忆，那时路上高低不平，长满了杂草，雨季时道路泥泞，更加难走。20 世纪 60 年代，可村才真正修了一条路通往邻村蚂蚁哨，尽管只是土路，但对于当时的可村来讲已经相当难得，可村村民运输就可通过这条土路到蚂蚁哨再到镇上，然后再走到县城。在可村修路非常耗时耗力，修路要穿过山石、森林，难度很大。正是如此，在 60 年代修了这条土路之后，可村人欣喜若狂，因为这条路的修成标志着可村可以更容易地与外界交往，也为外界打开了一扇门来走进可村。可村人再也不用为出门而苦恼，这条路在那个时代已基本满足大家步行、牛马车等的出行，大大提高了可村人的生活质量。

1952 年，弥勒县开始了第二批土地改革，土改工作队进村。

> 我们寨子的富农才只有 2 户，我们村子历来土地的分配差别不是很大，所以富农不多，没有划归到地主的，所以那个时候对于他们的批斗也不像其他地区一样那么强烈。那个时候就把一百多亩田地进行了分配，其他也就没什么了。②

1958 年后，可村成为 1 个生产队。1980 年架通了高压电，安装了碾米磨面机，从此改变了生产、生活方式，结束了人背马驮和推磨的历史。③ 1981 年后，可村陆续开始将山林、耕地交由个人管理、种植。同年，可村开始全面推行计划生育政策，当时的干部首先起到示范作用。到 20 世纪 80 年代后期，拖拉机、卡车的出现使得可村的道路已远远不能满足他们的需求，于是，县交通局及多家单位出资对路面进行了改造，将路面铺成了沙面公路。再到后面的 2004 年，政府出资从镇上经出多村修成了连接大

---

① 根据可村村史碑刻整理。

② 被访谈人：H 爷爷（男，81 岁，可村彝族阿细人）。访谈时间：2017 年 7 月 6 日。访谈地点：可村街边。

③ 根据可村村史碑刻整理。

部分乡村的"连乡路"，可村充分享受到了这个便利交通的福利，这条硬化公路使可村到镇上变得非常便捷，村与村之间的交往也更方便，可村村民的自行车、摩托车、马车、农用车等可以如鱼得水地在这条公路上穿梭，可村人的交通进入了一个新的发展阶段。

在20世纪80年代后期，有两户可村人家率先种植烤烟，但依然是小面积的种植，经济效益并不突出。从90年代以来，可村的生计主要靠种植玉米、烤烟等作物，改革开放以来，一些农民开始外出务工，但可村历史上外出务工的人数不多。主要原因是烤烟种植需要大量的劳动力，另外可村人自己也认为自己有"家乡宝"的特点，恋家情感浓厚。一些外出的人出去时间不久，由于不太适应外面的生活，就又重新回到村里。2000年以来，可村不断开发民族文化发展旅游产业，各项基础设施也不断完善。2009年，政府出资全面贯通了可村到邻村的凤凰村、蚂蚁哨村直到镇上，此次道路的修筑采用一流的材料、技术，一条宽阔、平整的现代化公路萦绕在可村周围，可村成为镇上道路最好的村寨。2012年，县城的公交车开始通往可村，可村人出行难的问题彻底解决了，他们可以在短短的十几二十分钟到达镇上，半小时到达县城。

二　婚恋与家庭结构

婚恋文化是阿细文化中比较独特的代表，历来引起很多人的兴趣。从有限的史书记载、神话传说及对阿细老人的访谈中都表明：阿细青年男女只要相互心仪，即可皆为夫妻，不需媒人，没有彩礼、嫁妆，不办婚礼。"阿西"青年恋爱自由，以"公房"为中心，跳舞唱歌很是活泼，婚姻自由。有舅表优先婚及"妻兄弟妇"转房，但不普遍。"并行从表"可婚，同姓同宗不婚。不和"放家鬼"（放蛊）的女子通婚。结婚时不用送礼，不送钱给女家，也没特别的仪式。婚姻一般是一夫一妻。家庭从夫居，从父姓，父权。[①] 在可村的调查访谈中，我了解到大多情况如以上史书所记载，但也有一些可村独特的地方。在可村，舅表优先婚并不普遍，"妻兄

---

① 朱映占等：《云南民族通史》（下册），云南大学出版社2016年版，第331页。

弟妇"的转房习俗也较少在可村历史上出现，同姓同宗不婚在可村也并不存在，同姓只要是同辈、不是近亲则也可通婚。其他的婚恋习俗则基本与以上史书上记载相同。

在史书的记载和外人对于阿细人的想象中，似乎阿细青年男女只有在跳月中才会结交异性，之后开始交往成为一家，但事实并非完全如此。

其实我们年轻的时候真正的找对象是这样的：我们可以通过很多途径了解到一个姑娘，比如说朋友的朋友、亲戚的朋友这样，可能会通过走亲戚、一起劳动、去赶集等方式事前有点看上哪位姑娘。那就会找一个节日，一定是像中秋节呀什么的这种节日，我们就约着一些小伙儿，通过朋友什么的约上一些姑娘，不是一个姑娘，一般有好几个，通常是中午或下午两三点，在两个村寨之间的某个地方，大家先在那里跳月，还会唱先基，有心仪的对象就去拖，拖成功了两人就会住在一起，如果不成功，小伙子会在村子里找一个房子让没有拖成的几个姑娘睡在一处。如果男女双方相互喜欢，小伙子把姑娘领走了，通常会抱着姑娘走到别处，我们就称为"拖姑娘"。如果拖姑娘成功，女方先被男方领到家里背柴、干干活，然后男方去女方家里挑水，如果没有什么异议，双方的亲事就定了下来，以前也不办结婚证，但较少离婚。其实在拖姑娘以前青年男女大多都已有了一些了解，对家庭也有一些了解。不是有些人想的，我们这些人怎么随便，不是这样的。虽然婚姻历来都自己做主，但男女的情事、婚姻确是非常严肃的事情。比如青年男女去相会之前，早上都要像平常一样地去田里、山上干活，即使父母心知肚明，这些事情通常没成之前是要避开家中父母的，尤其是女儿不能和父亲说这样的事情，会很害羞。我们阿细人很讲究这个的，比如一些人如果当着父亲开自己女儿这方面的玩笑，就会激怒这家人，这是一个忌讳，这类的话是不能乱讲的。①

① 被访谈人：H爷爷（男，81岁，可村彝族阿细人）。访谈时间：2017年7月14日。访谈地点：可村村口。

阿细跳月是青年男女相识的重要媒介，却不是唯一的方式。历史上的阿细婚俗崇尚简朴，没有什么隆重的结婚仪式。阿细人很多事情是在劳动中促成的，谈恋爱很多时候是这样，征得对方父母同意的"背柴挑水"的仪式也是如此。姑娘需要到山中砍一束柴火背到男方家中。在长期的阿细社会中，砍柴可以说是女人的基本功，女孩十几岁就为家庭上山砍柴，准备燃料。在可村，我见到很多中老年女性她们如今还会到山里捡一些枯树枝，在山上找一个空地，将柴火码整齐，用麻绳捆扎好，背到家中放进杂物间或柴房。所以，去男方家征求对方父母同意的方式就是通过这种劳动方式，男方父母也看看姑娘的劳动能力。如果男方父母同意，就接过姑娘身上的柴火，通常阿细父母不会干涉儿女之间的婚事，不同意的极为少见。而相应的，小伙子到女方家里则需要挑一担水，水在可村一直以来都是比较稀缺的资源，以前可村人吃水、用水都要从很远的水塘或密枝山上挑来，这是一个比较重要且耗费体力的工作。小伙子挑一担水到姑娘家里，如果姑娘的父母同意，就接过水把水倒进水缸，如果不同意，则把水泼掉。同样地，小伙子挑的水一般也不会被姑娘的父母泼掉。这样，青年男女的婚事就算成了，姑娘就被小伙子领到他的家里生活，三天之后，姑娘会带着小伙子再到她的家里小住几天，然后就返回到男方家里，以后就一直在男方家里生活。

　　如果是家中无男孩的家庭，阿细人就会实行招赘婚。阿细社会对招赘婚中的上门女婿比较包容，男方只要好好劳动、生活，社会的接受度还比较高。家族中如果有什么活动，上门女婿也可参加，是以妻父母儿子的形象出现。孩子出生后，一般也会随着男方的姓氏，即便孩子随父姓，其依然可以以其母亲宗族子女的身份参加各种活动，并不会受到多少排斥。

　　婚恋与家庭、家庭结构紧密相连。阿细社会的家庭结构在史书上并无特别详细的记载，大部分只是讲到家庭从夫居、从父姓，一夫一妻制。可村家庭、家族几乎无家谱，碑刻上的记载也较为有限。对于历史上的阿细家庭结构的考察主要靠对老人的访谈得知。

　　对于历史上可村家庭结构的追溯，目前所掌握的条件仅限于中华人民共和国成立之后。在可村老人的印象中，分家已经是比较常见的事情了。

在如今健在的老人的印象中，他们所见的大家族很少。听他们的父辈讲在中华人民共和国成立之前，大家族相对较多。由于民国时期及之前，可村阿细人的生计中非常重要的部分是狩猎，狩猎中的男性更需要合作，另外，农耕的条件比较艰苦，大家族更有利于通力合作。此外，其实还有一个是多数社会所共有的原因，在土地私有制的前提下，家中长辈、老人掌握着土地、财富等，家中老人的地位非常高，老人如果要维系大家庭，那么子辈是没有太大的可能性去争取自己的小家庭的。

在对可村数位老人的访谈中所得到的资料，较多的是从集体化的家庭开始谈起。

集体化打破了传统社会的组织模式、文化习俗和生活方式，与全国绝大多数地方相似，可村的集体化给阿细社会结构带来了巨大变化。"20世纪50年代的土地集体化包括三个层面的内容：土地生产资料由个体私有变为集体所有；劳动生产方式从以家户为单位组织进行变为以集体方式进行；劳动成果亦由以家户为单位分配变为个体劳动力以工分形式进行分配。""在农业集体化的冲击下，家庭不再作为一个独立的生产单位，家户主失去了控制土地等生产资料的权力，进而失去了安排家庭成员劳动和为家庭成员分配劳动产品的权力。"① 当生产资料、家庭财富及其继承不再由家长做主时，传统阿细的大家庭开始变少。"工分制"下的人们个人个体化的东西反而增多，再加上集体化的扫盲运动，为阿细人灌输了更多的现代理念，阿细人越来越"现代"了。

我们在那个时候开始学习一些科学文化知识，比如识字、学习农业知识，我们那时候还有从昆明、弥勒下来的技术员，给我们讲解除草、除虫的知识，那时我们才知道有农药这个东西，还有不同的玉米、作物品种等等。比较多的新鲜东西，以前都没听说过。②

---

① 王天夫、王飞、唐有财：《土地集体化与农村传统大家庭的结构转型》，《中国社会科学》2015年第2期。

② 被访谈人：M爷爷（男，79岁，可村彝族阿细人）。访谈时间：2017年7月2日。访谈地点：可村街边。

西方的家庭现代化理论认为，中国同西方国家一样，随着工业化、城市化的推进，家庭会越来越核心化。但我们看到，伴随中国家庭核心化的进程实则与集体化密切相关，这与西方的情况是不一致的。集体化时代家庭经济控制权的变化，思想层面家长绝对权威的地位受到挑战，新型代际关系形成。阿细文化中尊老观念极强，集体化时代后尽管分家盛行，家长的权威有所下降，但通过对可村老人的访谈，他们依然认为对阿细老人的尊敬依然无太大转变，只是以一种新的、现代的面貌出现。

20世纪80年代初家庭联产承包责任制逐步在全国的大部分地区实行，可村家庭分得田地、山地，在此之后，核心家庭依然较大数量存在，因为此时土地的归属性质并无变化，土地集体所有，不允许买卖，代际的私有土地传递并不存在。但与此同时，在一定程度上主干家庭、联合家庭有少许上升的趋势。究其原因，主要是在种植烤烟以来，繁重的劳作需多人合作完成，使个别家庭会选择维持大家庭。但通过调查得知，此种情况依然是少数，大部分家庭是核心家庭。因为推动小家庭建立的主力军年轻女性的作用更加凸显，在尝到了核心家庭的"甜头"后，更多的她们积极地投入推动建立小家庭的队伍中。在中华人民共和国成立之前的大部分地区，包括像可村这样的少数民族地区，大部分女性在"分家"事务上的话语权较弱，因为文化的约束力过于强大，留给她们作为的空间非常小。集体化之后，建立核心家庭的外部条件具备，她们只需维持核心家庭的惯性即可，最重要的是如前所述，集体化之后土地的归属性质并无根本改变，年轻女性维持原状变得较为容易。自从可村进行旅游开发，越来越多的阿细女性到旅游公司或相关行业中从业，非农经济领域成为她们收入的重要组成部分，可村越来越市场化，可村年轻女性追求核心家庭建立的愿望较容易实现。所以，我们看到，"直接决定家庭结构转型的是家庭经济生产的组织方式和家庭财富的累积与继承方式的变化"。[①]

自中华人民共和国成立之后，家中多兄弟的阿细家庭经常要考虑的就

---

① 王天夫、王飞、唐有财：《土地集体化与农村传统大家庭的结构转型》，《中国社会科学》2015年第2期。

是关于"分家"的问题。在阿细社会中，虽然分家本身是司空见惯的，也是普遍被阿细社会认可的，但分家的方式、时间等还是有较为严格的规定。在阿细文化中，传统上认为长辈的财产儿子们均分，老宅子则留给幼子，通常情况下，父辈在所有的儿子分家单过后选择与幼子生活在一起。与幼子生活在一起的父辈，当他们有劳动能力时，自然会帮助幼子更多一些，当然这并不意味着对其他的子孙不闻不问。当他们丧失劳动能力时，通常与幼子生活在一起，相应地，幼子家庭对父辈所尽的照顾义务更多，其他儿子则更多地从钱财上稍多承担一些。分家是在什么时间分，从集体化时期到现在，多数情况下是大儿子有了孩子之后，当然也有个别，但数量较少。

　　阿细社会以前大家庭会多些，但依然多兄弟会分家，至于分家的时间，不少是有了孙辈以后。分家有几种情况，矛盾导致和自然分家。自然分家就是大家都知道了，都想单过了，也都不吵闹，吵闹很不好，很丢人。当然了，也有个别家特别是那种两个弟兄都结婚了，媳妇相互之间合不来的会多一些，这种矛盾就更多，有时就会吵架啊，闹着闹着就分家单过了。我们阿细人分家都会让儿子的舅舅过来当裁判，舅舅会参与财产的分配，以显示公平。我们阿细人认为孩子的舅舅是非常重要的，也非常有权威，很多时候都是舅舅来主事的。比如像分家啊，还有如果孩子的妈妈去世了，最关键的一步是定棺木，这个定棺木也是要孩子的舅舅来做的。所以说舅舅在分家中也是很重要的，通常是必须出现的。①

　　综合访谈材料及调查，可村从中华人民共和国成立以后，最多的家庭是核心家庭，有短时期的主干家庭和联合家庭。在分家的时间上通常较早也是要在大儿子结婚一两年之后，如果刚结婚就分家，其声誉会受到影

　　① 被访谈人：M爷爷（男，79岁，可村彝族阿细人）。访谈时间：2017年7月6日。访谈地点：可村街边。

响。如果是吵闹着分家的，则会在一定程度上受到阿细社会的舆论谴责，阿细社会认为这是一种不尊重老人的体现。在访谈中，多位老人纷纷表示现在自己也不愿意维系大家庭，当然子辈们特别是儿媳妇依然是推动分家的重要推手。正如王跃生的研究："集体经济解体后的当代，家庭成员的非农流动成为趋向，子代在经济活动中的作用大于亲代，分家成为子代所主导的行为。"① 在可村进行旅游开发后，年轻人在其中的作用就更大，老人很难在这个领域中有所作为，子代的影响力不断增强，尤其是年轻女性在此方面主导力的增强趋势更加明显。

三 节日仪式与宗教信仰

历史上阿细人的节日比较多，其中有些与汉族过的是相同的节日，如春节、中秋节，其习俗、仪式有同汉族相同的地方，当然也有自己的独特之处。密枝节、火把节是阿细人特有的节日，在所有阿细人中均有较大影响，但具体到不同的村镇，其习俗也有不同，下文仅从对可村相关文献的梳理特别是对可村老人访谈所获资料，来对可村历史上的节日仪式做简要回顾。

春节是汉族人最重要的节日，对于阿细人来说也是一年中比较盛大的节日。在可村老人的记忆中，春节历来受到可村人的重视。可村阿细人过年的气氛从一进腊月就开始了。进入腊月可村人开始讨论杀猪的相关事宜，到了腊月中旬各家各户就开始陆陆续续杀起猪来。历史上可村人一直有饲养猪的传统，家家户户都养猪，可村阿细人喜食猪肉，在商品流通不发达的年代，家中所养的猪通常能够满足家中一年食肉所需。可村人把过年杀猪所吃的饭菜叫作"杀猪饭"，大家伙儿一家接着一家地吃"杀猪饭"，相互帮忙，大半月的时间大家都是在吃吃喝喝中度过的，很是热闹、开心。在这期间，每个家庭都会拿出一部分猪肉与亲朋好友共食，并将剩下的大部分猪肉炼成猪油，制作成腊肉、油炸肉，以供过年、来年较长时

---

① 王跃生：《家庭结构转化和变动的理论——以中国农村的历史和现实经验为基础》，《社会科学》2008 年第 7 期。

间的食用。在历史上很长一段时间，可村人春节是不贴春联、门神的，这与汉族人有很大的同。包括到现在，可村只有极少部分人贴春联、窗花。过年前，家中男人要从山上采来松毛，铺在堂屋正中间。

> 听老人说，在旧社会，官府欺压老百姓，我们阿细人实在忍无可忍，就在腊月三十发动了起义，后来又逃回家里，由于身上有血迹，为了躲避官府检查、囚禁，男人们就到山上采来松毛，盖在自己家堂屋的地板上，从那以后，这个习俗就留了下来。从前除夕、新年正月初一会在供桌上摆放红糖、玉米等物品，因为以前家中条件有限，供品也就只能是这些东西了。新年正月初一、初二会在家里供奉祖先，初一男人会去山上祭神，初二女婿会带上猪肉、酒等到岳父母家拜年。这样以前差不多过年主要的事项就是这些了。当然后来、现在又有一些不同。①

　　密枝节是可村阿细人以祭祀为主的盛大节日。阿细各村寨的密枝节各不相同，可村的时间比较靠后，大多在农历的四月，至于具体选择在哪一天，是要毕摩看日子决定。据对可村老人的访谈，从他们记事开始，这个节日除了"文化大革命"期间有所中断，其他时间都过这个节日。在历史上，密枝祭祀的场所一直都是同一片原始森林，这一片森林在可村人眼中非常神圣，其中有一棵大树被视为神树，围绕这一棵神树有一块中心区域，这一块地方即使不是密枝节祭祀，平时也绝不允许任何人或动物接近。可村人世世代代非常熟悉这一片神圣的地方，大家放羊或做其他事情经过此地时都要绕行。只有毕摩在密枝节祭祀期间可以接近这棵神树，其他祭祀的男人都应该与毕摩保持一定的距离。历来密枝节期间的祭祀环节，女性都是禁止参与的。

　　据可村老人的介绍，历史上可村的密枝节长期以来变化不大，整个过

---

① 被访谈人：H爷爷（男，81岁，可村彝族阿细人）。访谈时间：2017年8月2日。访谈地点：可村街边。

节通常需要两天的时间。毕摩会在之前若干天根据男人的生辰、日期算好哪些男人可以在祭祀当天跟着他上山，然后通知这些男人让他们做好准备。祭祀的前一天是准备的时间，大家要事先挑选好祭祀的猪或羊，猪充当祭品的次数较多，由于祭祀是关乎所有村民的事情，大家都要参与进来，出钱出力。每个家庭凑一定的钱来购买祭祀所需的祭品等物品，阿细女人要忙活着准备第二天所用的物品，洗好米、菜以备用。祭祀当天，女人们煮好饭带到山下，以前女人们留在山下，不允许上山，男人们接住煮熟的饭，大家准备好各种物品上山祭祀。

男人们到了山上，毕摩念经、祝祷，其内容大概是请求树神保佑可村人平安，驱逐各种灾难。其他男人们杀猪或羊，把祭品放在神树下面，诵经完毕后，所有上山的男人跟着毕摩一起向神树磕头，在此期间，所有人都必须保持严肃，毕摩宣布完毕后大家才能安静地散去，男人们会将猪肉烹饪，连同带来的米饭一同食用。同时也会派几名年轻男子将烹饪好的猪肉送往山下，让没能在山上吃饭的男人和山下的女人们在山下饮食。大家聚餐完毕，男男女女又会在山下找一片空地，一起跳月庆祝祭祀顺利，表达喜悦的心情。

火把节是彝族最重要的节日，在弥勒阿细人聚居的地方，大部分地方有过火把节的习俗。在可村老人的记忆中，20世纪八九十年代的多年间，可村在自己的寨子里面过火把节，农历六月二十四这天，大家会凑钱买猪、杀猪，大家聚餐，晚上围着火把跳舞。晚上跳舞，阿细跳月当然是主角。可村阿细人说："大三弦一响，脚底板就痒"。大三弦和阿细跳月是可村人的骄傲，历来男女老少都会跳。在其他的村子，火把节期间白天还有斗牛活动，但在可村历史上，村内并未出现过斗牛场。曾有一些家庭喂养供斗牛所用的牛，但都是在有节日、活动的时候外出去参加斗牛。可村在20世纪90年代后期以来，村中很少过火把节，不少年轻人组团到西三镇上过火把节，参加、观看斗牛比赛，跳月狂欢。

中秋节也是可村人历来较为重视的节日，在老人们的印象中，以前可村的中秋节其实主要就是过晚上的一段时间。月饼是较少的，只有在晚上祭过月亮之后，才能吃月饼。在物质比较匮乏的年代，中秋节晚上除了较少的月饼外，就只有自家产的核桃等干果。在祭过月亮后，要将较少的月饼先分给家中老人食用，剩下的是孩子，可能家中的年轻夫妇将没有机会吃上月饼。

可村阿细人对大自然持有敬畏之心，认为万物有灵，山有山神、火有火神、树有树神等。可村阿细人世代与山为邻，他们对山历来满怀感恩之心。新年正月初一村民们都要上山去祭拜山神，以求来年风调雨顺。彝族是崇尚火的民族，可村阿细人此方面表现得也较突出。可村人认为火能够给人带来光明、希望，可村阿细人的日常生活、宗教仪式中随处可见火的踪影。在如今的钢筋混凝土房子普遍以前，历史上较长时间阿细人的房子都是土木结构。在堂屋土房子的中间，家家都有火塘，有一个三脚架，在这上面可以烤火取暖、烘烤食物，晚上还可以起到采光的作用。火塘周围是家庭成员休闲、会客的地方，火塘不能熄灭。这不仅是日常生活所需，同时也具有象征性作用。当阿细女人生了孩子，一个月不允许出自己的房门，产妇的屋内要燃一个火盆，这个火盆里的火一个月之内不能熄灭，所以，可村阿细人称"坐月子"为"坐火房"。至于火盆不能熄灭的原因，民间的说法是，新降生的孩子比较脆弱，需要有火神的保佑，一个月火不熄灭，火神就会保佑新生儿以后健康长大成人，这个习俗一直沿袭到现在。从历史上看，火神崇拜贯穿着可村阿细人生活的方方面面，是理解阿细人世界观、宗教文化的一个重要方面。

关于火神、火崇拜，如前所述，可村阿细人曾有段时间在村内过比较隆重的火把节，近年来在村中不过火把节了，但大家对于火把节的认同度还是非常高的。据村中老人回忆，在中华人民共和国成立之前的一段时期，可村历史上曾有"原汁原味"的"驱火妖"仪式。可村阿细人认为，火虽然能够给人带来温暖、希望，但火也会毁灭人类。所以说，火有火神，也有火妖。火神是好的，需要让阿细人供奉的，但火妖是坏的，作祸端的，因此需要阿细人除掉他。所以，"驱火妖"仪式实际则是阿细人把火妖送走，把火神迎回来的仪式。"原汁原味"的"驱火妖"仪式村中老人也几乎无法说出其原来的样子，文字记载也几乎找不到。2002 年，村中为了发展旅游，曾复兴了几年的"驱火妖"仪式，在一定程度上能够窥见

"原汁原味"的"驱火妖"。通过村民回忆，2002 年的农历三月初十这天，村里的火全扑灭，村里的男青年赤裸着上身，并在身上画着各种植物图案。他们在毕摩的带领下，举着事先扎好的"火妖"，把火妖赶到村外，将其焚毁。再用钻木取火的方式，取出新的火种，将"火神"迎回村子里。每家每户要从"火神"这里取到新的火种，带回家中使用。这就意味着火神能够保佑村子里的村民风调雨顺，不会有"火妖"作怪，不会发生火灾，村寨里的村民都平平安安。

祖先崇拜也是可村阿细人的一个突出特点。可村是一个多姓、多家族的村寨，通常他们在同一姓三代以内比较亲近，在祖先祭祀上认同度较高。在可村没有专门的像汉族式的那种祠堂，可村阿细人祖先集体祭祀相对汉族较少。他们对于祖先的祭祀通常是在自己家庭之内。通常在农历大年初一，他们会在自己的家里举行比较简单的祖先祭祀，烧一些纸钱，给孩子们讲讲自己祖先、长辈的事迹，缅怀自己的先祖。在过年前吃"杀猪饭"的期间，也有一个祭祀祖先的环节。在主人家杀过猪之后，人们在正式吃饭之前，通常家中的男性就会准备一些肉食祭品在家中祭拜祖先。

阿细人认为先人的死亡只是肉体的消失，灵魂还在。所以，当可村阿细人去世后，要给去世的人诵《指路经》，引导去世的人的灵魂到达祖先居住的地方。对于去世的老人，会被后人安葬在村中周围自家的山上。阿细人非常注重先人安葬的风水，他们会请毕摩看好位置，因为这直接关系到后人的幸福。阿细人始终认为阳宅与阴宅是对应关系，阴宅吉利会给其后人带来吉祥。阿细人祭祀祖先过年过节在家里进行，在七月十五等"鬼节"，则到其近几代的先人墓前进行祭拜、怀念。

在可村的宗教信仰中，天主教曾经有一定的影响力。据对村中老人的访谈，天主教大约是在清光绪年间由一位法国传教士传入的。在中华人民共和国成立前曾有十余户信仰天主教，后来信众逐步减少，影响力非常有限。极少数的天主教徒在村中的生活中，凡是类似于祭祀山神、树神的活动他们不参加，保持有自己宗教特点的丧葬习俗，其余则与其他村民并无太大不同。信教村民出殡前一天设灵堂，中间竖立十字架，子孙前来守灵，灵堂不允许摆任何祭品，亲友与神父一同诵经，出殡后将十字架竖在墓前。可村的天主教徒平日与其他村民相处也并无太多隔阂、冲突。民国17 年可村建有一座教堂，在"文革"期间被损毁，改革开放后又得以重建。

第三节　今日可村

如今可村村民多种生计方式并存，经济发展速度不断加快。可村的宗亲、姻亲、邻里关系是其最重要的社会关系，多种关系交织，关系网络"错综复杂"。在社会组织方面，毕摩组织村民进行神圣空间的营造，是宗教事务的组织者；村委会、村民小组是村寨多种事务的管理者、组织者；旅游公司则是如今作为景点的可村的另一关键组织，以上三种组织既相互独立，又在一些村寨事务上相互沟通，共同作用。

一　村民生计

经过数十代的繁衍生息，如今的可村已有 199 户，737 人①，有毕、龙、陈、刘、何、岳、黎、段、高、昂、姜、马、杨、石十四个姓氏，分别属于不同的宗族，其中毕姓是村中的第一大姓，所占人数最多。在可村世代生存、发展的过程中，1949 年以前受社会大环境、经济发展、卫生条件的影响，人口增长缓慢，1949 年后人口较快增长，特别是从 20 世纪 60 年代到 80 代，人口增长迅速，计划生育实施以后，80 年代后期以来，人口趋于稳定，保持在七百人左右。

如今可村经济收入来源呈现出烤烟、粮食种植、参与村旅游业、家畜、家禽养殖、外出打工、生意经营、房屋租赁等多渠道的特点。

（一）烤烟、粮食种植

在改革开放之初的 20 世纪 80 年代早期，可村还并没有种植烤烟，主要是种植玉米等粮食。到 80 年代年代末，红河卷烟厂扩大生产，需要大量的香烟原料，于是广泛动员红河州大部分地区的农民种植烤烟。一开

---

① 此数字由可村村委会提供，截止到 2016 年底。

始，可村村民很多人不愿意栽种烤烟，因为他们认为自己并没有掌握相关的技术，并且烤烟种植需要投入大量的农业生产资料，投入较大，还需大量的人力，村民们怕烤烟收成不好，入不敷出。那时，红河烟厂给可村村民提供必要的技术指导，并广泛设立烟站，最大程度解决可村村民销售烤烟的问题。县里的银行也为村民提供小额贷款，解决了村民的资金投入问题。在敢于吃螃蟹的少数村民种植烤烟之后，他们发现种植烤烟的利润的确远远高于玉米等粮食种植，接着慢慢地才有广大村民的大面积种植。到现在，大部分可村家庭收入中占最大比例的就是烤烟种植。人们已经熟练地掌握了相关技术及销售渠道，经济效益日渐提升。

图1-2　可村家庭编好待烤的烟叶①

烤烟要想获得较好的收益需要"天时、地利、人和"。可村并非平原，不能人工灌溉，土地中的水分、土壤的湿度能否适宜全靠老天成全。而烤烟对于温度、湿度的要求较高，稍有不对则会极大地影响烟农的收成、收入。可村自种植烤烟以来，曾有三四年的时间受到了干旱或内涝的影响，收入有较大降低。由于烤烟种植的风险很高，在可村村民种植烤烟之初，

---

① 笔者拍摄于2017年7月20日。

村民们大多都会为自家的烤烟投保，这在一定程度上可以减轻一些损失。据田野调查了解到，近两年可村的雨水偏多，村民们也比较忧心于自家的烤烟收入。烤烟种植风险大，投入也高，据了解，以现在的生产资料的价格，以 10000 棵烤烟为单位，需要投入烟苗、农药、化肥、烤烟所需木炭等共计需 6000 元左右，正常情况下，烤好的烟叶会卖到 38000 元左右，那么，除掉成本，10000 棵烤烟的净收入大概为 32000 元。可村家庭大部分都种有烤烟，少则 3000—4000 棵，多则 10000 棵甚至更多。家庭种植烤烟的多少主要取决于家里劳力的多少、土地的多少，以及家庭收入是否有更"高性价比"的渠道、方式。到现在，数千元的成本对于可村村民来说并没有太大的压力，技术也相对比较成熟。烤烟种植一年一季，立春左右时育秧，立夏时期栽种，需要经过持续不断的追肥、杀虫、打叉等环节才能到七八月份左右将烟叶摘下来进行烘烤。烘烤的时间、温度都有严格限制，即便摘下来的烟叶上乘，如果烘烤这一关不过的话，也会大大降低烤烟的等级，直接影响收入。因此，整个过程需要大量的劳动力。

图 1-3　可村家庭的烤烟房①

---

① 笔者拍摄于 2017 年 7 月 2 日。

玉米是可村一直以来种植的主要作物。在 20 世纪 90 年代可村大规模栽种烤烟以前，可村绝大部分的土地用来种植玉米。由于可村大部分土地属于旱田，以及气候的特点，比较适合种植玉米。另外，玉米资金、劳动力的投入相对较少，收入比较稳定，收成较为可观，种植风险小，所产粮食可供人食用，也比较适合喂养牲畜，因此，据对村里老人的访谈，从新中国成立前一直到现在，可村人都比较喜欢种植玉米。一亩玉米各种生产资料的投入，以现在物价，大概为 150 元，亩产量正常情况下通常有300—500 公斤，每公斤的市场价 2.5 元左右，每亩所出售玉米的价格为750—1250 元左右，除掉成本，每亩玉米的净利润为 600—1100 元左右。在 20 世纪 90 年代以前，可村村民种植玉米会去镇上按照市价换取一定的大米及其他粮食食用，如今，这种方式可村人基本不用，他们大部分是将自己收获的玉米留一部分自家人、牲畜食用，其余则全部出售，再去市场上购买适量的大米、其他粮食食用。如今，可村大部分家庭都有 2—6 亩不等的玉米种植，此项成为可村村民的经济收入之一。

（二）旅游产业打工

可村是红河地区较早开发民族旅游的乡村。早在 20 世纪 90 年代后期，当可村的交通有一定的基础后，可村的一些"能人"就意识到旅游产业的发展带给大家的利好是相当可观的，由于缺乏必要的资金，很多可村人自发拿出自家为数不多的腊肉、红豆等来接待外来的游客。可村旅游发展的另一个契机是在 2000 年。由于可村较好的交通条件，浓郁的民族风情，2000 年，云南大学与浙江大学的合作项目"云南民族文化旅游开发研究——彝族文化旅游产品开发研究"将可村定为研究基地，之后在项目主持人彭教授的倡导、努力带领下，于 2001 年，可村成立了旅游管理委员会，会员由村民组成，并组建旅游接待队。从最初一个旅游团接待，一个参与其中的村民一次 5 元，到逐步的 10 元、15 元、20 元、30 元及更多，可村慢慢地走出了独具特色的民族旅游发展之路。由于较好的发展基础，各级政府先后投资共 2.1 亿元①，完善各类基础设施，对村民进行各式培

———————————

① 此数字及此部分从业人员人数均由可村村委会提供，截止到 2016 年底。

训，可村旅游发展慢慢步入正轨。由于现代化管理技术不足，规划能力、长期投入能力不足，可村旅游发展也曾受到一定的影响。因此，在2014年10月，由弥勒市政府牵头，将可村的旅游发展委托给一家实力较强的公司城投旅游公司来经营。他们的协议中包括城投旅游公司必须首先优先聘用可村村民从事相关的旅游服务工作，并向村委会提供一定的费用，以及年底对村民进行营业盈余分红。

自2015年至今，可村有120余人在旅游公司上班，他们主要从事舞蹈表演、保安、餐厅厨师、服务员等工作，工资每个月1200—2500元不等。如今，可村大部分家庭都有村民在旅游公司上班。旅游的发展带来很多商机，也吸引村外的很多投资经营者到村里开设餐馆、客栈等，所以即便没有直接在旅游公司上班的村民，据调查有40余位村民在个体餐馆、客栈等打工，他们大部分人都受益于民族旅游的发展，此方面的收入同烤烟种植一起，成为可村最重要的家庭收入来源。

（三）家畜、家禽养殖

可村一直有养殖家畜、家禽的习惯。可村人的家畜、家禽养殖首先主要用于家庭消费，满足家庭食肉的需要，多余的则拿出来售卖。可村的家畜、家禽总体数量不多，近年来更有不断减少的趋势。家畜、家禽的种类主要有：猪、山羊、鸡等。每个家庭几乎都喂有猪，现在通常数量有2—8只不等，较少有家庭大规模养殖猪，据可村人讲，养猪只是"副业"，是他们种田、上班的"捎带"，因为可村的养猪主要是消耗家庭的剩饭剩菜，也用一些在市场上买到的饲料公司的饲料，但用量较少，他们更注重猪的品质，因为首先是满足家庭吃肉的需要。一到过年前，可村大部分家庭都会轮流杀猪，请大家吃杀猪饭，除了杀猪这天猪肉的消耗外，剩余的大部分猪肉他们会腌制腊肉、油炸肉供平时享用。

黑山羊养殖在可村的历史较长，黑山羊肉质鲜美，营养丰富，抗病能力较强，所以深受可村人的喜爱。在大规模开发旅游前，可村大部分家庭都养殖有十余只黑山羊，由于山羊需要较长时间的放养，如今养殖黑山羊的家庭越来越少了。有些家里有老人，并且身体允许，他们才会继续喂养。可村大部分家庭也会喂养几只鸡，也是没有大规模喂养户。

我家喂有 3 只猪，打算到时出栏卖 2 只，自己吃 1 只，我们自己喂的猪好吃的很呢，基本上都是喂我们的剩菜、剩饭，和一些蔬菜及山上割的草，很少喂成袋子的加工饲料，所以肉好吃啊！卖的时候也比饲料猪多卖一些钱，除掉成本，市场波动不大时，大概一只猪的利润有 600—900 元左右。我家的 11 只黑山羊刚刚卖掉，因为父母年龄大了，没精力去放羊，我们又很忙，顾不过来，挺可惜的，要不再过一段时间，可以买个更好的价钱。成年的黑山羊利润可以达到近 1800元，所以还是赚钱的。我们喂养的猪和羊都是 9 个月以上才宰杀、卖出，时间比他们饲料养殖的养殖场多好几个月，所以品质好，卖的价钱也高。①

由于可村没有大规模的家畜、家禽及其家庭喂养数量的不稳定性，在村委会没有关于可村家畜、家禽喂养的确切数字。从调查访谈情况来看，大部分可村家庭家畜、家禽喂养为家庭提供的年收入大概为 1000—20000元，大部分家庭此方面的收入在 10000 元以下，所以此方面的收入并不是可村家庭收入的主要部分。

（四）外出打工

从历史上来看，可村人外出打工的人数一直不多。由于从 20 世纪 90年代开始，可村大规模地进行烤烟种植，需要大量的劳动力，劳动力没有富余，他们外出打工的人数较少。有一部分初中、高中毕业的年轻人，他们比较向往外面的世界，会选择出去打工，但并不占主流。到 2000 年以后，可村旅游发展纳入正轨，大部分可村人选择在家门口就业，所以外出打工的也并不多。从对村委会陈书记的访谈得知，如今可村人外出打工的人数大概有 20 余人。因此，此方面的收入也并不是可村家庭收入的主要来源。

（五）生意经营、房屋租赁

可村旅游业的发展，不仅吸引了外地人前来投资、经营餐馆、客栈

① 被访谈人：Z 大哥（男，45 岁，可村彝族阿细人）。访谈时间：2017 年 8 月 5 日。访谈地点：可村街边。

等，有条件、能力的可村人也自己经营。如今的可村，游客越来越多，各种餐馆、客栈、农家乐、商店、酒吧遍地开花。如今，经营这些生意，从数量上看，可村人自己经营的占了大半。通过多天的观察、访谈，这些可村生意人，他们年收入为20000—100000元，这成为可村生意人家庭收入的主要来源。此外，还有3家拥有建筑机械，用来出租给盖房子的农户使用，根据每年情况，此项每个家庭可获得年收入30000—50000元。

如前所述，可村旅游的快速发展，知名度越来越高，游客越来越多，不少外地人前来投资、经营各种生意。这时，处在较好地段的农户的房子成了香饽饽，"身价"也越来越高。据调查，目前，可村出租房屋的方式主要有两种：一种是如上所述的比较黄金地段的家庭住房，主要是临街房屋，出租给外地人投资、经营者进行经营，目前此类的经营家庭大约有20余户，根据房屋面积大小、地段，大概年租金从2000—30000元不等；另一种方式是极具可村特色的，5年前政府给予可村家庭每户大约10000元左右的补贴，鼓励可村家庭建盖具有阿细特色的乡村别墅，目前有30余座别墅，其中有20余座租给弥勒的一个酒店老板经营，每一座别墅年租金为30000元。这些租金收入成为房屋拥有家庭的重要收入来源之一。

（六）村内、邻村临时做工

可村人谋生的方式灵活多样，他们非常擅长利用农闲时间在村内、邻村从事各种临时工作。这其中主要包括两个方面：旅游业相关工作和建筑、装修业相关工作。一些可村村民由于家中田地活多，并没有长期性地参与到旅游公司打工，也并未加入村内个人经营的饭馆、客栈的长期打工中，而是在农闲时刻，旅游业又相当火的时期临时加入村内个人经营的饭馆、客栈等进行短期的工作，而这种短期的工作比长期做工的日平均工资要高，目前每日的工资大概为70—100元不等，并且不耽误田中活计，此种形式的临时工在可村很受欢迎，非常常见。

随着可村、邻村经济收入的不断增加，修建房屋的家庭越来越多，尤其是可村，有些家庭甚至在最近十年内修建、翻新了两座房屋。因此，建筑、装修有较大的需求、市场，修建房屋需在农闲时分进行，一些农闲时分的可村人临时组建建筑、装修队，在村中、邻村承包相关工程。建筑、装修队的组建临时性很突出，做工方式灵活，日工资大约为80—100元，收入较为可观。

（七）山林作物耕作

可村的山林绝大部分都分给各家庭，每个家庭拥有山林十几亩到几十亩不等，山林中多长各种树木，成材后可获取一定经济收入，而较小的枝蔓则为可村家庭提供柴火。树木的成材需要较长时间，通常数年后每个家庭才会获取数千元到数万元的收入，大部分家庭此项的平均年收入不会超过1万元。此外，山上还种有一些核桃树，但产量并不高，大多数是用来自己家庭食用，少部分用来售卖，每一年此项的收入大部分家庭也就是几百元不等。

近些年来，由于村内发展旅游，旅游公司征收了部分家庭的山林，公司每收一亩山林补偿3万元，有个别家庭此项补偿金拿到10余万到30余万元。但此部分的补偿金获得毕竟是少数家庭，多数家庭目前还在经营自家的山林。

二 关系网络

从家庭内部看，年轻女性在如今可村家庭中的话语权不断增强，夫妻关系在可村家庭中的关系变得越来越重要，代际关系中的权力争夺在如今的可村家庭中较为明显地表现为婆媳关系，但这种关系不是那么剑拔弩张，相对比较隐晦、温和。可村是一个多姓氏的阿细村寨，毕、陈等姓氏为可村的大姓。在可村阿细社会中，人们的社会关系比较"复杂"。之所以复杂，是因为与大多数其他社会相同，宗亲是阿细社会最基本的社会关系，而可村历史上有不少村内通婚的现象，因此，有些家庭与其他家庭可能既是宗亲，又是姻亲的关系。在可村，凡不是近亲的，即使是同姓氏的通婚现象也很普遍，而可村又是一个人口不足一千的小村寨，所以，大家可能既是姻亲，又可能是邻居。旅游开发使可村人有较多的机会与外来人来往，拓展了他们的社会关系。

考察一个社会的关系网络，一般要从家庭内部开始。在家庭生活中，可村两性关系表现的和谐不尖锐。如今的阿细女性既要忙农活，又有不少在旅游产业中打工，还要兼顾家庭，其作用更加突出。在夫妻关系上，女性的话语权有所增强，阿细女性一般不会激烈地去争取什么东西，在夫妻关系中通常是扮演着跟在男人身后的角色。在劳动中直冲向前，对外却低调随和。在不少社会中，包括在一些娱乐节目中，女性似乎很多都是对丈夫吆三喝四的形象，这在可村几乎是看不到的。一些人会认为西南男人都是"耙耳朵"（怕老婆），这个话题可村男人较少提起，在可村男人、女人的脑海里，似乎没有"怕"的概念，尽管现在女性在家庭中的地位有所提高，但一切看起来都温和、自然。阿细夫妻在外不会表现的过于亲密，阿细文化中有不少关于"害羞"的描述，其中男女在外举止过于亲密就是最"害羞"的事情之一，夫妻间相处在外看起来有淡如菊的感觉。在家庭各种事物的合作中，夫妻配合默契。可村如今大家庭较少，在大部分为核心家庭的背景下，夫妻关系变得越来越重要。

阿细文化中有极强的尊老观念，在《阿细的先基》中有不少是关于敬老的内容，包括在日常生活、民间习俗、民间传说中都能体现出阿细社会对于尊敬老人、长者的道德规范。比如，可村人说在以前谁家媳妇儿难产，就说明平时对自己的婆婆不好。如果儿媳妇平日里对家中长辈不尊敬，她在"坐火房"（坐月子）期间，婆婆可以拿洗脚水让她喝下。当然，这些只是传说，或许没有人这样做过，但足以说明，阿细文化中的婆媳关系，一直以来对儿媳妇的要求是较高的，阿细婆婆有很强的权威。从历史上看，推动分家、小家庭的建立大多都是年轻儿媳妇，但与之前有所区别，如今的阿细年轻儿媳妇在经济生活中的参与度明显高于婆婆，其地位也变得更强势。尤其是在种植烤烟和旅游产业兴起以来，年轻女人的能力更能凸显出来，这让她们在家庭中的地位有一定程度的提高，在婆媳关系中渐处上风。但阿细文化有其独特性，阿细"孝"文化的强大根基依然不是这些年轻儿媳妇能动摇其根本的，无论是在争取分家的时间、方式，以及在日常生活中的具体行为，都随时在阿细社会舆论的监控之内。很少有儿媳妇顶着不孝的恶名，去做一些比较过分的事情，比如故意针对家中老人，尤其是婆婆，特别是在大庭广众之下对家中长辈出言不逊，这是阿细社会绝对不能接受的，如果真是如此做了，她日后会在村寨里受到大多数人的冷落。因此，几乎没有哪个儿媳妇会自讨苦吃。

可村非常注重孝文化的宣传，经常对一些孝子贤孙进行各种形式的奖励、宣传。到了可村村中心，有两个显眼的牌子，其中一个是村规民约，另一个就是孝子贤孙的宣传栏。每年可村都会进行这样的评选，对其进行一定的物质奖励，对其事迹进行宣传，并把她们的名单、事迹上报到上级部门，有机会在更大范围内受到表彰。在这些先进人物中，其中有不少是孝顺儿媳妇，讲到婆媳关系如何融洽，年轻儿媳妇如何敬老等。从阿细传统文化到当下官方主导下的文化营造，都可以看出"孝"是阿细社会道德规范的一个核心，同时，当下文化氛围的营造似乎有意识地去遏制年轻儿媳妇日益强势的势头，以此在一定程度上保障家中长辈的地位。不少研究者在中国的很多地区进行关于代际关系的研究后，不少研究者得出孝的衰落的定论。但在如今的可村，我们不能简单地下这样一个结论，可以说阿细社会的"孝"正在以另外一种方式绵延着。

在可村，我们几乎找不到相互不认识、不熟悉的村民。他们之间可能是"综合"关系。从家族上看，同姓氏归属于一个家族，其内部成员来往相对较多。但有时在经济互助等事务中，也有可能邻居、朋友占据较大的比例。可村家族内部成员之间的来往，最多的表现在各种红白喜事中。可村人结婚以前没有婚礼，也不请客吃饭。但近十年以来，逐渐在发生变化。现在有不少可村青年结婚也会请客、办酒席，与汉族人比较相似。可村人办婚礼酒席有两种形式，一种是在村中的活动中心请客，主人家准备原材料，请人帮忙做饭菜，宴请客人。还有一些家庭选择在弥勒市区的酒店办酒席。无论是哪种形式，都需要有人帮忙，特别是在村中办的，其工作量非常大。在这期间，人们首先请的是本家族内部的人过来帮忙，其次是邻居、朋友等。类似于这种情况的还有庆祝孩子满月的"满月酒"及家族内部成员的丧礼等。在可村，同姓宗族并无家谱，也无像汉族一样的什么字辈之说。同姓取名字也无一定的规定，大家都是随意起的。但人们似乎都非常熟悉自己在自家族的位置，包括自己的辈分，自己在家中应承担的责任等。

在可村，我听到好几次"好牛好马不出寨"的说法，其意义其实就是指向阿细人的婚配。在历史上包括到现在，有较多的可村姑娘嫁在本村，这就使得本就人数不多的可村，大家到处都是亲戚的现象。一次和大家一桌吃饭，席间有几位是认识的，有几位则见着面熟，却叫不上名字、对不上号。因为，在可村数月，我见过大多数村民，也可能听过乡亲们提到过一些人的名字，只是相互无法对应。在席间，我听到这样的介绍：

> 老师，这位是我的小舅子，这位是我孩子的姨夫，我不知道你们汉族人怎么说，就是我和他娶的媳妇是亲姐妹。我们都是可村的，你可能都见过他们吧。我们家住在村中心，他们两家都住在村口，离的都不远了。我们寨子里的姑娘很多都嫁在本村，知根知底的，干什么事还方便。我和我老婆家里还是同姓的，只要不是近亲我们都可以成家的。我们经常在一起吃饭、干活，互相帮忙。①

在一些史书上记载，阿细人历史上流行舅表优先婚，在对可村的调查访谈中，在可村人的印象中似乎较少有这种情况。由于可村周边都是阿细村寨，一直以来，大家在方圆几十里通婚也主要是局限于阿细人。如今，人口流动、旅游发展使可村男人与其他民族姑娘通婚成为常态，但这并不妨碍不少可村姑娘依然选择嫁入本村。究其原因，一方面是一直以来的传统；另一方面是与可村如今经济发展较快，村民普遍比较富裕有关。可村阿细人内部通婚，使得双方"互惠"成为可能，也在较大程度上强化了村落共同体。

可村的邻里关系，是建立在多重宗亲、姻亲关系之上的，是阿细人重要的社会关系之一。"远亲不如近邻"，邻里之间交往便捷、频繁。可村自从成为村落后，村里多兄弟家庭向外划新宅基地，老宅则一般为家中幼子居住，与如今一些北方汉族的"空心村"宅基地大量空置的情况不同，可村的宅基地很少有空置。世世代代的邻居，在多年生活中结成了共同体。

---

① 被访谈人：M哥（男，40岁，可村彝族阿细人）。访谈时间：2018年1月6日。访谈地点：可村街边。

加之邻居可能又是亲戚的状况非常常见，可谓"亲上加亲"，感情就更深厚，关系自然也更密切。在可村经济生活中，很多时候需要互助。可村近些年来烤烟种植是家庭重要的生计，烤烟在种植、管理、收割、烤制等各个环节中都需要耗费大量的劳动力，在这个过程中，邻居之间的互助非常普遍。烟叶的收割、烤制虽说集中在每年的七八月份，但每家情况会稍有差别。烟叶的收割需要快速，编织好以后也需尽快放进烤房烤制，各个家庭的时间差恰恰为邻居间的互助提供了条件。在可村，我经常见到邻居间相互帮忙，在谁家干活，谁家就提供餐食，往往会留位老人在家煮饭，其他的家庭成员全副上阵，加快进度，抢占收成。

旅游发展后，不少村中家庭开设了家庭客栈。旅游大都有淡旺季之分，在可村，旅游的旺季是暑假、寒假，特别是暑假游客最多。而这个也是卸烟叶的时间，田里的活计也非常忙，当游客多时，就更需要赶紧召集邻居帮忙。我经常住的 R 婶客栈位置稍偏僻，但即便如此，暑假期间天天满房，R 婶两口子既要忙客人的饭食，又要忙女儿的小吃店生意，还要兼顾田里的活，很明显是忙不开的。经常看到她会一个招呼就临时叫上邻居过来帮忙，有时甚至不用叫，大家都知道晚饭时间客人吃饭最为集中，邻居到了差不多傍晚四点多就自动过来帮忙。由于客人多，R 婶家中自种的菜都吃完了，这时邻居们会你拿两个南瓜，我拿一筐豆子过来。也许邻居家还没有开客栈，此方面并不需要帮忙，但可村人通常不会莫名地占别人的便宜。我经常看到 R 婶在家里客栈客人少时，抽时间去帮邻居家干田里的活，帮助他们拉烟叶、编烟叶等。可村邻居之间除了经济生活上的互助外，还集中表现在一些重要的家庭事务中，比如像杀年猪，宗族内的人是主流，邻居通常也是重要的参加者。

可村旅游产业近年来发展迅速，大量的游客涌入村内。如今的民族风情小镇景区主要有三个景点，即密枝山、老虎山和可村阿细古村，可村作为一个著名的景点名声在外。这其中有一些游客感受到了可村的好，成为可村的常客，这其中以省城昆明人居多。多次来往可能成为朋友，这些人为可村人打开了了解外面世界的一扇窗。在旅游开发前，可村较少人与外面人特别是城里人打交道，城里人觉得阿细人的文化很神秘，实际上阿细人也一直对城里人的生活很好奇。旅游的开发大大拓展了可村人的关系网络，当然，相比而言，作为村落共同体内部成员之间的关系依然是可村人关系网络的主线。

三　社会组织

到了可村，虽然大家都异常忙碌，但能感觉到一切都秩序井然。如今的可村，进入村内明显感觉与其他村不同，宽阔平整的道路，密集的指路牌，这一切无不昭示着这个村是一个旅游明星村。大家放了农具，要赶紧去村内的旅游公司上班。不管是谁，似乎都与旅游产业紧紧联系在一起。有些村民可能并没有在公司上班，但可能家里开着餐馆、客栈或是商店，这一切当然也与旅游密切相关。村内的任何一个角落都有保洁员大姐打扫过，村中密集、整洁的卫生间"现代化"程度非常高。这一切的井井有条，得益于可村独特、完善的组织。

在长期以来的阿细社会生活中，毕摩都扮演着重要的角色。毕摩代表的是神圣一方，他掌握着阿细社会的各种知识，特别是宗教方面的知识，他是阿细社会中最有智慧的人。无论看阴阳宅、找吉利日子、主持宗教、节日仪式，都必须以毕摩为中心。在可村，历史上毕摩通常正经主事的只有一位，而其他的通常是正在学习中的准毕摩。目前的毕摩是刘姓毕摩，他的亲叔叔是上一任毕摩。上一任毕摩去世于去年，目前主事的毕摩在十多年前就开始和自己的叔叔学习各种知识，最重要的是诵经，必须一字一句学习。在可村阿细人中，毕摩选择自己的继承者，通常会选择自己家族比较亲近的下一代男性，并且此人也对阿细传统文化比较感兴趣，才会传艺给他。并且准毕摩要跟着老毕摩在多个仪式中不断见习，提高实际操作能力，也为了向可村人宣告下一任的毕摩人选，如果此人不出什么纰漏，则可在老毕摩没有能力再做相关工作的情况下接任。由于可村上一任老毕摩在去世前三四年由于年事已高、体力不支，已不主持相关事宜，现任毕摩就开始掌管整个可村宗教祭祀、节日仪式等相关工作。

如今可村的宗教祭祀、节日仪式的活动已经不是单纯地指向可村内部，一些仪式、活动既有原来的功能、程序，同时又是旅游展演中的一个组成部分。但目前无论是什么性质、什么功能的活动，凡是相关的需要毕摩来主持的，都还是由毕摩一人来承担。目前在旅游活动中也未出现"扮演"毕摩的情况。所以，我们看到，毕摩既承担着传统的工作职责，同时又变成了旅游公司的一名员工。而在旅游公司中，他又需要接受旅游公司的管理。在平日旅游公司的工作中，他每天早上在开寨门、迎宾客的节目中，以可村毕摩的身份站在工作人员最中间迎宾。在下午的跳舞工作中，有一个跳舞节目介绍阿细文化的，其中需要毕摩出席，他就在这个节目中出现一下即可，一天的工作就算结束了。在旅游公司工作中，一切都是公司计划、安排好的，毕摩同其他工作人员一样，在这个过程中，他成为拿薪水的毕摩工作者。

即便如此，脱离了旅游公司的管理，可村毕摩在如今社会中依然具有较强的权威，是名副其实重要的社会生活的组织者之一。在如今可村的宗教仪式中，祭密枝的"商品化"程度较低，基本上还是针对可村内部的，这个仪式也是如今可村所有仪式中最隆重、最盛大的。其准备的时间较长，程序也较复杂，涉及的人员也较多。关于祭密枝在什么时间举行，要毕摩在过年之后就开始算好日子，并根据日子推算出参加仪式的男人的生辰，根据这些挑出合适的人选。在这个过程中，可村人都要听从毕摩的安排。当然，类似于这样的活动，还需要村委会、村民小组的配合，历史上大多时候的祭品是大家凑钱的，这几年经济效益好，有时村委会、村小组也会从经济上给予一些赞助，并且还需要从交通、治安、人员等方面给予保障。总体来看，毕摩在这个过程中扮演着主持人的角色，这一点是无可辩驳的，村主任也要听从他的调遣。平日里毕摩是一名旅游公司的员工，当遇到这种重大活动时，旅游公司也要为毕摩开绿灯，其他所需人员有不少也是公司员工，必要时村委会或村民小组会与公司沟通，以保证活动能正常开展。

可村属于蚂蚁村委会的一个村民小组，在可村，村委会、村民小组是基层组织，传达上级的规定，组织多种社会生活，制定乡规民约，协调各方关系，解决村民矛盾等。在可村，村委会、村民小组所做的工作远远多于其他村寨，究其原因，还是与旅游发展密切相关。我经常在村内见到村主任忙碌的身影，由于可村是著名的"明星村"，每一年都会多次接待来自各地的考察团、学习团，和各地人员进行交流，并且还要随时保持良好的状态，这本身工作量就较大。另外，从旅游公司接管了可村的旅游经营以后，实际的旅游产业管理工作当然归公司，但这个景区很大程度是基于可村的，在不断开发的过程中，涉及山地占用、经济补偿、安排就业、福利待遇等各种问题。这些相关问题的协商，很多时候有赖于村委会、村民小组与旅游公司的协商。因此，其事务繁杂，工作人员非常繁忙。

目前管理民族风情小镇的旅游公司是红河本地的大企业，其管理了弥勒地区的多个重要景点。其资金雄厚、管理经验丰富，自接管了可村的旅游产业以来，拓展了景区范围，采用了较为先进的管理理念，发展势头良好。如今的可村有一百余位村民在公司上班，每天的工作严格接受公司的管理。当村民与公司之间出现什么纠纷时，则主要是村委会、村民小组的工作人员来协调。村委会、村民小组除了在这些方面和旅游公司有沟通之外，具体的公司运营他们是无权干预的，是没有什么发言权的。在资金来往上，每年年底，公司会给村中 60 岁以上的老人每人 1000 元作为福利，这个钱会到村民小组，然后经村民小组发放到各家庭之中。每年旅游公司会给村委会 10000 元左右，作为为景区提供安全保障的经费。除此之外，经济上的往来较少。

小结　可村的"前世"与"今生"

多山、缺水、动植物资源丰富是可村地理、资源能源的特点，居中的海拔带来可村夏无酷暑、冬无极寒的气候，周山环绕，景色宜人。尽管景色秀美，但由于水、良田资源短缺，历史上可村阿细人的生存始终较为艰难。由于交通不便，历史上很长 段时间可村阿细人比较闭塞，周边都是阿细村寨，与其他民族、支系互动较少。正是由于与外部交流较少，在旅游开发前，可村一直被认为是阿细"传统文化"保留最多的村寨。

可村阿细人借以独特的自然环境谋求生存，形成了一定的生计方式，创造了三百多年的村寨史。历史上可村阿细人主要靠耕作、狩猎、畜牧实现自给自足，没有商品经济的概念。可村人对于自身阿细人的源流没有定论，但普遍对自己的族群身份有较强认同。阿细人的婚俗独树一帜，"拖姑娘"式的自由恋爱、"砍柴挑水定终身"的婚俗与众不同。在中华人民共和国成立之前，可村阿细社会存在较多的大家庭，中华人民共和国成立之后特别是集体化之后，可村的核心家庭成为主体。多神信仰、祖先崇拜、天主教信仰是可村历史上宗教信仰的主要方面，春节、祭密枝等节日、仪式最为隆重，在历史上一直深受可村人重视，火把节则在不同的时期影响力不同。

今日的可村名声显赫，旅游产业的快速发展不仅大大提高了可村的知名度，还在很大程度上影响到了可村社会生活的诸多方面。从生计方式上看，如今村民的生计方式越来越多样化，其中旅游产业从业占据着重要的位置。由于不少可村姑娘嫁入本村，可村人的宗亲、姻亲、邻里等关系相互交织，十分"复杂"。在如今的可村社会组织中，村委会、村民小组承担着多种村内具体事务的组织、管理，毕摩在组织宗教事务中的作用依然强大，值得注意的是，由于如今可村旅游产业经营的特点，旅游公司的组织作用日渐强大，越来越深地影响着可村阿细人的社会生活。

第二章　可村旅游产业发展与女性参与的历程

可村的旅游产业萌芽于 20 世纪 90 年代末，那时初步拉开了"民族文化资本化"的大幕。从 2000 年到 2014 年，可村旅游产业有了较大发展，全方位运营成效显著，成为红河州民族旅游的一个典型。2014 年之后，可村旅游产业经营更换了新的模式，也再次扩大了其旅游产业的规模。在可村旅游产业发展的各个阶段，都有女性参与的身影。可村阿细女性从初期"懵懂"、被动地参与，到上升期的自觉、主动地参与，再到繁荣阶段热情、独立地参与，她们的参与度越来越高，其作用越来越突出。

第一节　起步阶段与女性参与

受政策大环境、周边旅游开发典型的影响，20 世纪 90 年代后期可村旅游产业开始启动，政府、学者、"乡村知识分子"、广大的可村村民一同推进了可村阿细文化的开发。在这个阶段，可村阿细女性还无法比较清醒地意识到旅游产业、民族文化开发的诸多问题，比较被动地参与其中。

一　初步开发阿细文化

可村的旅游萌芽于 20 世纪的 90 年代，可村便捷的交通为可村人与村外的交往提供了条件，信息时代的到来，让可村人更多地接触到外面的世界。过去可村人普遍认为自己的生活理所应当是这样的，从未对自己的文化进行过审视，更没有更多地认识到民族文化的魅力、价值。如果说大家对民族文化有一些感知的话，那也只有对"阿细跳月"能跳到昆明、北京、欧洲而自豪，但他们在 20 世纪 90 年代后期以前对于民族文化的弘扬、挖掘并无太多自觉。当信息时代到来以后，民族文化宣传充斥着大家的头脑，再加上云南省确立从"民族文化大省"到"民族文化强省"迈进的宏伟目标，可村一些受教育程度比较高的"乡村知识分子"、一些党员干部等开始倡议大家搞旅游开发。可村旅游的开发也受到石林成功运作的启发。与弥勒相邻的石林县，依托其自然风光并大力挖掘、开发彝族撒尼文化，特别是阿诗玛文化，就如同美国学者司佩姬的研究所述："无论在私营企业还是国家机构，从卷烟商标到旅游广告，所有东西上面的阿诗玛形象都成了财源，阿诗玛形象已被资本化了。"① 阿诗玛文化的商品化、资本化为石林旅游带来了巨大的经济利益，这为弥勒地区深入挖掘彝族阿细文化带来了很大的启示。但与石林旅游所不同的是，以可村为代表的阿细文化，其相关的自然资源相比石林特色并不鲜明，这样，更加深入地挖掘、运作阿细文化变得更加重要。

在可村旅游开发初期，可村人进行了多方面的努力。村委会主任说道：

> 我们寨子在上世纪 90 年代末的时候，一些干部就组成学习团到好多地方进行学习、培训，包括到昆明参加相关的培训会议，到一些搞的比较好的村寨去学习，像石林的阿着底啊等地方，我们很早都去过了，去咨询专业人士，又学习人家的管理经验、宣传方式等，我们回到村寨后就发动大家搞旅游开发，我们比较齐心，你看，现在省内这些比较早搞民族旅游开发的村寨，属我们村子搞得好，阿着底那些村子发展的远不如我们。②

---

① ［美］司佩姬：《舞台化的场景：中国云南石林风景后现代的真实性何在》，载巴莫阿依、黄建明《国外学者彝学研究文集》，云南教育出版社 2000 年版，第 305 页。
② 被访谈人：C 主任（男，52 岁，可村彝族阿细人，村委会主任）。访谈时间：2017 年 8 月 8 日。访谈地点：可村村委会。

在可村旅游发展的起步阶段，主要是由村民自发进行，政府还未进行相应投资，所以旅游所需场地比较缺乏。但可村人充分发挥自己的聪明才智，因地制宜，充分利用各种有限的条件，努力吸引外地游客前来参观旅游，体验民族风情。2000年，对于可村来讲，是一个关键的历史节点。由云南大学与浙江大学合作的关于民族旅游开发的项目将可村定为研究基地，之后在项目主持人彭教授的倡导下，在可村人的共同努力下，可村的村容村貌有了较大改善，人们将自家所养的牲畜圈养起来，做好自家门口的清洁工作。可村于2001年成立了旅游管理委员会，委员由村民组成，共10人，主要由管委会负责旅游策划，组建旅游接待队。

可村人绝大多数都属于彝族阿细支系，蜚声中外的阿细跳月是弥勒的一张名片，也是可村发展旅游的重要文化资源。"阿细跳月"，阿细语叫"嘎斯比"，意为"欢乐跳舞"之意。关于阿细跳月的来源，众说纷纭，有不少美丽的传说，通过对可村多位村民的访谈，其中流传比较广泛的、大家认同度比较高的是：阿细先民在远古时期经历了一场天灾，大火越烧越大，眼看阿细人的森林要被烧光，家园要被烧尽，但勇敢团结的阿细先民并没有坐以待毙，他们齐心合力，扑灭大火，人们欣喜若狂，群起跳之，以表达心中愉悦，男人们佩戴在身上的弓弦舞动时发出悦耳的声音，大家随乐起舞，跳的更为欢畅。从那时起，阿细人一有高兴的事情，便会跳起这种欢快的舞蹈，到后来，也成为阿细未婚男女寻找意中人的媒介。阿细跳月不仅承载着后人对先民的敬仰，也成为后世阿细人休闲娱乐、体育健身的一种重要方式，同时更是阿细人交往的重要媒介。可村阿细人世代跳月，这已经成为他们生活的一部分。在20世纪90年代后期以前，他们并不认为这有多么的"稀奇"，在那时，少有外来人来可村，当时有少数学者来到这里，他们表示出对"阿细跳月"极大的热情、喜爱。

1999年、2000年的时候，彭教授带着其他一些大学老师和她的学生一起，看到了我们的阿细跳月，他们看的多么专注啊，那个表情是多么喜欢啊，到现在我还记得他们的表情啊！后来，她们就一个劲儿地给我们说，一定要依托这个阿细跳月来发展我们的旅游啊，这是一个最有利的条件。①

当可村人意识到自己的生活方式是一种"文化"，并且是一种极为独特的文化时，可村人的文化自觉慢慢开始觉醒。并且，当经济全球化的浪潮越来越猛烈时，可村人也在各位专家、学者、村中知识分子的"启蒙"下，开始了阿细人对于经济全球化逐步增强的反应。可村阿细人也踏上了学者陈庆德、马翀炜提出的"民族文化资本化"的征途。"文化是一种生活方式，而经济主要是体现为生活方式中基础性的物质活动，它本来就对整个社会的生活方式产生着重要的影响，而现代社会中，经济原则对整个社会的支配性作用也就更加使得社会整体的'文化'也被要求按这一原则行事。"② 所以，当阿细跳月遇到了旅游产业，阿细跳月连带其他的一些文化样式，必然要按照经济原则行事。在广大可村阿细人、学者、专家的共同努力下，可村决定发展以阿细跳月为核心，连同可村其他的阿细文化，比如阿细餐饮、阿细先基、阿细祭火、阿细婚俗等，打造一个"阿细民族文化村"。

可村组建了阿细跳月队，旅澳的陈先生给予跳月队1.5万元购置服装，随后跳月队开始按照舞台化的表演特点进行编舞、排练。这里值得一提的是，可村旅游发展及教育、基础建设的投入长期受益于旅澳的陈先生，陈先生是可村人，早年前往澳门发展，事业有成后，不忘回馈家乡。从20世纪90年代末开始一直到2014年左右，陈先生对可村在修建学校、建水窖、修路等上面投入400余万元，为可村的发展做出了较大贡献。

在2003年，可村从外面聘请了一些美术专业的工作人员在可村临街的墙壁上作画，绘画的内容反应阿细人生活劳作、恋爱婚姻、节日祭祀、宗教信仰等内容，可村是附近的阿细村寨中最早在墙壁上作画的村寨，这些壁画能让外来游客以较短的时间简要了解阿细文化，同时，这些壁画也为可村作为旅游村的形象又添上了一件华丽的衣裳。

---

① 被访谈人：J嫂（女，50岁，可村彝族阿细人，餐厅服务员）。访谈时间：2017年8月10日。访谈地点：M客栈。
② 马翀炜、陈庆德：《民族文化资本化》，人民出版社2004年版，第38页。

图 2 - 1 可村壁画①

在可村旅游发展起步的几年间，他们通过多方筹集资金，更主要的是自力更生，为旅游发展创造必要的条件。在 21 世纪初期的几年间，他们没有接待客人及跳月的场地，他们就将之前的省立西山第一小学腾出来，进行简单的修缮、打扫，一个规整的两层阿细四合院承担了多项功能，一层和院落用于招待客人吃饭及跳月、祭火使用，二层添置了 10 张左右的床招待游客。这个四合院成了现今的民族文化传习馆。

我们在 2000 年后的那几年间，一开始接待的客人数量不多，都是有客人来了，村里广播站广播，大家先放下自己田里的活计，来招待客人，给客人吃我们的民族饭菜，腊肉煮红豆啊、苞谷饭啊等等。客

---

① 笔者拍摄于 2017 年 5 月 21 日。

人除了吃饭，最重要的就是看跳月了，跳月队的跳月，客人们也跟着一起跳，跳完客人们就回去了，那时候村里没有酒店、客栈等住处，客人们主要就是吃饭、看阿细跳月、祭火表演。①

那时的阿细祭火俨然已是一场商业表演。阿细祭火本来是阿细人民一个非常重要的祭祀活动，表达阿细人对神的崇拜，大部分工作是由毕摩来完成的，需用较多的时间，仅一个钻木取火的过程可能就需要半小时、四十分钟以上。但作为旅游开发，阿细文化中的祭火，已然脱离它原本的时间、空间，需要可村阿细人对它进行改造、重组及商业包装。所以，在祭火表演中，一个小小的四合院落成为祭火表演的舞台，五六个人在十几分钟即完成表演，钻木取火的过程无非是两三分钟。阿细人已经知晓如何将自己文化中的部分章节截取，移植到旅游场域中，最终实现文化资本到经济资本的转化。

20 世纪 80 年代历史学家霍布斯鲍姆提出"传统的发明"概念，指出"传统"并不是永恒不变的，而总是在不同的时代，适应于新的需要而被人不断地改造、发明出来。可村人在"传统"文化的复兴和发明上大做文章。前文所述的阿细祭火实际上就是"改火"，便是通常在清明节进行的祭祀火神的活动。阿细人对火非常崇拜，但同时又有畏惧"坏火"的心理。所以，在可村老年人的记忆中，在 20 世纪五六十年代他们的祭火同时又伴有"驱火妖"的仪式。其体现的就是取新火，祭祀火神，去旧火，驱火妖。其根本目的就是消灾、祈福。但这些仪式曾在"文革"时期中断，到九十年代的时候，祭火仪式又开始复苏，但"驱火妖"的仪式并未再次出现。到了 2000 年以后，可村由于旅游发展的需要，在一些专家、学者、村中精英的策划下，"驱火妖"仪式又再次在可村"复活"。老人们记忆中的"驱火妖"是严肃的，但当 2002 年，"驱火妖"再次在可村出现的时候，似乎成为一个"狂欢节"，男人们赤裸着上身，身上涂满了各

---

① 被访谈人：L 大妈（女，65 岁，可村彝族阿细人，民族文化传习馆工作人员）。访谈时间：2017 年 8 月 5 日。访谈地点：可村民族文化传习馆。

种鲜艳的颜料，手舞足蹈，抬着用纸扎的"火妖"，由毕摩念经，最后扔到村口的空地上烧掉。整个过程中，人们在街上手舞足蹈、甚至嬉戏打闹的时间最长，这部分成了重头戏。这种仪式显然已是对"传统"的部分抛离，但也正是可村阿细人在这个对"驱火妖"的"复活"中，重构了自己的文化，而重构此文化的动力正是旅游产业的发展。在经济全球化的浪潮中，再次被"激活"的"驱火妖"仪式已不再是一个简单的节日了，"它还表明了当地人不是在被动地接受世界从而作出完全被动的反应，而是在对外来世界的影响下以自身可能的方式对世界做出主动的解释"。① 所驱使可村阿细人的不仅仅是文化自觉，更多的是利益驱使。可村人还在专家、学者的倡议下，将之前废弃不用的寨门、烽火台进行重修、翻新，可村人将自己的"传统"重新找回，并对其进行"合理性"改造。所以，在可村我们看到，"旅游使社区成为自身文化展演的舞台，为身处其中的族群保存了一些原本区域消亡的文化要素。"②

可村旅游发展的初期，据访谈，从 2000 年到 2005 年，由于宣传力度还不大，知名度有限，各种基础设施还未完善，游客较少，据村民们回忆，大概在 2005 年以前，可村每个月接待的客人最多也就七八批，大部分是在周末有客人过来，平时基本是没有的。所以，在那个时期，可村旅游在经济上带给可村人的影响并不是很大。在最早期，每个跳月队员一次接待所得报酬为 5 元，通常，一个月此方面的收入不会超过 40 元，所以，此时期的可村旅游所带给村民的收入仅仅是田间耕作的一种补充，而不是重要的经济来源。不过，可村人走出了旅游产业发展的第一步，也是关键一步，为今后更繁荣的旅游产业发展奠定了坚实的基础。

二　可村女性的被动参与

可村阿细女性数百年来的活动都是"两点一线"：从家里到田里。可村阿细女性非常勤劳，他们不仅要养育孩子、做家务，还要同男人一样，

---

① 马翀炜：《众神狂欢与意义追寻——彝族阿细人驱火妖节日的人类学分析》，《民族艺术研究》2004 年第 3 期。

② 孙九霞：《传承与变迁——旅游中的族群与文化》，商务印书馆 2012 年版，第 226 页。

长年累月在田间从事繁重的农活。除此之外，她们还要饲养牲畜等。在可村，随处可见背着孩子做各种"活计"的女性。在阿细跳月中，我们看到的是热情的阿细女性，并且从阿细婚俗中，我们知道，阿细男女自由恋爱，不像大凉山彝族及彝族的其他支系有严格的婚配制度、风俗，让人感觉是不是阿细女性是比较自由、强势呢？但其实不是如此。在阿细文化中，女性一直处在比较被动的地位。在婚配上，阿细女性有较大的选择自主权，但其实在家庭中、在公共事务中其话语权是比较弱的。可村女性在旅游产业开发之前，除了有时晚上大家出来跳月，较少有人出现在公共场合中，一生当中绝大多数时间她们重复着"两点一线"的生活。

在可村旅游产业开发初期，很多可村女性并未意识到旅游产业的发展会对可村带来什么重大影响，她们也并不具备相关的一些知识。在 21 世纪以前，大部分的可村女性从未走出可村，最远也无非去到镇上、弥勒县城（市），她们只是在电视里见过外面是什么样子，对旅游的认识很少。2000 年之前，可村大部分女性受教育程度较低，绝大多数是小学文化，仅仅认识一些常用的汉字，普通话大部分人都说得很不流利。当彭教授等专家学者到可村以后，强调阿细文化开发发展旅游，大多数可村女性的看法是：我们这里有什么可开发的呢？她们认为可村同其他村并没有什么不同，如果说阿细跳月是算一个优势的话，那么其他邻村也有啊，这种开发到底能不能成功呢？多数女性对此并无太大信心。

> 当时我们寨子他们提出发展旅游，我们觉得很奇怪，我们这里很平常，寨子又不像有些地方有瀑布、湖什么的，彭教授她们到了我们寨子，说这也好，那也好，我们才想我们真有那么好吗？我们也很不懂那些呀！①

2001 年，可村成立旅游管理委员会，由 10 名村民组成，其中仅有 2

---

① 被访谈人：S 姐（女，47 岁，可村彝族阿细人）。访谈时间：2016 年 11 月 5 日。访谈地点：可村村口。

名为女性。这两名女性都为初中毕业，相对文化程度较高，态度比较积极，能力也比较强。这两名女性委员参与可村旅游发展的建言献策，并将每年的旅游收入对参与村民进行利益分配。那时可村女性普遍认为男人"识字多"，比较认同男人更有"见识"，所以她们比较"习惯"男人来领导，当领导们都说这些事是可以干的，可村大部分女人也就随大流地参与其中了。

波伏娃说过大家耳熟能详的一句话："女人与其说是天生的，不如说是被建构的。"① 在中国的历史上，绝大多数的女性是一种"依附性"的存在。在阿细文化中，女性长期也是处在比较被动的地位。尽管历史上的阿细女性并不像汉族女性一样深受封建礼教的压迫，出现诸如"裹脚"一般的身心摧残，但其地位长期以来也比较低下。阿细支系的历史在史书中记载极少，作为弥勒西山一带所特有的彝族支系，很难在现存的史书中找到一定的痕迹。现有的彝族史大部分记载的是凉山彝族的历史。阿细人在历史上并没有自己独特的文字，仅使用阿细语言。20 世纪 80 年代，国家曾经在弥勒一代推广彝文，也并没有广泛使用，因此，阿细内部当然也就没有相关的史书流传于世。阿细人的先民智慧、神话传说、道德规范，我们目前只有通过口传史诗进行了解，此外，也主要靠老人的回忆呈现。因此，历史上阿细人的性别观念，我们从这两方面能了解到，如今阿细人的性别观念，则通过参与观察、深度访谈的研究方式来掌握。通过以上的方法，笔者了解到，在建国以前，阿细女性的地位比汉族女性的地位稍高，不同于历史上汉族女性完全的"男主外，女主内"的两性活动准则，但其活动范围、活动空间非常有限。长期以来，阿细女性除了在家庭的私人活动空间承担贤妻良母的角色以外，还承担田里的"活计"，其可以进入公共空间的是跳月场地、家族活动的部分空间。

新中国成立前，我们寨子的女人就是做家务、带孩子、绣花，也去田里种田、山上砍柴等，有时会去跳月（那时候还称为跳乐），找

① ［法］波伏娃：《第二性》，陶铁柱译，中国书籍出版社 1998 年版，第 4 页。

找对象什么的，其他活动都很没什么了。我们寨子大部分家庭都有田地，新中国成立前每家拥有的田地差别不大，所以每家女人也都会去种田。新中国成立后到前个 90 年代（20 世纪 90 年代）的时候，基本上都是这样过的。我们那代没有一个女人认识字的。①

20 世纪 70 年代以后，大部分可村阿细女性才开始接受现代教育，认识汉字。20 世纪 70 年代出生的可村阿细女性大部分是小学文化程度。据调查，同年代的可村阿细男性，大部分是初中毕业的文化程度，在历史上可村阿细女性受教育程度明显低于男性。在受教育程度上女性低于男性，女性在公共生活中话语权也非常弱。在婚配上，尽管阿细女性有一定的自主权，不像历史上的汉族女性必须遵守"父母之命，媒妁之言"的严格约定，但"拖姑娘"的婚俗很明显女性是比较被动的，其能体现的主动性也无非是可以向自认为不合适的男性说"不"，但历史上的阿细女性主动追求男性的几乎没有。直到近些年来，在村寨中，阿细姑娘追求小伙子的都较为罕见。

所以，从历史上直到今天，可村阿细女性都处于较为被动的境地，尤其体现在 20 世纪 70 年代出生以前的女性，她们已经非常习惯跟在自家男人的身后，充当"第二性"，这种"依靠男人"的"惯性"到如今依旧比较强大。所以从这点来看，在可村旅游产业发展的初期，女性表现得比较被动，就并没什么稀奇的了。因为她们认为自己的文化程度、知识储备、理解力、眼界很有限，跟在自己男人身后是比较"保险"的行为。

在 2000 年至 2005 年可村旅游产业发展的起步阶段，可村女性参与其中的方式主要有：保洁、餐饮服务、跳月表演。跳月队起初有 20 位左右的队员，其中男女大概各占一半的数量，女性队员 10 位左右，她们都是平时跳月表现比较好的，年龄也主要是十几岁到三十几岁的年轻人。另外。还有十余位阿细女性在当时的接待站从事餐饮服务、保洁的工作，她

---

① 被访谈人：L奶奶（女，76 岁，可村彝族阿细人）。访谈时间：2016 年 11 月 5 日。访谈地点：可村广场。

们负责在接待站为客人传菜，以及负责餐厅、招待处的卫生保洁。为了改善村容村貌，旅游管理委员会动员大家义务地保持好各家及家门口的卫生，管理好自己的牲畜不要乱跑，可村女性大多数还是按照要求去做，尽管她们在当时还比较懵懂、茫然。

在可村旅游产业发展的前几年中，由于规模有限，游客较少，一个月也就只是接待7、8批客人，所以参与其中的女性较少。在那时，每次参与旅游接待，可村女性每个"工儿"（即每人次）的酬劳是5元钱，基于不少可村女性对于旅游产业开发无太多认识，前景也并不太看好，再加上酬劳也比较低，所以有不少女性在旅游接待队工作一段时间又主动退出。总结可村女性旅游产业发展初期参与其中的特点为：参与人数有限，热情度不高，影响力较小。

第二节 平稳上升阶段与女性参与

政府的大力投资和可村旅游积累的经验，使得可村旅游进入一个新阶段，树立了自己的文化旅游品牌，形成了自己的特色。与此同时，也为更多女性参与其中提供了条件。经过多年的适应、学习，加之新一代女性受教育程度的提高，使可村女性更加自觉地参与其中。

一 树立阿细文化旅游品牌

可村经过2000年到2005年旅游开发的初步阶段，已经初步积累了一些经验。可村人的见识更广了，对自己的民族文化有了更深的认识，并更加意识到自己民族文化的价值。从2005年到2014年，各级政府相继投入1.5亿元左右，[①] 修缮公路、跳月广场、篝火广场、民族博物馆、对可村阿细民居进行改造等。"阿细跳月"一直都是可村进行旅游开发的一张"王牌"，在这个时期，各级政府、可村人都对此加大力度进行宣传，对此文化资源进行深度开发。尤其是在2008年，阿细跳月被国务院公布为非

---

① 通过对村委会主任的访谈所得数据。

物质文化遗产保护名录。在这之后，弥勒市政府将可村宣传为"阿细跳月"的故乡、发源地，以此形象示人，随后，在各大报纸、杂志、政府相关部门官方网站进行大量、深度宣传。从对阿细跳月起源的传说、历史脉络的梳理等着手，尤其注重从阿细跳月被世人发现到走向辉煌的形象建构，宣传较多的内容有：1945 年，著名音乐家梁伦对阿细跳月乐曲的改编；1950 年，阿细跳月跳到了北京中南海；1953 年，阿细跳月到波兰华沙进行演出，以及之后到昆明、成都等各地演出；近年来参加中央电视台《舞蹈世界》节目的录制，反响热烈。云南电视台也曾多次将各种娱乐、真人秀节目的录制地放在了可村。通过这一系列的对阿细跳月的宣传，大大提高了阿细跳月的知名度。而作为"阿细跳月"的故乡、发源地的可村，形象马上变得高大起来。大家慢慢一致认可，到红河看阿细跳月，就要去可村，因为那里才是最"正宗的"。可村人已经比较明白，"在目前全球化地方化的新时代背景下，唯有独具特色的地方才会在全球网络中展现其价值所在，也因此，具有地方特质、本土的、历史性的地方文化产业才能够在凝聚地方主体意识之外，同时符合经济活动对文化的需要。"①

随后的几年间，可村先后荣获了"中国最美休闲乡村""全国生态文化村""民族团结示范村"等荣誉称号。2009 年，可村成为第十六届世界人类学民族学大会的考察点。大批的国内外专家、学者来到可村，领略阿细文化的独特魅力，也为可村旅游发展出谋划策。2014 年 9 月，可村所在的风情小镇被评为国家 3A 景区。可村的知名度越来越高，昔日默默无闻的阿细小山寨如今成了国家 3A 级景区，这是可村人怎么都没有想到的。各种客栈、酒店如雨后春笋般涌现，游客也越来越多，很多的客人选择在可村住下来，享受慢生活，来一场"醉氧"旅行。

从 2000 年可村成立旅游管理委员会开始，可村旅游产业的管理都是由村民选取代表进行管理，所得按劳分配，有红利大家分享。此种管理分配手段较有优势，也能较充分地体现可村人的主人公地位，并且积极性也

---

① 宗晓莲：《旅游开发与文化变迁——以云南省丽江县纳西族文化为例》，中国旅游出版社 2006 年版，第 182 页。

图 2 - 2　可村阿细风情客栈①

较高，但可村人自身的管理能力有限，相关设施的修缮力度不足，后期资金投入不够，要想获得长远发展这种方式还是比较有障碍的。基于此，由弥勒市政府牵头，在 2014 年 10 月，与弥勒市城投旅游公司（以下简称旅游公司）签订合同，将可村的旅游管理委托给此公司。该公司资金力量雄厚，管理经验丰富，一直管理着弥勒市的、包括锦屏山风景区在内的多家景点。

　　随后，由旅游公司组织，邀请云南省电视台的著名导演、编剧，拍摄了反映可村文化特色、旅游发展的微电影，并继续加大对阿细跳月的宣传力度。还从打造可村美食上下大功夫，比如对外宣传的"八大碗"：羊汤锅、腊肉煮红豆、阿细洋芋片、黄焖土鸡、骨头参、阿细南瓜汤、可村山茅菜、清蒸山药等。还有"可村四宝"：可村土蜂蜜、土鸡骨参、土猪骨参、可村油炸肉。卡西尔论述道："符号化的思维和符号化的行为是人类生活中最富有代表性的特征，并且人类文化的全部发展都依赖于这些条

---

① 笔者拍摄于 2017 年 6 月 16 日。

件，这一点是无可争辩的。"① 所以，卡西尔把人定义为符号的动物，那么在符号中，"能指"和"所指"是最显著的特征。旅游公司果然是具有丰富经营、运作经验的公司，该公司非常明了突出符号"所指"的阿细文化。腊肉煮红豆、骨头参是比较有阿细特色的菜式，而其他的菜诸如南瓜汤、洋芋片其实在各地都很常见，但其对外宣传总是会突出食材如何不同，取自阿细农家，烹饪方法如何不同，体现阿细特色。如此一来，前来的游客似乎真的是吃出与自己平常很不同的感觉，吃出了阿细文化的"味道"。可村人平时吃菜、招待客人是不讲什么"八大碗"的，只有在孩子"吃满月酒"的时候才会有这种菜式，并且菜的种类也并不是以上所讲的那样。但为了宣传需要，可村阿细饮食须与其他的阿细文化样式进行组合、融合，以突出浓厚的阿细风情。消费社会的今天，来可村旅游的游客消费的并不是商品本身，不是那个普通的洋芋、南瓜，而是其意义。

二　可村女性的自觉参与

在可村旅游产业开发的起步阶段，即在 2000 年到 2005 年之间，为数不多参与其中的可村女性大部分是"70 后"，这代人受教育程度较低，在可村旅游产业开发起步阶段，她们大部分还不会说普通话，她们那时从兴起不久的电视中学习普通话，平时她们与外地人交往也并不多。村中的交通当时是石子路，村内并未通公交车，如果去县城只能去离村寨 4 公里的国道边等坐公交车。村中大部分女性长期在田间劳作，对突如其来的旅游开发持不理解的态度，参与程度较低。而那时的接待任务大部分是由"70 后"的年轻女性承担，中老年女性几乎无人涉足当时的旅游业。

到 2005 年以后，"80 后"女性渐渐地成为旅游业从业的主力，她们主要参与到歌舞表演、餐饮服务中，在此阶段，交通越来越便利，游客也不断增加。村中的客栈、商店、农家乐、酒吧渐渐兴盛起来。餐饮服务需要大量的劳动力，而"80 后"的女性年纪轻，受教育程度良好，绝大部分

---

① ［德］恩斯特·卡西尔：《人论——人类文化哲学导引》，甘阳译，上海译文出版社 2013 年版，第 46 页。

都是初中毕业，还有相当一部分是高中或中专毕业，据调查，"80后"一代的可村女性接受过高等教育的有3人，其中目前仍有1人在本村的歌舞表演中担任主持人的工作。这代人大多能说一口比较标准、流利的普通话，沟通能力较强。成长于20世纪80年代以后的可村女性，已在经济全球化向纵深发展、互联网遍布全球、自媒体不断发展的时代背景下，对自我、两性关系的认知不同于上代人。在时间不断延长的学校教育中，她们更多地获得了现代教育中所传达的各种知识、信息，这对于女性意识的觉醒具有重要的作用。推进男女平等、提高女性地位，一直以来都是中国共产党非常注重的社会事业，但女性意识的觉醒却需要较长的时间。这既关乎全球发展趋势、国家政策、法律法规、学校教育、社会氛围，当然也关乎地方文化、家庭教育等"地方性知识"。可村女性自我意识的觉醒同样经历了一个漫长的历史过程，且呈现出与其他民族、地区甚至是邻村不一样的特点。除了以上所述的普遍性的原因存在，在可村"80后"这代女性中，在她们成长的经历中，本村寨已与相邻村寨在经济发展中呈现出较多不同的特点，旅游业的发展使得本村寨在这代人的印象中留下"与众不同"的记忆，在她们的记忆中，村中常有外地人光临，外地人更会为她们带来不一样的感受。其表现在诸多方面，外地人男女之间表面上的"平等"，甚至"女人更强势"的表象，也在这一代的女性脑海里留下深刻的印象。此时的可村，相对于邻村寨良好的经济条件，便利的交通，使得她们与外界的接触越来越多，更多的女性走到县城、走到省城昆明去"看世界"，在意识里，她们大部分人开始慢慢认同"我也可以"的理念。

小C出生于1987年，从高中毕业后的2006年左右开始在家务农，同时加入村中的跳月队，据她讲：

2005年以后，村中的旅游业开始发展的越来越好了，那时我们有几个玩伴认为旅游业是一个有较好发展前景的产业，我们在网上了解到了相关的知识，并且也曾到过石林的一些开发旅游的村寨，感觉我们寨子的前景应该还是挺好的，当时想着先参加跳月队，以后发展的好了，还能做点其他的什么生意。由于我们有好几个嫁在了本村，所以我们几个断断续续地在跳月队、民族餐厅等干了十来年，虽然现在也还是没有太大进展，但还是相信以后会有机会的。①

在这一代可村女性中，她们开始比较自觉地投入自己的世界中，在各"场域"交织中，她们的"性情倾向系统"渐渐在发生着变化。在她们的身体上、意识中体现了可村的历史，她们自觉、主动地投入到旅游业发展中，从自己的意义世界中找寻自我、感知自我、体验生活。

第三节　繁荣阶段与女性参与

旅游公司接管了可村的旅游经营、管理后，不断扩大其规模，加大宣传力度，成功将可村打造成为阿细文化旅游名村。此时的可村阿细女性已比较清醒地意识到旅游从业与传统生计方式的不同，她们以较为独立的姿态参与到旅游产业中。

一　打造阿细文化旅游名村

从 2014 年旅游公司接手可村的旅游产业开发、管理后，其扩大了可村旅游产业的规模，先后开发、开放了密枝仙境、情人桥、虎啸山林（老虎山）等景点。在这些景点的开发中，依然紧紧依托可村阿细文化，在可村的密枝林修建栈道，根据阿细文化中的虎崇拜，用石头雕刻了云南省最大的石虎。并于 2015 年建成了滇南第一家森林度假酒店，森林度假酒店坐落于天然氧吧中，室内豪华装修，气派舒适。2016 年，旅游公司又在可村建成了独具阿细民族风情的帐篷酒店，可村旅游的接待能力不断增强。旅游公司的大投入为可村旅游知名度的提升起到了重要的推动作用。2017 年，国家体育总局公布首批运动休闲特色小镇中，可村所在的旅游小镇名列其中，可村再次声名远播。

---

①　被访谈人：小 C（女，30 岁，可村彝族阿细人）。访谈时间：2017 年 3 月 21 日。访谈地点：可村广场。

图 2-3　群山环抱的可村森林度假酒店①

　　有"阿细跳月"就有欢乐，阿细人民是热情的人民，来到"阿细跳月"的故乡，让你拥有更多的快乐，来到古朴可村，让你享受"慢生活"。这是如今可村旅游发展对外宣传主打的阿细文化，阿细跳月、快乐、淳朴、神秘、"慢生活"是关键词。旅游之于游客，其与食品、化妆品等消费不同，其消费主要发生在"常规的"日常生活之外，游客多数是带着某些预想中的成分进入旅游地，他们试图通过暂时"脱离"日常生活，而获得一种非凡体验。而这种非凡体验，不少学者发起了"旅游与朝圣"的探讨，比较具有代表性的学者、观点有：麦坎内尔认为旅游是一种重要的仪式，是处于"复杂社会"的人们希望从"他者"中寻求一种真实性。② 与其观点比较一致的有学者格雷本，他也将旅游视为一种"朝圣"，③ 格雷本论述道："朝圣与旅游之间没有坚实牢固的分界线。甚至当朝圣与旅游的

---

　　①　笔者拍摄于 2017 年 8 月 12 日。

　　②　Dean MacCannell：《旅游者——休闲阶层新论》，张晓萍等译，广西师范大学出版社 2008 年版。

　　③　Nelson Graburn，*The Anthropology of Tourism*，Annals of Tourism Research，1983（10）．

功能被结合在一起时，即使它们必然会有差异，但却形成了一个彼此交融、不可分隔的连续体。"① 对于去往可村旅游的大部分中国游客，他们大多怀着不是宗教意义上的朝圣，但他们对于阿细"神秘文化""快乐文化"的想象、向往在某种程度上与宗教上的朝圣有些类似，因为同样都追求某种精神意义上的提升，并且在重新返回到自己的日常生活中自感身份发生了某些变化，人生当中旅游的某段时刻、某个时间变得与众不同，这个时刻、时间变成了一些标志。

　　人们的旅游消费始终会想要获得不一样的体验，消费社会的人们为了追求"不一样"，会去尝试很多东西，旅游也是如此。这就如同波德里亚所说的："一切都要尝试一下：因为消费者总是怕'错过'什么，怕'错过'任何一种感受。"② 可能如今的消费者最怕错过的就是"快乐"了。现代人普遍有的茫然、焦虑，使人们更期待获得一种单纯的快乐，"快乐至上"被人追逐。另外，选择旅游地，人们往往会去与自己文化环境差别比较大的地方，人们总是对"他者"充满了各种神秘想象。如今快节奏的生活，使"慢"成为一种奢侈品。以上对可村旅游的定位，正中当今大多数人的下怀。定位准确，加上适当的运营，可村旅游产业得到了较大发展。

　　可村旅游产业的全面开花，使可村成为弥勒旅游的一个重要目的地。目前，可村同弥勒的另外两个景点锦屏山、红酒庄基本形成了一个旅游线路，实现了旅游资源的有效整合，使更多的游客能来可村观光、度假。如今的可村旅游发展已初具规模，旅游业的繁荣为可村带来了诸多发展机遇，目前直接在旅游公司上班的职工有 130 余位。可村人不仅实现了在家门口打工，同时也实现了在家门口做生意。目前可村有 1 家旅游公司经营的民族餐厅及森林酒店、帐篷酒店各 1 家，除此之外，全都是个人经营，共有 6 家小吃店、餐馆，2 家农家乐，1 家别墅酒店，1 家酒吧，3 家特产店，12 家客栈，3 家商店等。这其中可村村民自己经营的有：4 家小吃店、

---

　　①　[美] Nelson Graburn：《人类学与旅游时代》，赵红梅等译，广西师范大学出版社 2009 年版，第 120 页。

　　②　[法] 让·鲍德里亚：《消费社会》，刘成富、全志钢译，南京大学出版社 2014 年版，第 62—63 页。

餐馆，2 家农家乐，1 家特产店，10 家客栈，3 家商店。所以，不少可村人身兼数职，既是农民，又是工人，同时可能还是老板，可村人正可谓忙得不亦乐乎。

可村旅游产业的繁荣，使可村成为一个名村，从默默无闻到赫赫有名，从昔日吃水都困难的小村寨到如今别墅、汽车遍地，短短十余年，可村经历了翻天覆地的变化。可村真正地投入到经济发展的大潮中，与过去相比，人们的"活计"不同了，生活方式也不同了，很多很多都不同了。

二　可村女性的独立参与

如果说在 2014 年之前，可村阿细女性参与旅游业具有从最初的懵懂、被动到之后以"80 后"为主要参与人的自觉、主动的特点，那么，经历了十余年发展的可村旅游产业，在 2014 年以后迎来了全面开花的时期，这为可村女性参与其中提供了更多的机会，在这样的背景下，可村女性参与旅游业的态度发生了何种变化呢？这时，参与可村旅游产业发展的"70 后"的"第二代"可村女性上场了。可村旅游发展初期怯生生参与的大部分"70 后"可村女性的孩子已经长大，"90 后"的大孩子走进了可村旅游产业的舞台中央。与此同时，"70 后"的妈妈们对可村旅游产业的发展认识也越来越清晰。在这样一个大家都将"旅游"作为口头禅的时代，她们当然也不会停滞不前。在可村的田野调查中，"70 后"的可村女性始终都不是那么自信，目光总是有些闪烁，谈到很多问题的时候，她们总是微笑地说："我也不会说了"。但她们的女儿已经不是如此，这些"90 后"的大孩子，这些阿细姑娘身上依然有她们母亲身上的温婉，但温婉之外，则是现代社会中姑娘"普遍"有的模样、气质。她们更阳光、更热情，不少阿细姑娘同她们的妈妈成为同事，而她们的姿态、参与初衷已与她们的妈妈有很大不同。

> 我在跳舞队跳了有两年多的舞了，娘家也是可村村东口的。我是高中毕业就在家里帮着种田，主要是种烤烟。这几年村里的旅游发展的越来越好了，我除了跳舞拿些工资外，还想做些小生意，因为游客

多嘛，生意还是好做的。我现在也没太多的本钱，嫁的老公家里的经济条件也很一般，我想着做点小本生意。我就从弥勒进了一些民族风情的小包包、小发卡在跳舞结束的跳舞场卖，我们跳舞时是游客最集中的时段，我们刚结束就赶紧把货拿出来卖。我们公司是不允许摆摊的，但我家就在跳舞场旁边，我就在我家门口卖他们一般也没法儿说嘛。我老公就不太同意我这样做，他觉得不太好，她干什么胆子有些小，我觉得这也没什么，我本钱很小又不怕赔本什么的。这个事情基本上都是我一个人在做。我们村子游客最多的时候是暑假和过年期间，我也会在我家门口卖水、零食等。大多数都是我在进货、卖货，好像我还是挺擅长的。我家的位置还是挺好的，打算过两年盖点房子，开个正规的商店、客栈。①

　　以上对可村年轻女性的访谈可以看出：年轻一代的可村女性对男性的依赖程度降低。不同于传统生计方式中男性占据先天的优势，女性很难在传统生计中远离男性。旅游产业从业中，可村不少女性挑起了大部分担子，在没有男性深度参与的背景下也能在一定程度上有所作为，这也给予了可村阿细女性更大的自信心。

　　在这里我们所提到的"70后""80后""90后"与可村旅游产业发展的三个阶段联系起来，这并非是机械式的配对。关于到底是否是严格意义上的几零后，当然是无法做到的。在这里如此论述一个是为了理解上的便利，同时，如此界定每一代、每一年龄段，也充分体现了改革开放以后，可村同全国的其他地方一道，无论在经济发展方式、教育文化事业发展、再到人们的各种观念，特别关乎性别意识、自我认同等方面，都在发生着变化。特别是可村，在经济发展方式快速发生变化的同时，必然也带来其他领域的变迁。

　　在2014年之后，可村女性在本村运营的旅游公司中上班的多达60余

---

① 被访谈人：小 Z（女，26 岁，可村彝族阿细人）。访谈时间：2017 年 5 月 16 日。访谈地点：可村广场。

人，她们有的在旅游公司在村中经营的民族餐厅做服务员，有十几余人，跳月舞蹈队十几余人，保洁队 20 余人，帐篷酒店、森林酒店服务员 20 余人，民族文化传习馆 1 人，车队 1 人。在城投公司工作的可村女性几乎涵盖了所有工种，参与其中的年龄涵盖了从 60 多岁的老奶奶到"90 后"的小姑娘，其中 20—40 岁的为主力，人数最多。在旅游公司之外，在个人经营的各种客栈、酒吧、酒店、饭馆打工的可村女性有 40 余位，另外，自己做生意的有 30 余位。可以说，在目前这个阶段，可村女性已经全面地参与到旅游产业的发展中，即使没有直接参与其中工作的可村女性，在这样的背景下，她们的生活方式也因此发生着变化。

小结　逐步深入的旅游开发与女性参与

可村的旅游开发经历了十余年的时间，在此期间，各方支持，特别是可村人不断积累相关经验，积累各种资本，使得可村从昔日默默无闻的小山村成为今日名声在外的旅游"明星村"。在旅游发展的各个阶段，可村人做了多方努力，其中女性参与其中呈现出不断深入、逐步自觉、独立的趋势。

在可村初步开发阿细文化的阶段，他们多方筹集资金，寻求学者、"地方知识分子"的帮助，外出学习，进行传统文化的"复兴""发明"，初步奠定了可村旅游发展的基础。此时的阿细女性还比较"懵懂"，对新鲜事物认识不清楚，冲在前方的女性较少，大多是人云亦云地被动式参与。在可村旅游初步积累了一些经验后，他们又先后争取了政府的多次资金投入，更注重加大宣传力度，"一条龙"地突出阿细特色，收到了较好的经济效益。在这个阶段中，可村阿细女性渐渐认识到旅游产业发展的重要性，更主动地学习各种知识，更自觉地参与其中。旅游公司接手可村的旅游经营后，其旅游产业发展又进入到一个新阶段。景点增加，规模扩大，吸纳更多可村人参与其中。此时的可村阿细女性，特别是新一代的她们由于文化程度较高、从小接触旅游产业的各方面，对此有更透彻的认识，她们深刻感知到旅游产业从业同传统生计不同，她们对于男性的"依赖性"有所降低，她们以更独立的姿态参与其中，其自信心有所增强。

第三章　旅游影响下阿细女性的
　　　经济行为

旅游的生计方式不同于传统生计，如今的女性有条件独立地参与其中，经济结构的变化为可村阿细女性提供了更多能动性的空间。她们在"做活计"上作出灵活的调整、选择。理财对于阿细女性来讲是一个新概念，现阶段可村阿细女性在理财方面的考虑、安排更倾向于追求"安全"的生存伦理。可村女性消费上的策略选择耐人寻味，她们在消费的同时也在积累自己的资本。

第一节　生计新抉择

在阿细经济生活中，女性按照性别分工深度参与各种劳动，阿细社会的性别分工在旅游开发后依然在一定程度延续其中。但经济结构已然不同，女性可以独立地参与其中，相应地，她们更能动地去应对多种生计方式、积极学习旅游新技能等。在经济生活实践中，可村阿细女性在生计上的应对策略、理性算计首先是基于家庭，其次才是自身。

一　阿细社会性别分工

在任何一个社会中，都有对不同性别的社会分工，人们在较早的时候就已知晓不同性别的人应该做什么，不应该做什么。社会性别的意义很多时候就通过类似于社会分工等具体的情境来体现。

在阿细社会中，女性一直以来都是家庭重要的劳动力，深度参与各种形式的劳动。从粮食、经济作物种植、家畜喂养到采集、编织等。在旅游产业发展之前，可村等大部分阿细村寨基本都是自给自足的社会，人们的粮食较少用于出售，家畜喂养、采集等也主要用于自家食用。旅游产业发展后，可村女性全面、积极参与到生产、交换、销售等环节中。同其他社会相似的是，"妇女和男人都承担着物质生产角色，但任务和职责有所不同，与男性相比，妇女所承担的物质生产活动多数是低报酬和低等级的。"[1]

历史上的可村，大部分田地种植玉米、水稻，在近十几年中才开始较大面积地种植烤烟。在历史上的任何一个时期，播种、翻地、除草等田间活儿都是女性承担较多，但具体精细到不同的环节，男女分工就表现出来了。在可村的调查中，我发现烤烟被可村人普遍认为是技术含量比较高的生产活动，所以，有不少女性表示自己较少进行烤烟的工作，大部分是由男性来承担。当然也有部分女性也参与到这个环节中，但她们总是表现得不太自信。

> 我们家种烤烟比较早，有十来年了，这十来年中，栽烟、卸烟都是我和我老婆一起干，起初这个种植烤烟的技术就是我去学习的，所以是我指导着我老婆干，后来熟悉了就都会干了，但是烤烟叶比较难把握，这个火候很不好琢磨，一不小心烤不好，就会很影响卖价的。我们家的烤烟房我老婆比较少去，大部分都是我来弄。正好我也是在寨子里面上班，有点时间我就赶紧回家加加炭火什么的。如果我什么时候外出不在寨子里面，我老婆才会做一下这个事情。主要是我老婆自己也有点不太敢做这个事情。这个事情比较重要，她就怕整不好了，对家里影响太大。其他的倒也没什么的，像种种菜地呀、去田里除除草啊什么的，不是那么有风险，就完全交给她去做了。[2]

---

① 章立明：《结构与行动——西双版纳傣泐家庭婚姻中的社会性别分析》，人民出版社 2011 年版，第 156 页。

② 被访谈人：Z 哥（女，45 岁，可村彝族阿细人）。访谈时间：2017 年 8 月 10 日。访谈地点：可村街边。

图 3 - 1　可村阿细家庭的楼房、烤烟房和农用车[①]

　　犁田、播种在农业活动中被认为是决定收成成败的关键，在阿细社会中，尽管没有向傣族、汉族等社会中一样，这些活动有至关突出的类似于宗教似的禁忌，但阿细社会中高度认同的农业生产分工依然具有重要的象征意义。阿细村民到现在依然认同男人是力量的象征，并且掌握着技术等重要文化资本，其此方面的能力优于女性。女性尽管对自己种植、管理田间作物有一定的信心，但涉及这些问题，女性们也会认为这方面的工作男人更适合。

　　旅游产业开发后，可村女性们越来越积极地投入其中，她们意识到这种生产活动可以"直接"带来经济价值。但从其从事的具体行业来看，大部分依然延续"传统"阿细社会的性别分工。阿细女性被认为是家务活动的主要承担者，洗洗涮涮是女性的本分。在可村旅游产业从业中的女性，绝大部分从事的是服务员、保洁员的工作，只有跳舞队的女性与"传统"阿细社会性别分工拉开了一定的距离。在可村保洁队中，没有一人为男

------

① 笔者拍摄于 2017 年 8 月 21 日。

性，在旅游产业中的保洁似乎就是在"大家庭"中打扫卫生，是家务活动的一种延伸。尽管如此，这些女性是独立的工作，有作为报酬的工资出现，其意义自然不同。在传统生计中，女性很难独立完成耕作，只有同男性一起才能维持生计，尤其是在可村资源比较稀缺的情况下更是如此。耕地较少，很多是在半山腰小块小块的田地，耕种难度大，很多活儿确实需要男性为主导来完成。另外，历史上较长一段时间，阿细男人普遍比女人识字多，有类似于烤烟培训学习这样的事情都普遍由男性来承担，这其实也促进男性积累更多的文化资本。近些年来，有不少文凭较高的女性也参与其中，有些技术含量较高的工作她们也乐于去承担、学习，比如像酒店管理、舞蹈队主持人等工作。在旅游产业中，女性可以独立完成多数工作，对男性的"依附"程度降低，女性也无须处处维护男性在其中的权威地位。这种经济结构的变化给可村阿细女性的能动性提供了更多可能。

图 3 - 2　保洁队工作的可村阿细女性[1]

---

[1]　笔者拍摄于 2017 年 7 月 10 日。

因此，在经济发展方式、经济结构发生变化的背景下，可村阿细女性在过去所无法体现的能动性则可在这个时期涌现，旅游带来了多种生计方式、理财等新的问题，可村女性积极、能动地去应对。

二　多种生计方式的应对

可村阿细人历来勤劳、勤奋，只要有劳动能力的人都不会闲着，无论是老人、小孩儿、男人、女人都是如此，尤其女人更是如此。可村阿细人世代在大山之中谋求生存，多年来，不便的交通，水源、良田的缺乏，使得可村阿细人谋生变得颇为不易。如此较为恶劣的生存环境，使可村阿细人用更勤劳、更能吃苦来弥补各种资源的不足、各种不利条件的限制。初到可村村口，使我印象最深刻的是一位目测有七十多岁的老奶奶，步履蹒跚地在山脚下放羊。尽管我也在农村长大，并且来可村之前从书上、老师、朋友口中对可村有一些了解，但看到如此景象还是难免为之动容。在我的故乡，如此状况的老人早已在家安享晚年，必然不会从事如此繁重的劳动。记得那是在2016年7月19日，我初次到可村时，定格给我的可村印象首先是如此一幅图画。在云南工作、生活数年的我，对可村郁郁葱葱、满目绿色的景色已不觉新鲜，见惯大山的我也并无稀奇之感，鲜甜、纯净的空气也并无太大震撼。第一次去可村，并非周末，游人也不多，村寨静谧，村中人并不多，飞驰的汽车到达可村跳月广场，对我的视觉造成一定冲击的是一排排整齐的阿细风格的别墅，这比我想象之中的要"气派"很多，想来可村人现在的生活应该是比较好过的，但为何那位老奶奶在古稀之年依然从事繁重的劳动，这是为何呢？可村女人是如何"讨生活"的呢？她们对待"讨生活"的态度是怎样的呢？这个问题首先凸显出来。

在后来的长期观察中，我了解到像老奶奶这种情况在可村比较常见。并且，村中各年龄段的女性都比较忙碌、辛苦。村中常常见到妈妈们将小孩子背在背上、带在身边做各种活儿，种田、编烟草、编织、绣花、做生意等。可村女性的生活历来都与大多数云南农村女性勤劳、忙碌的生活比较相似，就如同宝森在《中国妇女与农村发展：云南禄村六十年的变迁》

中所描述，妇女要从事种菜、摘菜、做饭、喂猪等各种工作，时常是极其忙碌的情景。① 而如今可村的女性相比以往、其他地方的女性则更加忙碌，她们在参与旅游业各种工作的同时，大多时候还要兼顾以上的"传统"劳作。随着可村旅游产业的发展，许多女性参与其中，与此同时，还要兼顾做家务、种田、带孩子、照顾老人等，所以，如今她们越来越忙碌了。

图 3 - 3　街边摆摊的可村老年妇女②

　　经朋友介绍，我到可村时，多次住在 M 客栈，客栈坐落于村北口。说是客栈，其实是多种功能的农家乐。在这里，游客可以住宿、垂钓、吃饭、自助烧烤、唱歌等。有几次专门选择 M 客栈作为落脚点，一是朋友介绍，比较好进入田野；二是这个客栈本身就是一个家庭客栈，客栈家人每天居住于此，对于参与观察、深度访谈都十分有利。另外，在客栈中的服务员、厨师等工作人员都是可村木村人，也能较快地与她们打成一片。客

----

　　① ［加］宝森：《中国妇女与农村发展：云南禄村六十年的变迁》，胡玉坤译，江苏人民出版社 2005 年版。

　　② 笔者拍摄于 2017 年 8 月 13 日。

栈中的客人多数为节假日来的城市游客，当然，平时也有不少可村人在此聚会，借此机会，我在较短的时间内认识了不少可村人，这为对他们进行深度访谈打下基础。

L姐是客栈中的服务员，今年43岁。到2017年10月我最后一次住在M客栈时，她已经在客栈工作有4个月的时间，期间不少与她聊天，她娘家也是可村的。她是我见过的阿细女性中比较典型的那种类型，温婉的气质，朴素的打扮，给人非常舒服的感觉。一提到阿细人，人们首先想到的"阿细跳月"是非常热情的，也许在跳舞场上的阿细女人是比较热情的，其实真正看到可村阿细女性，才颠覆了我来之前、真正接触阿细人之前对于阿细女性的那种"想当然"的想象。通过较长时间对可村阿细女性的接触，我觉得大部分的她们可以用温婉、乐观来形容。L姐有两个儿子，大儿子已经22岁，小儿子只有10岁，现在镇上上小学三年级。她的丈夫目前在跳月队跳舞兼种田，大儿子初中毕业后在家务农，并于三年前担任旅游公司在本村经营的民族餐厅中的厨师工作，准儿媳（大儿子女朋友）在跳月队跳舞。L姐可谓是全家出动，全面参与到了村中的旅游产业中来。

图3-4 跳舞队正在为游客表演阿细跳月①

---

① 笔者拍摄于2017年7月10日。

L姐在年轻的时候，在可村旅游产业刚起步的时期，并没有参与到其中，在近四五年，村中的旅游产业发展迅速，提供了更多的就业机会，她才在其中工作。主要的工作就是在村中的餐馆、客栈做服务员。

> 我一直都不太会跳月，跳得不好，所以在年轻那会儿，也没在跳月队跳舞，而那时村寨自己经营管理的旅游，游客也不多，不需要太多的服务人员，同时，我们家里的活计也多，就主要是在家种田、种烤烟，所以就没有参与其中。近几年来，游客越来越多，各种客栈、餐馆很多了，需要很多服务员，我就想着在村里工作，同时也能兼顾一下种田、照顾孩子什么的，就在村子里面做了。在村里做事，我又不会跳月，年龄也大了，人家也不要我们这样年纪的女人，去保洁队做保洁吧，也差不多辛苦，工资也不多，车队我也不行，我不会开那种大的电瓶车、观光车，所以别的我也做不了什么了。以前在这个客栈长期做服务员之前，我也曾经在其他的客栈、饭馆做过短期、临时服务员。总之都还是比较辛苦的，反正都差不多辛苦，没办法，所以，在哪儿做也都差不多了。①

和L姐的这次谈话中，她传达给我的是好像如此的选择有很多的"不得已"，"没办法"是她的集中表达。在后来不断的接触、参与观察中，特别是在数次细聊后，才发现其实L姐今天所做的选择，是充分发挥了自己的主动性。后来，L姐曾向我透露，她们家一共种有7000棵左右的烤烟，每年的净收入在20000元左右，还种有3—4亩的玉米，烤烟的种植最耗时间，并且投入成本也高，投入劳力也最多。每年从3、4月份开始栽烟，一直施肥、喷打农药，到大概暑假7、8月份开始将合格的烟叶卸下来，可村人将这个过程称为"掀烟"或"卸烟"，然后到各家烟房进行烘烤，再进行售卖。一直到10月份，烤烟的相关工作才基本结束。而这个时候，

---

① 被访谈人：L姐（女，43岁，可村彝族阿细人）。访谈时间：2017年8月8日。访谈地点：可村M客栈。

又到了玉米成熟的季节。可村人的田地不多，大部分还不在平地，所以在大平原上称霸的收割机在可村毫无才华可以施展，收割玉米只能用人工，如今到哪儿的路都修通了，她们已经很满足了，家里的电动三轮车可以开到地头，人工将玉米掰下来，用竹篓背到田头的电动三轮车中，将其载回家中。这种收割玉米的工作也是费时费力，3、4 亩田的玉米收割再到运回家里，如果无人帮助，仅靠自家劳力，可能需要十来天甚至更长的时间。但 L 姐说，虽然田间活计多，但只靠田间的收入肯定是不行的。另外，田间的活计多的集中时间是在每年的 3、4 月份到 10 月底，其他时间属于农闲时间，以前这个农闲时间，一些男人在家闲着或稍微打些零工，女人在家做家务、做衣服、绣花等。但近十来年，农闲时间大家是不可能闲着的，如今消费也高，盖房子、满月酒、送老人上山（为老人送终）都需要较大花费，如果农闲无事做，家庭收入将会很低，无法让家人过上较为宽裕的生活。即便在农忙时间，由于可村男女大部分都在村中，即使大家都去做一些种田以外的事，抽时间做田里的活计，除了特别忙的暑假的那段"卸烟"的活计，其他基本还是忙得过来的。所以，村中不少女人仍然在田中活计较多的时候，在兼职做着其他工作。

后来，L 姐曾经和我一起算过她们家的经济账：丈夫跳月队跳舞每月工资（不带加班费）1200 元，儿子每月工资 1800 元，准儿媳跳月队跳舞每月工资（不带加班费）1200 元，种烤烟年收入 20000 元，种玉米年收入 3000 元，养猪年收入 7000 元左右，自己的工资收入每月 1800 元。

儿子、儿媳的工资从不交给我，他们自己花，有时不够花可能还要给我们要一点儿钱。所以家里的收入，如果我不上班，每一年的收入也就 40000 多元，家里今年修建房子，用了很多钱，还没有存款装修，所以，我如果不做工，只种田，家庭收入就太低了。而我这几个月都是在这个客栈里打工，累是肯定很累，但收入还算可以，目前老板给我开的工资是 1800 元每月，比在旅游公司的民族餐厅工资高 600 元，关键是如果家里实在比较忙时，可以请假回家做活计，所以我觉得还是可以，我就来这里做了，再说，这里的老板也是我们寨子的，比那几个外地老板开的客栈、餐馆要好些，更熟悉，更好说话些。①

L姐是一个极其勤劳、朴实的阿细女人，住在客栈的我只要一出来随时看到的就是她忙碌的身影。整个客栈的服务员只有她一个，客栈有十二间客房，非节假日开房大概2、3间，但如果是在节假日，每天开房都在7、8间以上，甚至会满房，而整个服务、保洁人员只有她一人。负责客房的同时，如果有客人就餐，她还要负责传菜、择菜、洗菜、洗碗等工作。不过，可村旅游接待的高峰主要就是节假日，平时则客人比较少，甚至有时一天无一个客人。即便如此，我所住一个多月的时间里，她从来都是相当忙碌的，非常辛苦。如果节假日客人很多，她一个人忙不过来时，客栈老板就会请村里的其他人临时过来帮忙。

L姐在叙述自己的生活境遇时，一方面似乎是在突出生活的重压、自己的能力使自己很难有其他选择，阿细文化中对于女性的家庭角色又有很高的角色期待。所以，经常也会听可村的不少女性类似于这样讲：不想在家中如此辛苦，做这么多事，但没有办法，谁叫我们是女人呢！女人就要有女人的样子，总是不在家里照顾老人、男人、孩子，那也不行啊！所以，她选择在村中从事服务员的工作，主要考虑的是时间、方式上都更灵活，实际是出于家庭安全、家庭利益、社会舆论的整体考虑，当然在这个选择的过程中，又并非是完全无主动性的，她完全有机会去旅游公司其他的餐厅中做服务员的工作，那些工作比在M客栈中要轻松不少，但工资相应每月要低几百元钱，且灵活性没有在这家客栈大，那她认为是"不划算"的，所以她宁愿集中地累一点，多挣一些钱，并且有比较多的时间可以从事自家的其他活计，她认为这种选择还是挺好的。

小A是客栈老板多次请来临时帮忙的可村媳妇儿，娘家是邻村人，同为阿细人，今年30岁，结婚后到可村生活七年，育有1个儿子，今年5岁。由于年龄比较接近，我与小A初次相见便有很强的亲切感，聊的话题

---

① 被访谈人：L姐（女，43岁，可村彝族阿细人）。访谈时间：2017年8月8日。访谈地点：可村M客栈。

自然也很多，后来我又多次在客栈和寨子的大街上、活动中心等地与她相遇、攀谈，每次和她交流都觉得非常舒服。她到可村生活七年的时间里，正是可村发展的黄金时期。旅游开发带给可村的变化，是她与我经常聊到的话题。她说自己这几年来主要在家务农，种烤烟、养猪，并没有长时间地在村中的客栈、餐馆打工，自己跳舞也不是很好，所以也就没加入跳舞队。结婚后，她主要在家养育孩子兼干地里的活计，自己的丈夫近几年来都在民族餐厅做厨师。

> 我生完孩子后就主要在家带孩子了，孩子稍大些背着孩子到田里做活，结婚之前我也曾在弥勒县城打过一段时间的工，但结婚后就没做了。生了孩子以后，要照顾孩子、家里、田里，因为孩子奶奶在他爷爷去世后，就又嫁到了另外一个邻村，她在一个新的家庭里也要有自己的生活，所以孩子给我们也带不了，我也不能因为自己要挣钱，去强迫孩子奶奶来帮我带孩子。而我们这里一般孩子外婆也不怎么给带孩子，再说我妈妈那里也很忙，所以就只能自己带孩子了。我也是近两年孩子上幼儿园后才偶尔在村里的客栈、餐馆里帮帮忙，主要就是孩子、田里都主要要我一个人管，孩子爸爸工作时间比较长，又很累，所以田里、家里的活计他也做不了太多，所以我就是这样做了。①

小 A 虽是比较年轻的"80 后"，但比我身边的这个年龄的女性要沉稳不少，较暗的肤色虽挡不住年轻人的风采，却能向我传达出她辛勤劳作的讯息。过去数年背着孩子去田间各种劳作，还要喂猪、放羊、烤烟，等等。近两年，将孩子送入幼儿园，除了干以上活儿以外，抽时间在村里还要做临时工，生活当然很劳累。虽然她没有像 L 姐一般将她家的"经济账"和盘托出，但经过长时间在可村田野调查的我，大概也能了解个七七八八。生活固然已很辛苦，但她还总是能在自己力所能及的范围内，将生

---

① 被访谈人：小 A（女，30 岁，可村彝族阿细人）。访谈时间：2017 年 8 月 6 日。访谈地点：可村 M 客栈。

活安排的有滋有味。在 M 客栈的日子里，她多次与丈夫一起到客栈里做临时工，夫妻恩爱、孩子可爱，呈现出生活美好的样子。一位年轻的妈妈能在如此多的角色中自由切换，"身兼数职"的她，着实让人佩服她的能力。

图 3 - 4　正在编烟的可村阿细女性①

当我的敬佩之意表达时，小 A 并没有意识到这有什么"了不起"的，她说寨子里大部分女性都是如此生活。这些可村阿细女人，正是在这个变迁的可村阿细社会中，从"昨日之我"的基础上展开行动，这些行动有些是主动、有意识的、通过精细算计的，有些则不是，是一种"惯习"，"惯习就是自然形成的历史，也就是不被当成历史的历史，因为它是在第二天性中实现的，'无意识'其实从来不只是历史自己产生的历史的遗忘，而遗忘的原因就是把历史在惯习这一准自然中生产的客观结构融入了进来。"②"这样的人就被吉登斯称为'社会行动者'，这一社会行动者，其

---

① 笔者拍摄于 2017 年 8 月 10 日。

② ［法］皮埃尔·布尔迪厄：《实践理论大纲》，高振华、李思宇译，中国人民大学出版社 2017 年版，第 263 页。

自身一定是有社会认知能力的，并且，他们所认知到的社会体系，又是通过他们的行动来加以构造和生产的，在这样一种吉登斯所谓的结构的二重性中，行动者的认识是依靠知识来引导的，并进而去引导其行动。"① 所以，无论怎么说，L 姐、小 A 等这些阿细女性她们不能不说还是在选择自己的策略进行生存，无论这种策略她们意识到的有多明显或多么不明显。

改革开放以来，可村并不像其他大部分地区一样，外出打工成为常态。而反观其他地区的彝族，比如像四川的大凉山彝族等，他们外出打工的人数在 20 世纪 90 年代以后数量就非常多。通过访谈调查，距离弥勒较近的石林县的彝族撒尼人，他们大部分村寨外出人数都比弥勒阿细人多。从历史上看，改革开放后，有少部分的可村人曾断断续续地到弥勒县城、蒙自、昆明等地打工，到较远大城市的人很少，据对可村村委会主任的访谈，从 90 年代到如今，估计有不足十人曾到上海、广州几个大城市打过工，女性有四五位，但都是时间不长就回来了，如今村里旅游产业发展的越来越好了，去很远的大城市打工的极少。所以，不少可村阿细人给我描述"外面的世界"时，较多说到的就是昆明。由于"阿细跳月"名声在外，改革开放后，可村阿细人曾受邀到安徽、河南各地演出，所以，他们对于这些"远方"的描述，并非是由于打工的经验描述，而是外出演出所获得的信息。目前可村人在外打工的人数依然很少，有不少是趁着农闲在本村或很近的邻村打工，临时性很突出，主要从事建筑工作，大部分都是当天出去做工当天晚上即回家的情况。如今也有十余人在弥勒县城打工，由于如今交通较为便利，在县城打工的可村人也可根据工作时间，实现当天去当天回，并不需要在县城住宿，也有一些可村阿细人在弥勒县城打工住在当地的，有时数天回来一趟。对于可村阿细女性来说，如今外出在大城市打工的几乎没有，农闲时间在本村打零工的不在少数，在邻村打临时工的有十余位，在弥勒打工的则只有数位。

从资源上讲，可村历来缺水，少良田，经济极不发达，生活条件较为艰苦。既然如此，为何可村外出打工的那么少呢？从可村阿细女性的角度

---

① 赵旭东：《结构与再生产：吉登斯的社会理论》，中国人民大学出版社 2017 年版，第 31 页。

上讲，也是这个特点。究其原因，可能没那么简单。对于可村女性较少外出打工的原因，可能更为复杂。在外出打工的实践中，我在 N 嫂那里了解到了不少。N 嫂同为可村阿细人，她有一个儿子，今年 20 岁。丈夫和儿子在家务农，同时农闲时分在本村或邻村做临时工，工作主要集中在建筑业上。她之前曾在村中一家客栈做服务员工作，工作涉及客房服务、餐饮服务等多项工作，工作辛苦，工资水平一般。由于她考虑既然在村里工作如此辛苦，工资也一般，自己家里也并没有小孩子需要照顾，老人身体还比较健康，她就于数月前辞了本村客栈的服务员工作，去往弥勒的一家烧烤店打工，村里也有其他女人一同与她做此工作。去烧烤店工作，工作时间主要是在晚上，但下午三点就要从可村赶往弥勒县城。从下午三点多开始工作，择菜、洗菜、摆盘、生火等。一直到晚上上客人，工作到次日深夜二点左右下班，大多数时间他们会在老板提供的出租房里休息到早上，如果第二天家里有事，有活计要做，她们就早晨再返回可村，然后下午再回到弥勒县城的烧烤店中。一个月老板给她们休息四天，这四天也可以趁她们地里活计多的时候休息。

在村里工作，是有一定的选择余地，但各有各的好，也各有各的不好。我年龄大了，跳月队肯定是不行了。之前在寨子里的民族餐厅做过，也是累，工作时间也长，每月工资才 1200 元，后来就没做了。再后来去了寨子里的一家客栈，客栈不大，服务员就我一个，各种事情都要做，工作时间也长，也很累，但是时间灵活一点，工资每月1800 元左右，包吃，吃的也不错。由于我不像我们寨子的其他那几个，孩子小，孩子上幼儿园、上小学需要接送，我这方面没什么负担，所以就想着去弥勒做点事，如果家里有事，也还比较方便，也能适当地顾着家里、田里，但去弥勒这几个月，也是不容易呀，工作时间也不短，活计也不轻松，来回跑也是占用时间，累啊，每月工资也是 1800 元，其实都差不多。但是在弥勒工作还是不如家里方便，特别是一旦有个事更是这样。你看，我去弥勒这几个月，家里的猪很多时候都喂不成，我们家他爷俩个也是很忙，所以，今年的猪都卖钱会少些。当时，把村里的工作辞了，也大部分想到了这些，但没想这么仔细，也想着多出去一下，因为年轻的时候也没出去打过工，结婚以后到了可村，这么多年就是这么过了，所以想换换地方，但都是不容易啊！①

后来，在和N嫂接触的过程中，我了解到，像她这样的可村女人，大部分几十年如一日地在家种田、喂猪、放羊，在改革开放后的20世纪90年代，她们也曾想着出去打工"闯世界""见世面"，但一方面她们孩子小，走不开，从90年代可村兴起的烤烟种植也须大量的劳动力；另一方面，由于亲朋好友少有在远处打工者，她们对于自己外出的适应能力又很不自信，所以她们在年轻时大部分都只是想想罢了。她们那代的阿细女人大部分做事都是跟在男人身后，所以，她们自己出去在她们看来是"不现实"的。阿细文化中对女性的家庭角色期待很高，如若只身外出打工，不顾家里的诸多责任承担，也会受到较大的舆论压力。再者，在可村的调查中，可村阿细女性，特别是"80后"前的女性经常会告诉我，我们到别的地方"很不适应"，"我们可村还是很好在的"类似于这样的话，有时她们也会用"家乡宝"来形容自己。但是，其实N嫂也给我们传达了这样一个信息：一些可村女性会在条件许可的范围内，"出去"看看世界，适当地远离一下可村，去寻找一些新鲜感。像她这样年纪的人毕竟还比较年轻，她们在近些年来可村旅游产业快速发展的同时，更多地了解到了外面的世界，很多时候，其"把握自己"的主体意识较强，所以，一旦自己家庭的重担稍稍减轻，在基本能兼顾到照顾家庭、田地的前提下，她们还是非常愿意去不一样的环境中去寻找自己。N嫂在外打工的这段时间，她觉得她的生活方式同以前有些不同了，尽管她告诉我以后她可能会继续来村里工作，毕竟村里发展得很好，各方面也更方便，毕竟家庭中相当一部分收入还是来源于农业中的烟草种植，这方面始终是一个最重要的方面。但

---

① 被访谈人：N嫂（女，41岁，可村彝族阿细人）。访谈时间：2017年7月16日。访谈地点：可村村口。

尽管如此，她还表示出去一段也有出去一段的好处。

尽管 N 嫂们短期内选择在可村以外打工，也许带给她们的工资多不到哪里去，待遇也好不到哪里去，毕竟她们的文化程度较低、并无特别专业的技能，并且年纪也不小了，所以她们的选择余地并不大，无非是从一个餐馆转移到另一个餐馆。但至少她们可以比较"自由"地选择，"自由"选择的本身就是很有意义、价值的。她们也许对此并无特别清晰的认知，但她们身体力行的实践会在她们身上留下痕迹，而这些痕迹又会使她们此生的图画在与他人相同的底色中变得有些与众不同。

三 旅游催生的"打工与做老板"

历史上的阿细社会一直是一个自给自足的社会，她们种植、养殖首先满足自己家庭的需要，有多余才会偶尔去到村外的集镇上售卖。在改革开放后的 20 世纪 90 年代以前，可村阿细人对商品没有什么明晰的概念。90 年代以后，在政府的主导、扶持下，可村大部分家庭开始种植烤烟，她们才慢慢地对"经济作物"有了不断深入地认知。但作为烟农的可村阿细人，他们主要的任务是种植，售卖的环节主要是由设立在镇上的烟站负责，集中向烟厂销售。因此，种植烤烟的阿细人还不能算作是真正的生意人，而只是"烟农"。所以，可村在旅游开发之前的 21 世纪之前，极少有做生意的人。

2000 年以后，可村的旅游产业发展给可村带来了诸多的新鲜事物，人们的各种理念、生活方式也随之发生着各种变化。外来的商人越来越多地进驻到可村，尤其是在近四五年间，外地商人到可村进行各种投资：经营客栈、酒吧、农家乐、餐馆、酒店等，一开始曾被可村人怀疑的外地商人的投资、经营，在近几年中获得了极好的收益。缺乏经商经验的可村人，在外地商人在可村占领较大的市场后，她们不少人也跃跃欲试，准备过把"老板瘾"。

小 X 是位"80 后"，两年前在村口经营了一家餐饮小店。长时间在可村的我，没少去光顾她的小店。第一次去小店，看到小店虽然装修简单倒也十分清爽，陈设不华丽但能透出满满的活力。小店主要经营各种米线、小吃、鲜榨果汁、奶茶等。还没看到她，通过小店布置，我大致能猜测到这位老板可能是一位比较年轻的女性。她是可村的姑娘，两年前嫁到蒙自，大专毕业后在蒙自短暂地打了一段时间的工，便结婚生子了，但结婚后的大部分时间她都在可村度过。

> 蒙自距离我们寨子也不远，现在可村发展得比较好了，好多外地人来做生意，我想着现在孩子也小，远距离去外地打工也不现实，也不太想去。既然我们寨子发展的好，我就回来做点事。在自己寨子里边做点事，边带着孩子，并且现在我租的这家的租金不算高，家里人闲了还能搭把手，如果生意不好时，还可以到家里田里做活，也还可以。①

小 X 是家里的大姑娘，还有一个妹妹，是位公务员，家中无男孩。在可村，家里无男孩的家庭通常会招赘"上门女婿"，招赘婚是中国大部分地区比较常见的一种形式，其实是父权制下家中无男丁的情况下，对"落夫家"惯常婚姻形式的一种变通性运用。在阿细社会中，家中无男孩的招赘现象是比较普遍的。小 X 不算是招赘婚，她的妹妹还没有对象，是否招赘还无定论。关于这个问题，我也曾经问过她的妈妈，她说现在要看小女儿的情况了，如果她要出嫁，她们也赞同，尊重小女儿的意见。所以，其实小 X 是可村为数不多的姑娘出嫁后还留在可村的女性。她在生完孩子后不久，就来到了可村，也曾想过到村中其他餐馆等地方打工，但她又觉得自己上过大专，接受"现代"的知识比较多，并且在外也见识了很多东西，倒不如趁现在可村的商业还有比较大的发展空间，来自己做生意。在蒙自上过学、打过工的小 X 知道，在可村消费各种消费品的绝大部分还是游客，可村村民消费是非常有限的。来可村旅游的又大部分是城市里的人，他们来到可村是感受纯净大自然和阿细文化的，吃是必不可少的，要

---

① 被访谈人：小 X（女，29 岁，可村彝族阿细人）。访谈时间：2017 年 3 月 12 日。访谈地点：餐饮小店。

体现弥勒、阿细特色的当然是当地的卤鸡米线、酥肉米线等，这种经营在可村其他外地人经营的餐饮店中比较常见，她就从味道上下功夫，并且价格偏低，尽量吸引客人。并且，作为年轻人，她知道如今城市人的生活方式是吃饭必配新鲜饮料，所以她经营多种小吃的同时又售卖现榨果汁、奶茶等。经常见她一边身后背着孩子，边忙着择菜等干各种活，比较忙的时候，她的妈妈甚至邻居大妈、大姐就来店里帮忙。靠着自己的勤奋、努力，以及可村本村人的优势，开业两年来，生意还算不错，到小店就餐的食客络绎不绝。

我们可以看到，小 X 充分利用了自己各方面的特长、便利条件，在与自己的家庭互相支持、在阿细社会提供的便利社会网络中，又将自己从外学到的"现代"知识运用其中，将"地方性知识"同"现代知识"做以有效融合，灵活地运用各种策略，充分利用了自己的"文化资本"，在"场域"中占据了较为有利的位置。

在可村女性的工作选择这里，没有最灵活，只有更灵活。在"发呆吧"做服务员同时又是自家客栈老板的 T 嫂能有力证明此点。"发呆吧"是可村唯一一个以酒吧命名的店铺，说它是以"酒吧"命名，是因为它其实也并非真正意义上的酒吧，倒是可以喝酒，没问题，但是，在它六年前开始营业时，就兼顾了客栈、餐厅的功能。此酒吧是外地商人在可村较早经营的项目。此酒吧在九年前就在可村长租了如今的地皮，自己投资一百多万盖起了十余间房子，来进行多种经营。自开业以来，生意相当不错，长期雇有两个服务员，两位厨师，如果客人特别多时，也会请另外的临时工来帮忙。此酒吧通体木质装修，相当考究，室内有各种阿细民族风情的壁画、工艺品装饰，其中一把硕大的三弦挂在显眼的位置，能看出来该酒吧老板在装修上颇费一番心思，很懂文化符号的运用。

暑假一个午后，"游手好闲"的我照常在村里转悠，想着到村里的"发呆吧"坐坐吧，之前也曾去过几次，有一次游客挺多，有些吵，店里的工作人员忙的脚跟脚，后来就走开了，另外有几次服务员 T 嫂还有些时间，聊了一些关于她的事。这次去客人没几个，清净，只有两个服务员依旧身着艳丽的民族服装在店里招呼。这次来看两个服务员中，一个年纪很小，面生，点了一杯饮料坐下来，同她们攀谈。小姑娘坐下来玩手机，另一个服务员在绣十字绣。通过聊天，原来小姑娘是 T 嫂的女儿，今年 17 岁，还在读高中，由于家中有事，临时顶替一下妈妈在"发呆吧"的工作。她的妈妈之前我就和她聊过了，家里新翻盖了房子，房子的位置比较好，于是她就将楼上的四五间房收拾出来，好好装修了一番，两年前开始对外营业自己的家庭客栈。她有一个女儿，已读高中，家里的老人还能自食其力，丈夫在村中旅游公司上班。家里的人少，田少，所以她认为田里所获经济收入有限，以她的说法："我们这样的家庭，再不好好挣钱就太落后了。"但家庭客栈的经营规模、影响力有限，旅游业的淡旺季又很突出，生意不是天天都有，所以她就又在"发呆吧"找着服务员的工作做着。田里的活计他们两口子谁有时间谁做，如果逢着田里的活计集中时，就请亲朋好友来帮忙。平时自家的客栈人也不多，到了寒暑假、周末游客多时，正好女儿回来也可帮忙，所以她同时兼任家庭客栈的老板，又同时给"发呆吧"的老板打工。其在"做活计"的实践上充分体现了极其灵活的策略，竭尽全力用尽所有可用的物质资本、人力资本等，实现其家庭利益、安全的最大化。

可村女性在去哪儿做活计、做什么活计、如何做活计的问题选择上，首先体现了她们的生存理性，她们当然会算计哪里的工资更高、待遇更好，但同时，她们更会从整个家庭的利益去考虑，她们当然知道自己不是一个个体的存在，阿细文化始终要求她们要做"符合自己的身份"的事情，尽管在可村现代化的别墅、酒店应有尽有，各种多媒体一应俱全，进入村口的"Wi-Fi 全覆盖"的字眼昭示着这是一个多么"现代化"的存在，但可村阿细女性对于扮演好自己女儿、母亲、妻子、儿媳等的认识与多年前的差别并不是很大，差别只是实践的方式有所不同。所以，这些可村阿细女性她们在择业方面的考虑，一定是将家庭安全、利益放在最重要的位置，如果换一个工作工资高一点但影响到了她们家的养猪效益，那么这个事情她们一般是不会做的。如果工作走得太远，影响到了她们的夫妻关系、孩子教养等，她们也是不会选择的，哪怕她们本身比较想这样做。她们在择业实践中，会充分考虑各种因素，大部分的她们会在农民、农民工的角色里自由切换，时时承担起妻子、母亲、儿媳等各种责任，对于目不暇接的各种工作，她们灵活地通过"身兼数职"来应对。她们中的不少人还能将自己多年掌握的"地方性知识"同"现代知识"有效融通，占据有利位置。当然，可村女性自我意识不断增强，她们不少人开始唤起自我，甚至找回多年前自己的心愿，在不太牺牲自己家庭安全、利益，不触碰阿细社会伦理、禁忌的前提下去追寻自我。

四 旅游从业中的新技能

可村一直以来是一个较为封闭的山村，村民的受教育程度普遍偏低，女性更是如此。六十岁以上的女性大都没有接受过系统的学校教育，五十岁左右的女性大部分都是小学文化水平，极个别是初中文化程度。在开发旅游之前，大部分女性较少出远门，由于主要是在附近的本民族内部通婚，她们极少讲汉话，平时的交流都为阿细话。阿细话与彝族内部其他支系的语言有诸多不同，包括与距离较近的撒尼支系、阿哲支系的语言交流都有一定的障碍。记得初到可村的那个暑假，走到村中，满耳听到的都是完全听不懂的阿细语，心中满觉孤独。时间久了，能听懂个别的阿细语，总是能感到一些亲切。阿细语温柔动听，有五个声调，抑扬顿挫分明，极富韵律感。旅游开发前，年龄大些的可村女性极少有讲汉话的机会。家里接待外面的客人、去外面卖烟叶等"向外"的工作，大部分都是家里的男人做的，所以以前男人的汉话要比女人讲的好些。旅游开发后，女人们要与更多的外来人打交道，她们必须学会讲好汉话，否则将会极大地影响到她们的工作机会、经济收益等。于是，她们有意识地跟着家里的电视机、家里的男人们学习讲汉话，如今大部分的可村中老年女性都可用比较流利的汉话与外来人交流。可村女人所说的汉话包括两种，一种为云南弥勒方言，一种为普通话。在她们看来，如果普通话说不好，退而求其次地也必须要把云南弥勒方言讲好。因为在她们的印象中，来自于省城昆明、州府蒙自的客人是最多的，有些老奶奶讲普通话实在吃力，能用弥勒方言与这些经常光顾村里的客人交流已算是做得很好了。由于在昆明工作、学习多年，听弥勒方言对我来讲几乎没有任何障碍。所以，通常在村里，乡亲们都知道我是从昆明来的,说的是一口普通话,她们也努力尝试说普通话同我交流,但通常都是说着说着就有些说不下去的感觉,每到这时,我都会向她们示意,我完全能听懂弥勒话,请她们用弥勒方言与我交流。这个时候,这些奶奶、大婶都会说:"不好意思了,普通话我很说不好。"说实话,五六十岁以上的阿细女性能做到基本与外来游客交流,已实属不易。没有太多的学校教育经历,旅游开发前又极少接触外来人、外来事物,短短数年旅游产业的快速发展,她们在语言交流方面的能力随之有了很大的提升,可以想见她们为此付出了很大的努力。

R 婶家是我田野调查所居住的另一据点,家里的女主人 R 婶六十岁了,家里开客栈的时间还不足一年,她热情、开朗、大方,她是她们那个年代少有的初中文化程度,可谓是知识分子了。我在 M 客栈居住时,她就时常去那做临时工,我和她一直都较为熟悉。后来客栈装修、转手换老板,我住到了她的家里。她的普通话比较流利,和我交流丝毫没有任何问题,但她对我很了解,知道我听懂弥勒话,大多数时间她同我讲的是弥勒话。据我观察,她讲弥勒话更自然、随意,讲普通话时,始终有一些僵、"端着"的感觉,肢体动作都会有些僵硬,因为她要边认真地想边慢慢地说。邻居家有一位老奶奶非常勤劳能干,近八十岁的年纪,还在自家前后的空地上种了很多的菜,有时碰到家里的菜多吃不完时,她就会带着菜拿一个小竹篓背着到村子里游客经过较多的路口进行售卖,由于旅游公司规定,在景区内摆摊必须经过公司的批准,但可村毕竟是可村人的可村,凡是在临街的村民他们想在自家门口摆一个摊,旅游公司也是无可奈何、无计可施的。老奶奶家不临街,她就找到临街的一个乡亲门口,乡里乡亲的打个招呼就可以了。这天,奶奶拿了几个南瓜来卖,今天是周六,游客很多,她用弥勒方言叫卖着,"南瓜、南瓜",当游客们聚过来问价钱时,老奶奶是边说弥勒话边比手势,唯恐游客听不明白。当有些游客说贵了的时候,老奶奶连忙用普通话说:"自家种的,自家种的,好吃,好吃,"当时在场的我忍俊不禁,对如此年老的阿细老奶奶的普通话感到佩服,也为她的勤劳品质、商业头脑感到敬佩。

R 婶、L 姐及可村大部分的中老年女性,在可村旅游开发前从未做过任何旅游相关的服务工作。她们从年轻有劳动能力以来都一直务农，在她们的印象中，自己的日子在烟田、玉米田中度过。旅游来了，女人们能做的工作主要是做服务工作、景区内跳舞。大部分人年龄大了，跳舞也跳不动了，服务工作就是必然的选择。用她们的话说，做这种活不累，比田里的活轻松多了。R婶是村里有名的宾馆服务员高手，因为她认真、踏实、爱干净、原则性强。早些年就在村里的其他酒店、客栈做临时工，主要做客房服务员。她打扫的房间，做的床非常整洁、规整，所以很多客栈老板很愿意请她过去工作。如今她自家也开了客栈，自己的本事更能派上用场了。我曾多次见过她工作，动作娴熟、麻利。当我问到这些能力是哪里学到的，她说：

在我们寨子搞旅游之前，我们都没出过远门，就没有住过宾馆，就是在电视里看到过。后来，最早一个弥勒老板在村里开了第一家客栈、酒吧，我们去那里打临时工，做清洁工作，见到他们是怎么折床单、做床的，慢慢地也就学会了。其实这些也不难，只要勤快、爱干净，就能做得好。再到后来，村里的别墅酒店、客栈、农家乐越来越多了，我们就更经常去做这些工作，就越来越熟练了。现在我们寨子里的大部分女人都做过这些工作，差不多都是看看就学会了，除了旅游公司自己经营的帐篷酒店、森林度假酒店要求更严格之外，其他的就随意一些。我们也没有经过什么培训，互相看看就行了。现在我们不少家庭都自己开的有家庭旅馆，这些工作更是都会做了。可以说，老人、小孩都会做。这些工作基本都是女人做，男人一般是不做的。①

旅游中服务工作技能的学习，女人的积极性较强。由于文化的惯性，她们普遍认同这种工作更适合女性做。类似于旅馆、农家乐的保洁、服务

---

① 被访谈人：R婶（女，60岁，可村彝族阿细人）。访谈时间：2018年7月5日。访谈地点：可村R婶家。

工作可看作家务的延伸，阿细社会通常是不允许男人从事这些工作的。但同样是服务工作，男性通常大量在各种农家乐、餐馆中做厨师的工作。在可村的调研中，无论男性、女性都普遍认同类似于客房服务员的工作技术含金量较低，随便学一学就会了。但厨师工作则要求较高，在给客人提供餐食时，主厨则大多数是男性。

可村阿细女性普遍认为男人主要从事的厨师比她们担任的服务员的工作更"有技术"，但这并不意味着她们在旅游从业中所掌握的新技能弱于男性。在R婶客栈居住多日，作为女主人的R婶可谓精通"十八般武艺"。作为一位六十岁左右的农村老人，她能熟练操作微信、短信、美团等，这多少还是令我感到吃惊的。她向我说起家中客栈的经营情况，经过去年大半年的修建、装修房子，一座两层小楼拔地而起。楼上有三间客房加一个小小的会客厅，楼下是现代化的厨房、餐厅外加一个杂物间。虽然客房只有三间，但被龙婶经营得有声有色。她告诉我，由于自家客栈的位置处于村中比较偏僻的位置，所以一定要加大宣传力度。她的两个女儿都是大专毕业，现代化的东西懂的较多，经常教会她各种知识。她了解到网上宣传方面美团、朋友圈的效果较好，于是她做了多方面的努力。

> 我们在春节前就联系美团的人在美团上做广告了，现在你们年轻人一出门旅游不就从网上搜吃喝玩乐嘛，我们寨子里的好几家客栈都在上面做了宣传，春节是旅游的旺季，房间卖的价格较高，路两边的位置好的酒店、客栈一小间房子都要卖三四百元，我们家位置偏僻，在网上打了广告，才两百多元一间，便宜，所以还是有很多游客订房间，但是，我家的房子有点少，才三间，如果是一大家子游客来住就不够住，有些人也就放弃了，这对我来说也是一个问题。但话说回来，我们房间少、投入少，都是自家的住宅地，虽然赚钱少，但是没什么风险，能赚个钱就赚个，不能赚也压力不大。美团宣传还是效果好的，春节期间房间天天都是满的，但美团的价格也很高，后来我们就觉得不划算用了。现在主要是朋友圈宣传、朋友介绍、游客介绍等

方式。我目前还不太会弄朋友圈，但我的女儿她们很会弄这个，经常发一发，还是有效果的。碰到一些以前住过的游客，会加他们的微信，这样也是一种宣传。①

在 R 婶客栈中，主要的宣传、经营、服务活动都是 R 婶在做，她的丈夫是镇上的工作人员，由于身体欠佳，于五年前提前病退。在客栈的经营中，龙婶丈夫的工作就是厨师。由于以前有相关的从业经历，也是村里有名的大厨，来到他家的游客无不对他的厨艺赞不绝口。年轻时候的夫妻俩一个在外工作，一个在家种田顾家，两人配合默契，是人人羡慕的家庭。如今旅游发展后，她主要负责宣传、经营、客房服务等工作，她的丈夫则发挥他的特长，用美食吸引客人，依然是最佳拍档。

在可村旅游从业中，消息之间的互通有无、资源共享是非常必要的，在这部分中女人起到了至关重要的作用。龙婶的大女儿在村口开了一家小吃店，地理位置优越，当大批的游客进村时，她总是第一时间能得到消息，这时她就会极力宣传自家客栈。大女儿与母亲性格相似，热情、开朗，家庭客栈的不少客人都是通过小吃店再继续光顾客栈的。居住客栈的游客早餐可以到小吃店吃米线，午餐、晚餐则由她的丈夫在家里烹饪，所做食材大部分取自自家菜地，再加上高超的手艺，令游客流连忘返。小吃店和家庭客栈形成高效的资源共享，助力自家在旅游产业中收获可观效益。

可村是一个家家户户都能攀上亲戚关系的小寨子，宗亲、姻亲关系交织。无论在种田、建房等的互助，还是在旅游从业中的消息互通、互助上，女性在其中都扮演着重要的角色。我在 R 婶家居住的很长一段时间，经常看到她接打很多电话，其中有不少是关于相互介绍客栈客人的信息。当她们自家客栈的客房已满，但依旧有客人定房间时，她们就会相互介绍，分享客源。

---

① 被访谈人：R 婶（女，60 岁，可村彝族阿细人）。访谈时间：2018 年 7 月 10 日。访谈地点：可村 R 婶家。

你知道吗，村口那个最大的客栈是我表哥家的，尽管不是我表哥在经营，租给了外村人，但我们之间相互都熟悉。他们的位置太好了，很多时候都是房间爆满，这时，他们就将客人介绍给我们，告诉他们我们的房间也很好，价格还低，就是位置偏僻点儿，大部分客人还是会来我们家住的。还有你呀，不也是 M 客栈的老板介绍给我的嘛，他是我的侄子呢。这你也知道的嘛，你之前在那住时，我就经常去那里帮忙做临时工。我们之前就认识呢，他们客栈后来承包给外地人，你们之间熟悉，我们之间也熟悉，他就建议你住我们家，这不你就来了嘛。①

在旅游开发之前，可村女人在维系社区内成员关系中有自己一套的策略，在旅游从业中，她们随之更加积极地投入其中，以期最大限度地做到"共赢"。在旅游从业中，可村阿细女人们跑前跑后，忙碌无比。她们既承担着较多地实际工作，又努力接触新事物，学习新技能。但在可村我们发现，女性尽管积极拓展、维系社区内各种关系，并通过各种渠道争取更多客源，但她们的方式依然是温和的。我们几乎在村内见不到女人们站在大街上大声吆喝、公开拉客的行为，偶尔在游客很多的节日期间会看到少数男性承担着这样的工作，这与其他很多景区是不同的。可村阿细女性最"夸张"的宣传方式无非就是像前文所提到的卖南瓜的老奶奶一样，见到客人来了，小声吆喝一声，无客人时就静静坐着看着自己的商品。类似于 R 婶这样从事家庭客栈经营的阿细女人，不会走在村口拦住客人、大力宣传。对于此问题，我得到的答案是，女人们会觉得这种方式"害羞""不好"。究其原因，不难发现，阿细女人所说的"害羞"，是基于女人的"抛头露面"，而"不好"则主要基于两点：一个是女人太过于"张扬"而"不好"；另外，如果大家都走到大街上争取客源，村里良好的社会关系、秩序会遭遇挑战，大家会因为争取经济利益而影响到村内大局，结果

---

① 被访谈人：R 婶（女，60 岁，可村彝族阿细人）。访谈时间：2018 年 7 月 12 日。访谈地点：可村 R 婶家。

可能对大家都不利。在节日期间，极少数的男人会走到大街上主动问游客是否需要住客栈，这样的男人也会让大多数村里人感到反感，所以绝大多数可村人是不会这样做的，女人们就更不会了。不少像 R 姉这样的可村女人不是不会去街上拉客，而是衡量了利弊之后她们选择不这样做，这自然是基于生存理性的综合考量。

第二节　理财新实践

近些年来，由于旅游产业的快速发展，可村家庭财富不断积累，更是出现了"发横财"的家庭。以前从未在可村阿细女性脑海里出现的理财这个"新概念"浮出水面。可村女性在家庭的理财方面有一定的话语权，她们能做主的范围有不断拓展的趋势。现阶段在理财中，可村阿细女性更倾向于选择比较"保险"的策略，通常她们会根据家庭财富的积累状况做具体打算，其具体表现就是盖房子向外出租或自家经营小本生意，她们并不太"敢"去冒较大的风险，用她们的话说自己"赔不起"。

一　旅游发展中的财富积累

历史上的可村，一直以来，包括 1949 年以前，每户所掌握的资源差别都不大，贫富差距相对于其他地区较小。改革开放后的 20 世纪八九十年代，村中的田地、山地等按人头分得，每个家庭的各种资源也都较为接近，由于生计方式也基本相同，如前所述，可村外出打工、做生意的极少，所以一直以来，可村人的收入差距比较小。没有哪家会比较多地掌握某种资本而明显优越于其他家庭。在进入 21 世纪之后，可村旅游产业的发展给大家提供了各种进一步发展的契机。由于后期各级政府资金的相继大量投入、政策的倾斜，另外，任何一个规划，既然是规划，就必然有"中心"与"边缘"的分别。在访谈中，可村人表示，过去村中认为现在的表演大舞台的位置并不好，"风水"不佳，但政府的规划恰恰是以舞台为中心，进行了包括水景观、民族文化传习馆的系统打造。如此一来，以这个表演舞台为中心的附近成了村中的"黄金地段"，在附近的农家一下子成为众多可村人艳羡的对象。这些家庭要么将房屋出租获得租金，要么自己经营商店、客栈、餐馆等。而这些家庭由于占据优越的地理位置而较早地积累了一些资本，经济实力日益强盛，首先成为比较突出的村中富人，借此，这些家庭首先与其他大部分家庭在经济上拉开了差距。另外，在旅游规划的过程中，一些家庭的山地正好被规划中的景区所占用，政府会根据所占山地的面积进行现金补偿，所以，这些少数家庭获得了数万到二十余万元不等的经济补偿，这些家庭的经济实力也因此在短时间内迅速地优越于其他家庭。这其中又有为数不少的家庭修建别墅对外出租、扩大自家临街的铺面获得更多租金，他们的经济资本越来越雄厚，与其他大多数家庭的差距也在不断增大。

除了这些村民们口中"发横财"的家庭，近些年来，可村一般家庭多数也都会有不同程度的财富积累。在和别人不太熟悉的情况下，问别人家类似于"你家有多少存款"之类的问题，是比较唐突也是不礼貌的。但在可村"混迹"数月，对这个问题的基本掌握似乎也不成什么问题。在 M客栈驻留多日，如前所讲的客栈服务员 L 姐，已经与我成为无话不谈的好友。通过和她的朝夕相处，对她家的各个情况可谓了如指掌。

我们寨子那些拿到赔偿款的人可富了，你看她们盖的房子大得很，有些还买了好车，日子太好过了。我们家就不行了，现在是盖房子没钱了，以前不盖房子时，近十年左右吧，每年也就是存个一两万元吧。最近几年，也就是大家都在公司上班，又种烤烟，所以会有一些剩余。20 世纪 90 年代那会儿，刚种烤烟那几年，也没经验，卖钱也不多。并且那时种烤烟的很多家庭都去银行贷款买化肥什么的，感觉那几年挣钱再花花，也不太能剩余多少。所以，十年以前，我们这里有存款的不多，即便有些存款，数量也少。近五六年就不同了，寨子里有钱的太有钱了，家里好几十万元，盖了大房子以后，还有好多钱。现在差距可大了。我们这边有钱了大部分都是首先盖房子，因为盖房子地段好了可以出租或自己做生意，地段不太好的要么自己住，要么也可以开个家庭客栈什么的。①

Z哥是客栈的厨师，他经常邀请我到他家做客，我便成了他家的常客，自然与其爱人Z嫂、孩子们成为朋友。关于理财的问题，他们的看法、做法基本与L姐所说的是一样的。他们两家都是刚刚盖好的两层小楼，相当气派。他们邀请我到他们家的首先说辞就是："到我家去看看我们的新房子去"，一副满足、幸福的表情。L姐和Z嫂她们家的经济收入情况差别不大，都不属于"发横财"的家庭，她们家里的财富大都是近几年从她们"身兼数职"的辛苦、忙碌中产生，是真正的辛苦钱、血汗钱。

图3-5　可村乡村别墅②

所以，从在可村长期的田野调查看，大多数可村的家庭是L姐和Z嫂

---

① 被访谈人：L姐（女，43岁，可村彝族阿细人）。访谈时间：2017年8月22日。访谈地点：可村M客栈。

② 笔者拍摄于2017年9月12日。

这样的情况，近十年左右，每年的盈余也就一两万元，近几年来也就十万元左右的剩余。少数家庭由于占用田地获得赔偿、家中黄金地段的房屋出租、别墅出租等，经济实力较强，这些少数家庭在较早的时间积累了较多的经济资本，所以这些家庭的理财问题更加凸显出来。

二　理财"新概念"

在可村，由于旅游产业的快速发展，外来游客逐年增多。因此，除了年纪比较大的老人听、说普通话还比较困难，其他年龄段的可村人听普通话基本没有问题，且大部分都还能说的很不错。可村人非常尊重外来人，当他们听到外来人是用普通话讲话时，他们会尽量用普通话来进行交流，尽管他们说普通话说得有些费劲儿。在交流当中，我尽量用弥勒话里面的词，以尽量减少大家的交流障碍。但有些普通话当中的词依然很难用可村人较为熟悉的词去描述，在我对村委会访谈的几个工作人员中，我曾用"理财"这个词，当然是没有任何问题的进行交流。去同村里的大姐、大嫂们再去交流这个问题时，我也曾想用哪个词表达更容易让她们理解，但想来想去，还是没有找到合适的词语。当我第一次使用这个词时是在客栈，包括 L 姐、Z 嫂等几位临时服务员，她们相互看看，说"理财"是什么，我们不懂啊！此时，我很懊恼我的愚蠢，找不到合适的词，应该直接用一句话就行了嘛！我接着解释道："就是你们苦的钱，剩余的部分用来做什么？"这时，几位大姐、大嫂哈哈大笑说："你说这个我们就明白了嘛！"她们又笑着说："我们平时很少听到这个词，这个词太'洋气'了，也是我们这么多年都无财可理的原因吧。"

如前所述，可村一直以来是一个自然资源较为匮乏，经济实力比较弱的山里村寨。虽在改革开放以后，温饱已不成问题，但长期以来，并没有什么经济支柱产业，直到近十年旅游产业的快速发展和经济作物收入的持续提高。所以，一直以来，可村阿细人的确无财可理。少量的田地基本可以做到自给自足，粮食等一年到头也并无太多富余，家里的土坯房是靠村里人互助建起。村中在旅游开发以前做生意的寥寥无几，村民们对于货币、财产、财富、理财、投资的概念较为淡薄。

就我在可村的访谈调查来看，在理财相关方面，可村无论是男性还是女性，在十余年前基本无太多概念。近些年来，每个家庭每年或多或少都会有所剩余，所以，也就是在近几年来，"理财"才走进了可村阿细人的生活中。在阿细社会，男性、女性在社会生活的各个方面都有较为严格的分工。那么，在每个家庭当中，理财对于男性或女性来说谁更有主导权呢？

当我问"在家中，如果家中剩余的钱谁来决定这些钱的去处"之类的问题时，Z哥说的是大家商量着来，同样的问题我也问Z哥的爱人Z嫂，她一开始也是同Z哥说的一致，"大家商量着来"这句回答在很多可村男人、女人那里是如此惊人地相似。但当我真正去深入观察、访谈时，却发现其实事情远非他们说的那么简单、一致。去了多次Z哥家看她家新修建的房子，他向我介绍了修建房子前后的过程：

> 我们这个房子修建不含装修是花了13.5万元，两年前修好的，因为我自己会修房子，我就请了寨子里的一些会建筑的人和我一起修，到时我就再给他们算工钱。这个修建房子是我们两口子商量的结果，因为其他家都修房子了，我们也有两个儿子，儿子大了，找对象什么的现在也很看房子的，另外我也会炒菜，以前也在民族餐厅做厨师，盖好房子也可以搞个餐厅什么的。我们前几年每年存一万元、一万元多点，我们商量着先把钱存到农村信用社，后面钱还不十分够，我说再等等盖这个房子，但媳妇就说房子人工越来越贵，不行可以先借点，房子盖好可以先摆着，不装修，有钱了再装修，装修再等等费钱不会费太多。所以你看我们到现在还只是一层简单装修了一下，但二层到现在还没装修。等明年装修好了，我们准备自己做餐饮，自己做生意可能要好些。①

在可村，建房子是一个具有大件物品消费、投资双重功能的行为。因

---

① 被访谈人：Z哥（男，45岁，可村彝族阿细人）。访谈时间：2017年7月12日。访谈地点：可村Z哥家中。

为可村近些年来新建的房子面积都比较大，他们在建之初就已将其规划为多功能性质，一方面可以满足家庭的居住需求，另外多余的面积可用来出租或自主经营生意。而有些家庭拥有多处宅基地的建房子则基本属于投资，因为这些房子他们自己家基本是不住的，修建之初主要就是考虑财富的增值。Z哥家新建房子属于以上所说的第一种情况，他们的打算是不久的将来，楼上用于自己家人居住，楼下和院子做餐厅之用。

从对Z哥两口子及后续对其他家庭的观察、访谈来看，可村家庭在理财方面男人、女人"大家商量着来"似乎确是主流，但女人们很多时候能在关键的时刻提出自己的意见、建议，进而直接影响整个事态的发展。但在外可村阿细女人们总是不会说自己在家里此方面有多大的能耐、起多么重要的作用。可村女性给我的感觉总是没有强势之感，更无咄咄逼人之势。看起来与男人的相处也是谦逊的、温柔的、低调的，并且毫无做作之感。

尽管如今的可村阿细女性在家庭中诸如在理财方面的话语权越来越强，但可村女人们依然是一种比较低的姿态。就如同布迪厄在《男性统治》中对卡比利亚地区的考察发现相似，在卡比利亚社会中，无论是什么样的妇女，哪怕是"某些（尊贵的）妇女尽管实际上居于统治地位，但她们懂得采取一种服从的姿态，让男人表现为显得像是统治者。"[1] "要求男人至少在表面上和外人看起来，在夫妻关系中占统治地位。"[2] 当然，在如今的阿细社会中，在男女关系走向平等的路途中，一些状况不像布迪厄在《男性统治》当中说的那么"严重"，在如今的阿细家庭中，在理财方面，在相互商量的基本基调上，女性的话语权与影响力越来越强。这是由于可村女性的见识越来越广，即便是没有受过太多教育，旅游产业的快速发展带给她们太多的新鲜事物，全球化的纵深发展她们无法用言语去表达，更无法诉说其"逻辑"，但这些可村阿细女性在诸多方面无时无刻不在反应着这些宏大事件，"男女平等"的呼声在中国从未停歇，可村阿细女性也

---

① ［法］皮埃尔·布尔迪厄：《男性统治》，刘晖译，中国人民大学出版社2017年版，第50页。
② ［法］皮埃尔·布尔迪厄：《男性统治》，刘晖译，中国人民大学出版社2017年版，第49页。

更在唤醒自我、"自我赋权"中不断努力，在诸如"理财"上的问题上，她们在此方面的能力和能动性不断提升。但她们采用的是"温柔策略"，这种策略就像布迪厄在《男性统治》当中所讲，它也并非是这些可村阿细女性经过精心算计的结果，它其实还是一种"惯习"，是基于阿细社会文化因子在阿细女性行动上的"性情倾向系统"，它体现了阿细女性的行动逻辑、生活方式。"惯习"的性质并未发生变化，但具体内容却无时无刻不在变化。可村女性采取的"温柔策略"当然并不是如经济学家所讲的时刻精心算计的那种"理性"，但可村阿细女性诸如在理财方面，显然对此不是无意识的，她们当然拥有自觉意识的那种"理性"。阿细社会结构、文化变迁"风起云涌"，但她们会在此框架下与之有效互动，对阿细社会文化进行"再造"。

三 重保险与重收益

如今的可村女性，依然低调温婉，在外看来，依然呈现出跟在自家男人身后的"贤惠"形象，但实则已不同于20世纪末刚参与旅游发展的那种"懵懂"状态，在家庭决策中的主动性、能力越来越强。

D嫂是可村最大一家商店的老板娘，一位"70后"，嫁入可村近二十年了，有两个儿子，大儿子在县城读高中，小儿子在村里上幼儿园。两年前刚到可村的我，就曾多次到她的商店里买东西。这个商店还是比较传统式的商店。她微笑地站在柜台和货架中间，轻声问："需要些哪样？"已习惯于在城市超市的货架里穿梭，找到东西就去收银台付款的我，反而觉得这种购物方式不太适应了，这种购物体验真的是久违了。我说要买水，她就指向她身后的货架，给我热情地介绍水的种类。之后我成了商店的常客，已非常习惯趴在商店长长的玻璃柜台旁与她聊各种有趣的事情。她结婚后就没长时间离开过可村，商店也是在四五年前才开的，在此之前，主要是种田。她的丈夫同她同时经营商店，又一起种田。种田与其他家庭并无不同，她家近几年每年都是种植七八千棵烤烟，也种一些玉米。她的丈夫没有其他弟兄，公公已去世，婆婆与她们一同生活。她的婆婆在村里的舞蹈队吹奏乐器，每月也有一千多元的收入。D嫂是很多可村女人羡慕的对象，因为旅游的开发，村里新修道路，使得她家原来不起眼的位置成为村中的"黄金宝地"。所以，近几年靠自家临街旺铺自己做商店的生意，用村民的话说，"她们家有钱，不少发财。"两个儿子帅气懂事，商店又挣钱，家里有两块宅基地，另一块宅基地建好的别墅出租出去，每年还有三万多元的收入，婆婆也能干，年逾七十还不少挣钱。她是正儿八经村民特别是可村女人们眼中的"成功人士""幸福女人"。

D 嫂只有小学文化水平，但这并不妨碍她独自做生意。经常见她一人在店中招呼送货的，接待络绎不绝的游客和可村乡亲们前来购物，有时还兼着"编烟"①的活计。她家的商店正对着歌舞大舞台，歌舞大舞台是可村旅游非常重要的地方，一旦有大型接待、各类赛事等的表演都在此进行，所以这个商店可谓是占据了绝佳位置，经常见到前往购物的客人络绎不绝，一旦遇到大型表演，商店里更是熙熙攘攘。所以，在可村算是最大面积的商店，经常会显得很局促。

> 我们现在这个商店显得很小，你瞧我们这只有三间房子，很多货物也摆不进来，所以，我去年就想把这个临街的平房推掉，重新盖一个楼房，是盖两层还是三层还没想好。但现在我们寨子盖房还要村委会批准，还要有一些手续，因为我们是景区嘛，所以要符合相关的规划。其实家里也很忙，想着以后房子大了是自己做商店（超市），还是租给别人，还在考虑当中。但可能自己做会好些，想着是做成超市那种形式的，地方大一点的，可能生意会更好些。楼上可以开个客栈，可能是这样。②

D 嫂是一个文化程度不高的典型的可村"70 后"阿细妇女，在市场经济大浪潮下，旅游经济在较短的时间使可村与经济全球化无缝对接的背景

① "编烟"是将从田里折下来的烟叶，按顺序理好绑在一根竹竿上，编好的一排排的烟叶才能进行下一步的工作：将其放在烤烟房中烘烤。

② 被访谈人：D 嫂（女，40 岁，可村彝族阿细人）。访谈时间：2016 年 12 月 12 日。访谈地点：可村 D 嫂商店。

下，像她这样的阿细女性，能够在较短的时间迅速掌握"现代"知识，她们能够熟练使用计算器、手机等，也能从互联网上学到必备的管理、理财常识，在经济大行其道的今天，她们"计算"的能力与日俱增。虽然她并没有给我详细说出出租她们家的房屋和自己做生意的收益差别，但以我在可村较长时间的观察，两者之间的差距还是挺大的。而对于大多数的可村人来讲，在旅游开发的背景下，寨子里的房子就是最好的投资。如前所述，有些家庭建盖房子是集生活使用与投资为一体的，而像 D 嫂这种情况，则是单纯的投资行为。因为这些房子就是纯粹的商业性质，用城市房产定义，就是"商铺"。在可村，目前最保险的投资莫过于此。所以，在她有了经济资本后，她更愿意将自己的临街铺子进行扩大，以满足后续的扩大再生产。

D 嫂的商店经营，不仅为她及其家庭积累了物质资本，更为她积累了文化资本，她掌握的商业经营知识为将来她更好地经营打下了基础。所以，以她所讲，她对商店（超市）经营比较有信心，对于客栈信心就不是很足了。不过她曾流露出，即便是以后生意扩大后，赔也赔不到哪里去，所以她的压力显得并不是很大。

在可村像 D 嫂的情况不止她一家，她们的共同点就是在有一定的积累之后，首先想到的是在房子上的投入，她们认为是比较稳妥的。的确如此，现今可村的游客不断增多，各种客栈、商店、特产店、餐馆的需求量很大，而这些首先要需要场地。随着旅游开发的深入，可村的土地、房产成了稀缺资源，大家竭尽所能去争得率先进入这个领域中，以占据有利地位。而当房子建盖好后，她们会在考虑是对外出租还是自己经营，通常情况下，当她们还有下一步经营的资金投入，她们会选择自己经营，反之则对外出租。以目前的形势来看，可村的房租远远低于自己经营的收益。所以，她们当然会精打细算这笔账，在修建房屋、自身经营方面，当自身的经济实力达不到时，她们也会选择向银行贷款，但可村女性对贷款普遍都比较谨慎，她们也会算利息、算风险，所以，她们向银行贷款的数额都不大。在此方面，她们的"经济理性"表现的还是很突出的。

在可村的田野调查中，我经常会听到可村女性这样说到理财方面的问题：我们才刚刚有一点儿钱，钱少啊，我们又不像你们是有稳定收入，如果哪年雨水不好，烤烟挣不到什么钱，那我们就攒钱更是少的可怜了，所以，我们有钱了都不敢乱往别处放，放银行利息又低，我们就是会去盖房子，看能不能带来些收入。别的用处我们也想不出，想出了也不敢做，觉得很不安全。万一失败了，我们赔不起啊！

在可村，基本没有女性会去买基金一类的理财产品，她们对此了解不多，也觉得很不保险。有极少数女性会给自己或家人买保险公司的理财加人身保险的理财产品，商业保险在可村女性这里，依然是一个较少人接触的新事物。她们还是倾向于修盖房子、自己经营等这样的模式进行理财，她们认为这种方式"比较保险"。

在理财方面，可村女性的能力不断增强，如今可村旅游产业的快速发展，家庭财富的不断积累，为她们提供了施展才华的舞台。现阶段在理财方面，可村女性的经济理性有较明显的表现，她们当然会计算"代价"与"利益"。在斯科特对东南亚农民生存状况的研究中，他提出了道义经济学的概念，道义经济学的核心原则是"安全第一"："即生存取向的农民宁愿选择回报较低但较稳定的策略，而不是那些收入回报较高但同时也有较高风险的策略。他们的检验标准极有可能是'剩下多少'而不是'被拿走多少'。"① 以如今可村女性在理财方面的表现，似乎与斯科特笔下的农民有些相似之处，因为她们现阶段明显追求的也是"保险""安全第一"，但不能因此就说她们是没有经济理性的。在市场经济的今天，谁都不可能没有经济理性。因为，在"古典经济学对'经济人'的理性假定'以尽可能小的代价换取尽可能大的利益'，如亚当·斯密就认为人的理性在于他在各项利益的比较中选择自我的最大利益，以最小的牺牲满足自己的最大需要。这本身就包含了'追求代价最小化'与'追求利益最大化'，二者是同一的，都是'经济理性'的体现。"② 可村女性在理财上也是从自己的

---

① ［美］詹姆斯·C. 斯科特：《农民的道义经济学：东南亚的反叛与生存》，程立显等译，译林出版社2001年版，第6页。

② 文军：《从生存理性到社会理性选择：当代中国农民外出就业动因的社会学分析》，《社会学研究》2001年第6期。

实际情况出发，充分考虑了"代价"和"利益"，最终以最小的牺牲满足自己的最大需要，不得不说这也是一种经济理性的体现。"因为农民（尤其是现代农民）对市场信号的心理反应过程是相当复杂的，其所表现出来的'理性选择'行为也是多元的，且受制于许多非经济因素。"①

可村阿细社会资源的匮乏、交通、教育等的制约因素，数百年来可村人都处在生存的边缘，吃饱穿暖对于他们来讲已实属不易。在改革开放后，市场经济的迅速进入，特别是旅游产业快速发展，给可村积累财富创造了条件，解决温饱基本问题时间不久的可村女性，"传统主义"使她们在理财上趋向于追求"保险"的心态。阿细女性长期"依仗"男性，在自觉、主动性增强不久的如今，她们依然谨小慎微。她们更怕获得不久的"幸福生活"化为泡影，因此她们更加追求"安全第一"。理财对于可村阿细女性来讲是一个较为新鲜的事物，之前的"地方性知识"已不能完全满足她们此方面的需求。她们以积极主动的姿态投入到市场经济的浪潮当中，同时又在不对抗阿细社会伦理规范的前提下，充实自己的"现代知识"，又正在将"现代知识"融入"地方性知识"中，推进阿细社会结构的再生产。

第三节　消费新时代

旅游的发展使可村成为闻名遐迩的"明星村"，成为附近一带阿细村寨的中心，任何新鲜事物都首先在可村出现，"农村淘宝"即是如此，这改变了可村阿细女性长久以来的购物习惯。旅游产业开发后，可村阿细女性更关注自身的形象，因为形象资本的重要性更加凸显，反应在其消费上，有在此方面投入不断增加的趋势。

一　消费文化变迁

初到可村，从建筑特色上看，首先映入眼帘的是一排排规划整齐的阿

---

① 文军：《从生存理性到社会理性选择：当代中国农民外出就业动因的社会学分析》，《社会学研究》2001 年第 6 期。

细小楼，充满活力的黄色主调，临街的墙壁上画上了独具阿细风情的壁画，壁画的内容主要表现阿细传统风俗。与这类"传统"内容壁画相伴的是关于"村淘"的相关壁画。这些壁画相伴，给人以极大的视觉冲击力。这些壁画上的内容大概是关于：农村淘宝如何便捷，如何好操作，商品如何便宜的内容。在走进村中不远的一个十字路口，这也算是可村的一个黄金地带了，所有来可村旅游游客的观光电瓶车都停放于此。这是一个宽阔的地带，在这样一个黄金地段，有一个装修不错的两层小楼，在醒目的位置上写着"农村淘宝"的字眼。长期在城市生活的我，对这种有着"豪华店面"的"农村淘宝"感到非常好奇。此后我经常光临这个"农村淘宝"，经营这家店的是可村的一个小伙子，白天的大部分时间他都待在店里。这个点是可村网购快递的一个集中发散处，同时，该店也会为不太会操作的可村人提供网上购物服务。

图 3-6 可村农村淘宝店①

"农村淘宝"店的顾客经常是络绎不绝，前来购物的可村人不在少数。从这种购物方式的变化能体会到：经济全球化的影响的确是无孔不入，市

---

① 笔者拍摄于 2017 年 9 月 16 日。

场经济大浪潮已经席卷到可村的各个角落，已深深地影响到可村人包括消费在内的各个方面。"农村淘宝"的宣传手段、销售策略的确高明，服务也很到位，在可村能感受到中国的电商产业着实发展太快了。"农村淘宝"在可村的兴起，也就是近四五年的事情，这一突破传统的购物方式给可村人在消费理念、消费方式上带来了较大的影响。

据我长期的观察和对店老板的访谈，前来"农村淘宝"店里购物的可村女性数量不少，总的来看，数量上女性要明显多于男性，其中多数是自己不太会操作的中老年女性。那些年轻的可村女性大部分都是通过手机在网上自行购物。对于那些年纪较大的女性，家里又没有年轻人帮忙的，她们就选择到店里，让店老板帮她们购物。她们购物的产品主要是衣服、鞋子、家用电器等。她们会将自己的需要告诉店老板，店老板就在网上搜出相关产品供她们选择，由于可村的中老年女性大多数文化程度不高，并不认识太多的汉字，甚至还有一部分是文盲，店老板也会对她们进行产品介绍，以帮助她们选择性价比比较高的产品。

当对前来购物的可村 K 大妈进行相关访谈时，她说：

> 我们以前不知道啥叫"淘宝"，觉得网上购物很奇怪，网上购物咋个购？买的东西从哪儿来？我的钱交给谁？我把钱交了他们会不会赖账？觉得这个事情有些想不通。后来他们那些年轻人都在网上买东西，说网上的东西多，还便宜，平时在县城、镇上买不到的东西网上都能买到，网上什么需要的东西都能买到。我想怎么会那么厉害呢？这些店开在哪里呢？老是想不通。我们家的孩子们以前给我讲这些，我还是觉得有些想不明白。最近这几年，我们寨子专门开了这个"农村淘宝"店，我去田里也从这里经过，有时没事的时候也在这边玩，和大家聊天，他们这些年轻人经常给我讲，又看看寨子里的人好多都从这里买东西，我慢慢地就懂了。现在很多时候也从这里从网上买东西，还是很方便的，也好像是要比镇上、弥勒的东西要便宜些。①

---

① 被访谈人：K 大妈（女，65 岁，可村彝族阿细人）。访谈时间：2017 年 7 月 10 日。访谈地点：可村"农村淘宝"店。

在可村的调查中，家庭购物方面同其他地方的家庭比较一致的是，大部分购物的任务是由女性来承担的。在20世纪90年代以前，村里并没有什么购物的场所，只有一家小小的商店，卖些盐巴等最基本的生活用品，商品的种类很少。在那时以前，可村阿细家庭基本是能做到自给自足的，所需商品很少。到了90年代以后，随着可村经济发展方式的调整、生计方式的变化，市场经济的发展越来越深入，由于大部分家庭种植烤烟这种经济作物，导致其他的农作物种植减少，生活用品需要从市场上购买。在之后的旅游产业的不断发展，不少可村人"身兼数职"，家中人手不够，有些家庭的菜地所种菜较少，不够平时生活所需，不少生活日用品也需要从市场上购买。同样地，在90年代以前，不少的可村女人还在家自己缝制衣服、鞋子，织毛衣、绣花、编草鞋，只需购买较少的原材料，甚至一些原材料也可就地取材。但90年代以后，特别是新世纪之后，很少可村女性从事这样的活计了。她们都通过购买来满足家庭吃、穿等方面的需要。另外，在可村开始种植烤烟之后，需要大量的农药、化肥、木炭等生产资料，这些也需要在市场上采购。

　　在购买方式上看，在网购兴起的四五年前，承担家庭大部分购物任务的可村女性，通常是到镇上、弥勒县城去购物。因为，村子里并没有卖这些东西的。村子里只有隔两天有一个小小的菜市场，有少量蔬菜、水果可以买到，肉的种类都非常少，有时则没有。村子里能购物的地方只有商店，这些商店平时可以买到的有饮料、盐、方便面、酒、烟等各种副食品，并没有其他的商品了。镇上相对较近，镇上有集市，也有店铺。据她们讲镇上集市上的衣服比较便宜，她们买衣服一般会选择去那里。化肥、农药等生产资料也可以在镇上购买到，但如果购买量较大（有时她们会几个家庭同时购买），她们就开着农用三轮车到弥勒县城的批发门市部去购买，价格相对比较便宜。如今，可村女人们无论是购买生产资料还是生活资料，她们也会在网上对比一下，看哪儿性价比比较高。无论是年轻还是年老的可村女性，在网上购物最多的是衣服、鞋子这类的生活用品，她们认为比较"划算"，而且样式也新潮，比较符合他们的需求。而生产资料她们则较少在网上购物，她们觉得店里的质量可能会更好些、更可靠。

新购物方式的兴起，给可村女性购物带来更多的选择。长期以来可村女性购物不便的问题得到了一定程度的解决。至于是选择实体店购物，还是在网上购物，除了以上所讲，她们会对比价格等确定性价比来进行"理性"选择外，有时她们也会为了放松或出去看看，同家人亲友到镇上、弥勒县城去逛逛。外出购物也是如今可村女性在"身兼数职"的做活计之余，有一点儿时间能够出去放松的一种方式，她们认为这是较好的一种娱乐方式。平时太忙了，没时间出去购物，就多数在网上买，随时到村口拿包裹就可以了。如果有时间了，她们会结伴出村，通过外出购物的方式放松，宣泄不满、缓解压力等。

　　在对消费的掌控中，女性的话语权越来越强，更多的时候也是她们在进行实际操作。在消费上女性的话语权不断增强，其原因当然与当今可村女性现代意义上的创造价值越来越多相关。过去一家人一起种田，家庭无太大结余，一同劳动似乎也并未体现出女性自身的价值。而在婚姻中，"男主外""女主内"的模式使更多家务倾向于女性，女性在家务上的付出无法赋予其"经济价值"。但旅游产业开发后的可村女性，她们走向职场，通过工资的形式体现自己的价值。经济收入并不低于男性甚至高于男性，使得她们在家庭中包括在消费方面的诸多方面的话语权、主动性越来越强。

　　如今在家庭小项开销上，可村女性大部分都是自己把握，在大项开销上，通常男性的意见、建议起到重要的作用。在可村，家庭的大项开销主要在于：修建房屋、购车、新生儿吃满月酒、丧葬费用、孩子上学费用、孩子结婚费用等。家庭小项开销主要在于：平时人情往来、生产资料费用、生活吃穿等必需品等。大项开销具有一次性、阶段性的特点，家庭小项开销则具有经常性的特点。可村女性在日常生产资料、生活必需品的采购、消费中起到重要的作用。

　　可村阿细人历来非常重视勤俭节约，女性在此方面的消费理念上并无太大变化。在可村，看到的是无论男女老少的穿着都非常简单，吃饭也不铺张浪费。女人们通常比较会精打细算。由于可村阿细社会长达几百年的自给自足传统，可村的女性到如今，依然是自己家能够生产的消费品尽量不去外面购买，比如，大部分可村家庭的菜很少去外面购买，大部分都是她们尽量抽时间自己种植，在可村经常看到从旅游公司下了班的女性又继续在自家菜园种菜。她们也自己在家养一些猪、鸡，以供她们自己家庭食用。她们经常说自己种的菜、自己养的猪、鸡更好吃。这种习惯很明显是根植于阿细社会、文化的，她们是一直通过如此策略既能满足家庭的相关需求，又能尽量压低整个家庭的整体开销。消费是具有个体性的行为，但消费的"嵌入性"也是较为突出的特征。正如学者王宁的研究："我们可以用'消费行为的嵌入性'来描述消费者（消费的行动单位）的行动受消费的公共责任单位所约束和影响的状况。相应地，我们可以把侧重分析消费个体或家庭（消费的行动单位）的消费行为受到消费的公共责任单位履责状况的约束和影响的研究立场，界定为'消费嵌入性'范式。当然，消费所嵌入的对象，不仅包括制度，而且也可以包括社会关系、文化、地理环境等。"①

可村女性尽量通过更多的自给，以减少家庭的消费数额。但当自给的时间成本、其他成本较高时，她们当然也会放弃"传统"的方式。在调查中，如今可村已经很少有女性自己做衣服、做鞋子了。她们会计算，做一件衣服、鞋子需要两三天的时间，但两三天的时间去打工可以挣将近两百元钱。而两百元钱可以买好几件衣服、好几双鞋子。而且买的更新潮，特别是网上买的更是又新潮又便宜。甚至如今阿细女性为自己、家人购买民族服装都是通过在网上选购，因为她们讲这样更"划算"。

可村女人们的消费理念深深植根于阿细社会、文化，相对变化较小的是"节俭"的消费理念一直绵延至今。多样化的、现代化消费方式，为她们"货比三家"、追求高性价比提供了较大可能。但可村女性的消费理念及以下要探讨的消费实践中，远非经济理性那么简单，可村女性在此方面的实践不仅根植于阿细社会、文化，还注重积累自己的各种资本，同时又是在强化自己身份认同的一种实践，这里既有经济学中所言的经济理性，

---

① 王宁：《从"消费自主性"到"消费嵌入性"——消费社会学研究范式的转型》，《学术研究》2013 年第 10 期。

又有类似于像科尔曼所讲的"理性人"的自觉，意识到追求社会利益的最大化，这是阿细女性采取的一种有意识的策略行为，但也并非完全如此，因为这里也有类似于布迪厄所讲的"惯习"及难以言说的"实践感"。

二 旅游发展与"时尚"消费策略

尽管在可村旅游产业快速发展的背景下，可村阿细女性的经济实力不断增强，但可村阿细女性在家庭、个人消费的总体来看，求简是一直并无明显变化的消费观。在日常用品的消费上，她们一直秉承着"勤俭持家"的传统。但旅游产业的发展，大大地推动了可村现代化的进程，如今可村阿细消费文化及女性们的消费实践必然不同于昨日。

在可村，在我与很多女性聊天的过程中，她们经常使用的词其中就包括："好瞧""流行"。在对去"村淘"店里购物的几位大妈的访谈中，她们大都会说网上买的衣服、鞋子不仅比较便宜，而且比较"流行"。在去了很多修建房屋的可村家庭中做客后，我发现这些女主人也非常注重她们房子装饰的"流行"。她们所描述的意思就是如今我们所讲的"时尚"。在可村，无论年纪较大或较为年轻的女性，她们在消费方面非常注重达到"时尚"的目的。

"爱美之心，人皆有之"。在阿细文化中的对于身体的审美、服饰美等审美观也在现代审美观念的冲击下发生着变化。在修建如今别墅之前，可村大部分都是两层土屋，室内当然并无太多谈得上的装饰的东西。如今，在可村很多家庭中，她们家的装饰多使用闪闪发亮的地砖、瓷砖，橱柜等，尽量突出豪华、时尚之感。她们在家庭修建、装饰方面的投入很大，是家庭中最大项的开销。对可村的访谈中，大部分家庭在此方面的消费大概在五万元到十五万元之间，她们认为这个方面必须不能"落后"，一定要"好瞧"。她们总是在家庭经济条件许可的范围内，同家中的丈夫及其他成员共同决定，最终以达到家中房子、装饰的"流行"目的。

在个人的消费上，可村阿细女性大部分有很大的主动权，她们可以决定买什么样的服饰、以什么样的方式购买。在可村，尽管可村女性非常繁忙、特别辛苦，但她们大部分都非常注意自己的仪表，得体的打扮、温婉的气质总是给人留下美好的印象。在调查中，基本见不到可村女性蓬头垢面的外出。

> 我们近几年都更注重外表啊这些方面，像我在旅游公司里上班，主要负责村里、景区的清洁工作。我们上班都有要求，必须打扮要整洁，还要统一背上我们景区的民族特色的背包。穿什么衣服没有严格要求，但你说我们经常见各地来的游客，也要特别注重此方面呀，不能给我们寨子丢人，而且，打扮的好点心情也好嘛！另外，大家都比较注重，如果某一个人不注重也很不好。像我们去公司"找活计"的时候，人家公司里的管理人员也会看这些方面的。像我们搞清洁的还要求不高，大部分也都是上了年纪的女人，那些跳舞的、在森林酒店等比较高档的酒店里做服务员的小姑娘，人家是会看长相啊、会不会化妆、打扮啊这些，这些现在在我们寨子里越来越重要了。我们这些女人们在这些会打扮的小姑娘的带领下知道在哪里买衣服、鞋子、化妆品更好瞧、更划算、更流行。①

可村旅游产业的不断发展，使外来游客越来越多地涌入到可村，这里面大部分都是城市人。她们的衣着打扮、谈吐气质给可村女性带来了不小的冲击。各种媒体对"现代人"的界定，对时尚、性感、美的"现代"观念的传播，各种电视节目、广告、网络上的视频、图片都在传达着一种关于身体美的方程式。这些都使可村女性空前地关注自己的身体，她们希望通过各种实践使自己的身体符合所谓的美的标准。因此，生活中充斥着各类身体实践。对自己身体的美化成为她们关注的焦点，消费自然也向此方面倾斜。

另外，如今可村女性不仅是农民身份，她们同时也是公司职员，她们也是职业女性，她们从单纯的田间、家庭走到"前台"来，在形象方面她

---

① 被访谈人：Y嫂（女，43岁，可村彝族阿细人）。访谈时间：2017年5月21日。访谈地点：可村跳月广场。

们也要符合对"前台"女性的要求。身体、形象符合如今的审美，极有可能获取更有利的位置。"由于身体能够成为不同阶级或阶层的区隔象征，它自然能够成为承载价值的文化资本的某种象征。"① 所以，在可村女性这里，身体、形象在很大程度上讲，已经成为一种重要的文化资本。

以上各种因素的影响，也有福柯所讲的"规训"，使可村女性更希望成为"现代人""时尚"的人，希望自己的身材、长相更符合"现代人"的审美，她们需要掌握一定的文化符号和相关的知识。"这些符号和知识在舒茨那里是指'手头知识'或'库存知识'，反映到身体、语言和观念、思想和品位上的呈现则是布尔迪厄所说的文化资本。普通人正是通过这些'手头的库存知识'，才能理解世界，通过文化资本的积累和展示才能获得阶层与身份的接纳和认同。"② 阿细女性对这些知识实际前些年了解并不多，"传统"阿细文化中的知识与这些差别较大，所以这些可村阿细女性开始通过外来游客的身体表征、现代媒体的相关传播等手段来获取这些知识，对自己的身体进行再认知、挖掘与改造。其中增加个人形象方面的消费是她们此方面突出的表达、实践方式。

小 K 是阿细跳月队的队员，在这里从事民族歌舞表演已经有两年时间，她在两年前嫁入可村，娘家是邻村的，同为阿细人，目前还无孩子。见到她经常是在跳舞表演的时候，公司要求她们身着统一民族服装，必须化妆，这时见到她很"民族"、很漂亮。平时也会在村里、田里看到她，这时她多是身着非常"现代""时尚"的短裙、打底裤、靴子等，经常化淡妆，身材苗条，俨然一个摩登女郎的形象。而且经常见她换不同风格的时尚服装，很是讲究。

> 我嫁在这个寨子之前，中学毕业后就在家里和家人一起种田，也没有去外地打工，两年前我嫁在这里，因为我也是阿细人，跳月也还不错，所以就到跳月队去跳舞工作了。他们的要求是女人年龄不能太

---

① 朱虹：《身体资本与打工妹的城市适应》，《社会》2008 年第 6 期。
② 朱虹：《身体资本与打工妹的城市适应》，《社会》2008 年第 6 期。

大，跳月跳的比较好，形象尽量要好一些，不能太胖，我还好吧，当时年龄才 21 岁，各方面条件也符合，所以就去了。到了这个寨子，大家都很注重打扮，上班必须化妆，以前我并不是这样的，这里大家都比较讲究这个，特别是年轻人更是这样。我跳月一个月工资 1200 元，这是不含加班费的，有时加班，加上加班费什么的，一个月可以拿到 1500 元左右吧。我挣的钱都是自己花，家里的开销是公公、婆婆他们管，我们还没分家。我自己挣的钱一般也会存一部分，另外一部分主要是自己买些衣服、鞋子、化妆品什么的，平均下来每个月这方面的开销要有大概四五百元吧。我们买衣服现在在县城也买，在网上买的也挺多的，化妆品也是这样。也不能买特别贵的，每个月买一两套衣服。家里人也没觉得这个比较浪费，因为现在我们寨子都很注重这个。像我们跳月队的那些大嫂，她们三十多岁的有孩子的也是在这方面挺舍得花钱的，跟我差不多，连带着孩子们也都在这方面花费挺多的，大家都觉得很有必要。我们平常经常交流这方面的话题，什么衣服时尚啊什么的。①

在可村像小 K 这样消费的的确不在少数，从访谈中可以了解到，从她们的穿着打扮上也能看出，她们在此方面的花费还是比较"大手笔"的。如今"以瘦为美""一白遮三丑"的审美取向，在各种媒体的大肆渲染下，在可村女性这里也得到了呼应，走向旅游产业的职场，也使得她们更加注重苗条的身材、白皙的皮肤。在可村，不少阿细女人们不仅自己购买相关的排毒、瘦身、美白方面的保健品、化妆品，甚至还有少数女性不时去一下弥勒县城的美容院，以满足自己此方面的需求。无论是年纪大些、还是比较年轻的可村女性她们都在此方面都出手阔绰，但同时，由于整体收入并不是很高，她们大多数会选择压低其他方面的消费，使自己在此方面的消费不给整个家庭带来更大的负担。比如在吃上面的消费，她们尽量

---

① 被访谈人：小 K（女，23 岁，可村彝族阿细人）。访谈时间：2017 年 3 月 22 日。访谈地点：可村跳月广场。

能自给的就自给。可村女性在穿着、打扮上投入都比较大，这方面各年龄段的区别并不是很大，年轻女性在化妆品方面的消费稍高。但在娱乐性消费上，年轻阿细女性明显高于中老年女性。在可村，随着旅游的发展，各种酒吧、饮品店、KTV 相继经营，给这个沉寂多年的古朴阿细村寨带来了更多的"现代"气息。年轻人更喜欢追求潮流，经常见到不少可村阿细姑娘、小媳妇在这些场所消费。在"传统"阿细社会中，阿细女性极少饮酒，阿细男人则是喝酒豪爽的代名词。在阿细社会中，一直以来，男人无论有事没事都会喝上几杯。家里有客人来了，不倒水，先倒酒。孩子吃满月酒、家里建新房，男人们喝酒都是重头戏。包括到现在，还经常会在可村看到喝醉酒的男人。女人们在来客人的时候、家族中有事时，通常都不饮酒。如今的可村阿细女性，主要是年轻女性，她们到酒吧、KTV 等娱乐场所会喝少量的啤酒。有时，这些可村阿细女性也会和伙伴们、家人一起，更多是和伴侣、情侣一起，到弥勒县城去一些娱乐场所消费，此方面的消费呈不断上升的趋势。这些年轻女性在接受新鲜事物上持较为开放的态度，她们更愿意从这些消费中，找到一种现代生活方式的感觉，同男性一样享受"现代文明"成果，也从这种方式中强化自己作为现代年轻人的一种身份认同。

可村女性在自身形象消费上，呈现出不断上升的趋势。在家庭消费方面，她们的话语权越来越强，其起重要作用的在修建、装饰自家房屋的花费上也呈现出不断上升的趋势。通过调查，在这些消费上，可村女性呈现出一定的炫耀性消费的特点。如今市场经济的深入发展，曾经相当封闭的可村，也被各种各样令人眼花缭乱的商品所包围。便利的购物条件、相对宽松的经济条件不仅满足了可村女性的实际物质需求，也为她们符号消费提供了必要的条件。"布迪厄在《区分》一书中继承了凡勃仑的炫耀性消费理论中的'示异'或'区隔'（'显示与他人的差异'）观点（即：消费是一种社会竞争），但这种示异不是纯粹的个体理性算计，而是遵从了合法性逻辑。"① 尽管可村女性在形象消费、修建、装饰房屋的花费上呈现出

---

① 王宁：《炫耀性消费：竞争策略还是规范遵从》，《广东社会科学》2011 年第 4 期。

了炫耀性消费的特征，但她们在这些方面的消费并没有哪一个特别出格，大家也只是某人稍高一点消费，而后引领下一人适当追逐的趋势。因为在可村阿细社会中，大家彼此之间的联结在各个方面都是十分重要的。甚至他们自身也清楚，可村目前依然是一个最典型的"熟人社会"，大家彼此都比较知根知底，炫耀性消费得到的社会地位的提升作用其实是比较有限的，因此深谙此道的可村阿细女性其实更加注重的是绝不能冒使自己脱离社区的险。她们实际是在很大程度上避免自己被"区隔"，所以，他们都遵从着"合法性逻辑"。

小结　旅游影响下阿细女性的经济行为之"新"

在阿细社会经济生活中，历来女性的作用举足轻重。在传统的耕作、畜牧中，她们同男性一起耕种。在阿细性别文化中，男性代表着力量、权威，在耕作中即使女性付出的甚至比男性还要多，但"权威性""技术性"的工作似乎是男人的专利，类似于耕地、烤烟等这种劳作，只有当自家男人实在无条件胜任的情况下，女性才会出现。

旅游开发后，生计方式发生了变化，旅游从业占据重要位置。但对于女性在旅游中应该从事什么工作，在一定程度上也表现为传统性别分工的一种延伸，女性被认为更"适合"做服务员、保洁员的工作。尽管如此，这些女性是独立的工作，有作为报酬的工资出现，其意义自然不同。在传统生计中，女性很难独立完成耕作，但旅游产业中女性则可以独立完成多数工作，对男性的"依附性"程度降低，女性也无须处处维护男性在其中的权威地位，经济结构的变化给可村阿细女性的能动性提供了更多可能。在多种生计方式并存的当下，可村阿细女性用"身兼数职"来应对，旅游影响下出现了一些诸如理财等的新事物，这些在原有的阿细社会结构中是没有规定的，在这些方面阿细女性的能动性得以充分发挥。她们积极学习理财知识，从自己家庭、自身条件出发，合理理财，现阶段她们普遍认为最"保险"的方式就是盖房子，家里有更多的房子向外出租或自己做一些小本生意，都是不错的选择。如今她们在理财方面体现出首先追逐"安全第一"的生存伦理。

在旅游开发的背景下，可村成为附近阿细村寨的中心，"农村淘宝"首先在可村形成气候，作为景点的可村，网络信号已全覆盖，也给阿细女性网络购物提供了便捷条件。当更多的可村阿细女性拿到个人化报酬的工资时，她们在家庭所做的贡献以一种显性的方式出现，这更能凸显她们在家庭中的位置。反映在消费上，也有更大的话语权。在此方面，传统阿细社会中节俭的消费文化依旧绵延，但女性消费更注重投入到自身形象方面，因为在旅游开发的背景下，形象资本的重要性越来越凸显。值得注意的是，可村女性如今经济行动中的理性算计、策略选择的考虑基点首先是家庭，其次才是自身。

旅游给可村的村民生计带来新变化，需要重新抉择，旅游从业需要可村女性学习新技能。理财是伴随旅游发展而来的新事物，女性的消费方式、投入去向也呈现出新趋势。以上这些都是旅游影响下的女性经济生活"新"实践，究其根本，是旅游造成了与以往所不同的经济结构，当新的经济结构出现，可村女性就在这种新结构下充分发挥自己的能动性，不断地内化为新习性。

第四章 旅游与阿细女性社会
关系再生产

阿细社会对女性有明显的角色安排，她们在家庭生活中扮演着重要的角色。旅游产业的开发、发展加快了夫妻、婆媳关系的变化，阿细文化中极强的尊老观念，在当下的社会结构中正在以一种不同于往日的方式呈现。阿细年轻女性对尽快推动小家庭建立的诉求与策略，体现了她们不断增强的"离心倾向"。性别区隔在可村阿细社区生活中表现明显，女性影响力依然有限，但她们通过积极争取的"在场"和能动选择的"缺位"彰显了她们的能动性，她们在其中的影响力也有所增强。旅游发展促进了可村阿细女性从村里到城里活动空间的拓展，她们对交往人群多样化的应对，彰显了她们在社会转型期谋求生存、发展的积极态度，同时，在这个过程中，她们也使社会关系得以再生产。

第一节 家庭中的性别角色、成员
关系及其应对

阿细社会对女性在家庭生活中有较高的角色期待，作为一个"好女人"首先要经营好自己的家庭，因此，女性在家庭关系的处理上显得非常重要。一直以来，代际权力争夺的一个突出表现在婆媳之间，推动小家庭建立的也总是年轻女性。与之前有所不同，旅游开发后，年轻女性在其中的重要性越来越突出，她们有更迫切的愿望、更大能力在今后的旅游产业中大干一场，这时小家庭的快速建立显得更加重要。可村阿细年轻女性

"试探性"地进行此方面的诉求、努力，直到自己的愿望达成。在如今可村婆媳关系的处理上，我们看到"传统"的阿细尊老文化正在以一种新的方式呈现。由于核心家庭更多、更快速的建立，再加上以上诸原因，使得当下可村阿细夫妻关系更加重要，并朝着更为平等的趋势发展。可村阿细女性在家庭的维持、发展中善于综合各种策略利用好宗亲、姻亲关系，并把握好舆论导向，不断再生产各种社会关系。

一　阿细家庭生活中的性别角色

任何社会都有一整套男人、女人各承担什么责任、遵守何种规范的体系，相应地，社会对其都抱有一定的角色期待。在可村阿细社会中，历来女性承担的责任较重，对女性的角色期待较高。对女性的角色期待集中体现在家庭生活中，其他的期待则从此方面向外延展。正如《阿细的先基》所唱"男女说合成一家"的内容，"亲爱的妻子呃！麻线漂好了，拿去晒在篱笆上。麻线晒干了，拿去绕成麻团。绕起来的麻团啊，像一个个石滚子。麻团绕好了，要去编麻线了。聪明的妻子呃！麻线要怎样编呀？亲爱的丈夫呃！我们家房子旁边，有一个平平的场子，把编线桩拿来，栽在场子上；左边栽一棵及之树桩，右边栽一棵及之树桩。路边兰草编成的箩箩，用来装线团……"①当青年男女成一家后，首先面临的就是男女各承担什么责任，在这部分中，有较多描述阿细男女一起种粮食、种麻的场景，但涉及家庭再生产活动的类似于编织、煮饭等工作，则是由女性来承担。可村在旅游开发后，女性在家庭生活中依然承担重要的责任，社会对她们家庭以外的期待也越来越高。在这个过程中，阿细社会、阿细男性、阿细女性自身对于"什么是好女人"的认识也在发生着变化。

一到傍晚时分，可村的路边就会有三三两两的人们在街边寒暄、聊天，这其中大多数是女性。她们忙碌的一天基本接近尾声，除了有小孩子需要照顾的年轻妈妈，那些孩子较大的中年妇女此时迎来了一天属于自己

---

①　云南省民族民间文学红河调查队搜集整理：《阿细的先基》，云南人民出版社1959年版，第197页。

的一点休闲、娱乐时间。大部分的她们在白天从事着繁重的劳动，种田、种菜、旅游产业上班等。在白天的工作中，女人们如果有一起工作的伙伴倒还觉得不闷，但在田里的女人们，除了互助时卸烟等工作，她们多数是自己一人在田中劳作。可村各家庭的田地相距较远，很少会有像北方农村的女人们在田间边劳动边聊天的情况。在她们傍晚街边聊天的过程中，有不少涉及男人、女人的话题。

L姐是村内一家私营客栈的服务员，她所工作的客栈只有她一位服务员，另外就是老板和一位男性厨师。如果遇到旅游淡季，她大部分时间在田间劳作。所以，无论种田、客栈工作，她都鲜有同村女性伙伴能与她聊天解闷，再加上她有两个儿子，家中只有她一位女性，所以，平时傍晚、晚上一有时间，她就会在街边与伙伴们聊天。Q姐和L姐是好朋友，她大部分时间在种田、带孩子，有时间了就到村里的私营酒店、客栈打零工。偶尔在M客栈，她们两个会在一起工作，我经常看到她们开心聊天的场景，但这种机会不是天天有的，所以，在村中，她们经常在傍晚、晚上的闲暇时分享受她们的悠闲时光。凉爽的夏日晚上，她们两个在街口相遇，七嘴八舌地聊了起来，看到有一个我这样的"外来人"，一开始Q姐她们还有些放不开，但我和L姐是老相识了，她告诉Q姐让她放开了聊，大家都是"熟人"。由于我在场，她们平常的阿细话变为了弥勒汉语方言，她们在说着某某女性在街边摆摊时，由于一些意见不同在街边和自家的男人吵架的话题，又谈到某某家最近在"阿细跳月"节期间怎么做生意、赚了很多钱等话题，并且她们特意强调那家的女主人如何如何厉害等。对于这个话题，我提到了如今可村女人比男人更能干的话题，并提出阿细社会、男人如何看待女人们的这种"厉害"，什么是"好女人"。

　　"好女人"首先就是良心要好、脾气要好，不能不尊重老人，不能打骂人，在外面不能总是骂男人什么的。还要管好家、孩子，现在家务活男人也干的，但女人干的还是比较多，家里规整不规整的，也主要是女人的事情。如果去某人家里，而家里很乱，不规整，那人家就会说这个家里的女人很懒，就不好了。除了管好家，我们田里的活计很多，女人绝大部分都要干的，从种田到收割女人干的活都很多。谁家女人如果不去田里干活或干的少，那人家就会说这个女人比较懒，那就不是"好女人"了。现在除了这些，还要会上班、做生意什么的。现在我们寨子的女人都很会上班、做生意的，很会苦钱。你看我们寨子的女人，好多都很会讲普通话，又会进货、卖货什么的，很能干。能干、厉害当然好了，大家都还是佩服这些女人呢，男人们也还是承认女人们的这些能力。但有时男人也会说现在有的女人太能干了，超过男人很多，他们也觉得害怕呢。但也不会说这些女人不是"好女人"，就是女人们能力太强了，男人有时会感觉自己有点"没面子"。特别是这种很能干的女人不能在外面说男人的不是，不然也很不好。①

当我沿着此话题继续和她们探讨何为阿细社会"好男人"时，Q姐打开了话匣子，说道：

"好男人"要良心好，会苦钱，能干，有手艺，田里的活计当然他们要干，特别是女人干不了的。要会办事，不经常多喝酒。我们阿细很多男人比较喜欢喝酒，酒经常喝多了耽误事，这就不好了。去年我们旅游公司就开除了我们寨子里的一个男人，因为他喝了很多酒去上班，没办法工作，违反了规定。这种我们就说这个男人不好，不懂事。现在男人也要顾家的，像平时有时间做做饭什么的，也会背孩子，都是女人忙没时间的时候做。做得好的我们女人们都会说他们好，但男人们会说男人总做家务不好，还是要多苦钱好。如果良心好、又会办事、又会苦钱，还能多帮女人多做些活，那我们女人肯定认为这样是最好了。但如果男人比较能干、会苦钱，也就很不错了，家务活女人多苦一些也还可以。就怕有些男人什么都

---

① 被访谈人：L姐（女，43岁，可村彝族阿细人）。访谈时间：2017年8月29日。访谈地点：可村街边。

不干，就很恼火了。①

聊到此话题，对于女性来讲比较好切入，女性对于社会对于其的角色期待，自身承担何种角色有比较清醒的认知。不久功夫，另外两名女性也加入了街边此话题的讨论。综合数位女性的讨论和平时在可村的参与观察及相关的访谈，可以看出，她们已然明了"好女人"的标准正在发生着变化，但其中仍有一些变化不大。首先，可村阿细女性已明白"好女人"要维系、管理好家庭，对于重要的家庭成员关系——夫妻、婆媳关系等要处理好，有孩子的女性照顾、养育好自己的孩子；其次，从照顾好家庭的基础上做好各方面的生产活动，在旅游产业发展之后，还需具备"现代"知识，做好相关的工作，在旅游产业中能帮助家庭占有发展的好机会，为家庭积累财富及各种资本。可村女性虽然明白这些"好女人"的评价标准，自己承担的性别角色，但她们表示如今做一个"好女人"更加困难，这个时代给予她们发展自身的许多便利条件，与此同时，也给她们提出了更高要求。与之相联系，可村阿细女性对于"好男人"的认知、期待也比较一致，她们普遍表示现在做一个"好女人"要比做一个"好男人"困难得多。

可村女性始终认同"女人首先要管好家"的观点，她们认为一个家的维系、良性运转，特别是处理好家庭内部的关系，女人承担着重要的责任，在阿细社会的任何时期，这都是评价"好女人"的重要准绳。无论做什么活儿、积累多少财富都是为了家庭的维系、发展。所以，无论过去还是现在，无论是阿细社会、阿细男人、阿细女人都要求女性首先做好家庭的再生产活动，与此同时，才再关注女性的生产活动，目前来看"女主内"在阿细社会中依然是突出的特点。历史上的可村女性勇于承担家庭的再生产、生产活动，在旅游开发的今天，又加入了新的劳动种类。无论如何，维系好、管理好家庭是阿细"好女人"的首要任务，旅游产业的发展

---

① 被访谈人：Q姐（女，40岁，可村彝族阿细人），访谈时间：2017年8月29日，访谈地点：可村街边。

加快了亲属关系变化，家庭结构发生了较为明显的变迁。这些都需要可村阿细女性敢于面对变化，更加施展自身的生存智慧，来谋求家庭、自身的发展。

二 旅游影响下的夫妻、婆媳关系

在可村，无论何时何地，我们大部分看到的情景都是"夫唱妇随"，在外人看来，可村阿细女性总是跟在自己男人身后的那一个。在阿细社会中，婚后从夫居的方式同其他民族的此方式相似，已婚女性对于男性的依附是比较明显的。如前所述，阿细社会对于女性的期待较高、要求比较严格，以"懂事"要求女性，实际就是对阿细女性提出了贤惠、隐忍、勤劳等要求。所以，在可村，经常看到的是女人们从公司下班后，如果有时间，抓紧时间去编烟、喂猪、带孩子等做各种活儿，当然男性也会如此忙碌，但即使在最忙碌的7、8月份，依然会在村中看到一些男人们聚在一起喝酒的情景，而此时的可村阿细女人，要么继续干手上的活计，要么为家中的男人提供"端茶倒水"的服务。在可村，大部分时间，男人们聚在一起喝酒的桌上，通常看不到女人的身影。她们在烤烟房、厨房等地忙碌着，她们懂得阿细女人要勤劳，也要低调、隐忍。在可村调查持续将近两年间，极少见到夫妻间有激烈冲突的情景。可村女性尽管没有说出"嫁鸡随鸡、嫁狗随狗"的话，但在她们看来，婚后嫁了什么人就是一辈子了。在可村历史上，离婚率极低，据对村民们的访谈，可村到目前只有四对离婚的夫妻。

在可村，男人们明显占据着宗亲方面的显性资源，能为他们的地位、各种行为提供有力支撑。在多数场合，男性依然是主导者。在称呼上，一旦结婚，新婚的女性很多时候的称呼就成为"某某媳妇儿"，她们的角色迅速发生变化，而对她们角色的期待，让她们重新审视自己，调整自己，以期待在新的环境中寻求自己的生存。

长期的父权制对可村阿细女性形成了一定的约束，这是一个不争的事实。但长期积累的"地方性知识"，使得她们在阿细社会中能够发挥自己的能动性，能够支撑自己在阿细社会中安身立命。如今，可村旅游发展带来的生计方式变化，也必然引起阿细社会、文化其他方面的变迁。在此背景下，可村女性如何嗅到"时代气息"，如何做以有效调整，这显得非常重要。

如前所讲的小K，她是阿细跳月队的队员，在两年前嫁入可村，娘家是邻村的，同为阿细人，在跳月队工作已经有两年时间，她的丈夫在旅游公司经营的民族餐厅做厨师工作。平时见到她，打扮的时尚靓丽，在村中也经常会见到她和丈夫一起出现，有时是在工作空闲的跳月广场，两人同他人一起聊天、休闲，有时她坐在丈夫的电动车后去田间干活或是去镇上玩耍、休闲，从长期观察的"面上"看，她们相处得很融洽，她不强势，很温和，其丈夫也看起来较为开朗、明智。阿细文化中非常注重男女之间亲密关系的表达方式，即使像小K夫妇这样结婚不久的小夫妻，在外基本是不会有太亲密的动作、行为，如果有老人在场更是非常注意。他们在外始终保持一定的距离，但眉眼间看起来，两人的感情还是非常好的。

你说我们俩感情好，其实也还行，但争吵肯定是有的。我们两个是三年前通过亲戚介绍认识的，后来结婚后，整体还行，但一些生活理念上也有冲突。比如，在花钱、管钱上吧，我们现在还没孩子，与公公婆婆一起住，我们各有各的工资，公公婆婆也不花我们的钱，这方面也不太提什么意见。他虽然管我不多，我就告诉他把他的工资都交给我，但是他到现在还是不肯，只是每个月给我汇报多少钱，然后剩余的一部分交给我。现在我们接触你们汉人很多，我们都了解到你们汉人女人都管钱，都当家。但我们家这位他就还不让我全部管他的钱。在花钱上，我比较喜欢买衣服、化妆品什么的，他不怎么管我，有时也会说上那么一两句，比如像："都结了婚了，你又皮肤挺好的，就别用那么多化妆品了"类似于这样的话，但我就会给他说："你没看大家都这样嘛，人家三四十岁的大姐、嬢嬢还化妆呢"，当我这样说，他就也不吭声了。现在，我们最大的问题就在于我想分家，他还有一个弟弟，比较小，我还是想我们自己过，自己过方便。但他说有了孩子再说。也吵过几次，后来我也忍耐了一下，以后再说吧。我们阿细人吵架一般不会声张，像骂街那样的不会的，那样自己的男人很没面子，而且对自己的名声也不好。①

如果说对小K的访谈看到了当下可村阿细女性争取夫妻关系有利地位的能动性的话，那么对Z哥夫妇的观察、访谈，则又说明了可村男性对于女性在夫妻关系中地位提升、重建新型夫妻关系的认可，尽管这种认可未必是心甘情愿，尽管带有那么一些无奈的感觉。如前所讲，Z哥是可村一家私人客栈的厨师，我在客栈经常用餐，非常熟悉。也经常见到他们两口子在一起的情景，由于他们家里的田地较多，加上老人也老了，需要照顾，所以Z嫂主要是在家种田、种烤烟，照顾老人等，腾出Z哥来客栈做厨师的长期工。每每看到Z嫂，都是给人谦恭、温和之感，我就向Z哥说："Z嫂脾气太好了，在家一定是她更忍让，是您脾气更大，是您说了算吧？"Z哥说道：

> 哪里是这样啊，这些都是表面上的，我们现在阿细男人也成了'妻管严'了，我媳妇在家脾气大得很，现在越来越厉害了，家里大事我们商量，小事全都她做主了，现在的女人都是不得了了。她们辛苦是很辛苦，我们还是承认呢，没有她在整天忙着，我们田也没法种，我也无法赚钱，老人也没人管。现在她确实厉害，田里大多数活都会干，现在普通话都说得很好了。以后有钱了，我们打算自己干餐厅，她倒是样样都能做呢。老是厉害了！但脾气也倒是越来越大了，哈哈，没办法了，现在基本都是这样了。②

所以，如今的可村女性，在旅游产业开发的背景下，自身积累的各种资本不断增多，在做活计方面的优势不断凸显，现代教育理念、外来文化

---

① 被访谈人：小K（女，23岁，可村彝族阿细人）。访谈时间：2017年5月10日。访谈地点：可村跳月广场。

② 被访谈人：Z哥（男，45岁，可村彝族阿细人）。访谈时间：2017年7月10日。访谈地点：可村Z哥家中。

的影响，都使她们在较大程度上在争取自己的主动权。她们表面上并没有与当今依然较强的父权话语做明显的抗争，表面上看起来依然顺从，显得很"贤惠"，但在具体的实践中她们在不断探索有利于自身的实践策略。而在如今的时代背景下，可村阿细男性已然认识到男性绝对权威的"大势已去"，在一点点小小的哀伤、不舍中，在保证自己"前台"权威不受更大挑战的基础上，允许女性使用自己隐秘的"后台"资源、权力，接受了夫妻关系的新调整。

婆媳关系一直以来是人类学中关注的一个重要的亲属关系课题，在日常生活实践中也最具"话题性"。历来，在大多数的社会中，无论是汉族还是少数民族，或者无论是国内还是国外，这个话题"常谈常新"。在中国，包括可村在内的大部分地区，在父权社会的背景下，儿媳妇相对于婆婆的地位是比较低下的，婆婆占据着丈夫、儿子的相当部分资源，尤其是在抚养儿子过程中的大量付出让她们占据有利的舆论位置，"母慈子孝"在道德要求上，使得婆婆们在伦理道德方面占据着制高点。儿媳妇是晚辈，在刚嫁入一个新家庭后，娘家的资源不能得以有效使用，婆家的资源自己掌握的微乎其微，所以无论从伦理道德上还是资源的掌握上，儿媳妇在位置上并不占据优势，"媳妇儿熬成婆"长期以来是大多数女性的美好期待。但如今，在父权制对女性的约束逐步松动的今天，新一代的年轻女性在经济结构调整的背景下，加之所受教育不同于以往，使她们更有能力与原来的结构做一定的抗衡，以求得自己更大的生存空间，争取自己更多的主动权。而婆婆们则在此背景下，在自己的长辈权威遭遇挑战的情况下，她们会采用"软硬兼施"、但更多的是"温情策略"来尽量多地保留自己的权威、资源，也通过对子代、孙辈更多的付出，强化自己的价值感，为自己不远的养老积累一张"保险证"。

在阿细社会中，有着悠久的敬老传统。无论是《阿细的先基》中的描绘，还是在日常生活中的具体实践、社会的舆论要求，始终体现出对老人的极大尊重。在可村一些老人所唱的《阿细的先基》中，有这样一段："先盛一碗饭，敬给老人吃；先倒一杯水，敬给老人喝""不会敬老人，不会得人敬礼……"在可村经常看到晚辈搀扶着行动不便的老人在村中散步，晚辈看到年龄比较大的老人都非常照顾，并和颜悦色。在阿细社会中，给予老人非常大的宽容度，无论男女，老人丧偶后可以比较自由地再娶再嫁，晚辈孩子不应对其进行阻拦。在老人赡养方面，如果晚辈不尽赡养义务，将会受到族人、同村人的一致谴责、唾弃。如果有老人无儿无女，到老时则由血缘最亲近的侄子赡养。据调查，在可村基本没有出现过拒不赡养老人的晚辈。既然老人在阿细社会中地位极高，拥有较大的权威，因此，在婆媳关系中，婆婆的地位历来都是比较高的，其地位相比汉人传统社会中的婆婆，有过之而无不及。如今的可村，社会、文化变迁速度加剧，反应在家庭中的婆媳关系，也正在发生着变化。无论是婆婆还是儿媳妇，她们都在调整自己的策略，以使得自己能跟得上"时代发展的步伐"。

前文出现的 D 嫂是可村最大的一家商店的老板娘，家中经济实力雄厚，生活幸福美满。由于其丈夫是独子，长期以来与公公婆婆一起生活。公公于前些年去世，如今她与丈夫、两个儿子及婆婆一起生活。其婆婆 K 大妈已经六十多岁，由于有吹奏乐器的技艺，如今在本村的旅游公司上班，每月有一千多元的工资收入。平时看来，婆媳之间相处比较和谐，儿媳妇主要经营商店兼做田里农活，婆婆除了上班以外的其他时间，还帮忙照看小孙子、做家务、做农活，婆媳两个都非常能干。

> 我家的儿媳妇你见着了嘛，还是很能干的，脾气也好，见人都是笑眯眯呢。虽然只是小学文化，但是商店经营很好的，还是很会卖东西呢，又会打算，还是不错的。我们很少闹别扭，这么多年，快二十年了，我们在一起生活，还是很好呢。大家都要干吗，我也是能干呢，你看我的两个孙子都是我带大的，现在两个都比较大了，小的那个小孙子出去玩我还是经常要招呼着，有时我在广场上班吹乐器，小孙子就在我旁边玩着，现在外地人也多，带孩子还是要注意呢。我是比较能干的，能干多少就干多少，我还上班挣着点钱，我老了也花不了多少钱，有时候买一小点药，衣服什么的也不咋个买，很多时候都给孙子花了。我们当老人的对孩子们好点，对儿媳妇好了，那大家就

都好了。①

　　对于 K 大妈的访谈，她比较强调自己的儿媳妇的能干、脾气好，就是她们所谓的比较"懂事"，她也知道如今的儿媳妇与她们那一代的儿媳妇不可同日而语，儿媳妇这样，她也流露出比较满足之感。当然，她更强调自己作为婆婆的付出，充分彰显自己的价值。作为老年人，在旅游产业开发背景下，身兼多职，为家庭付出了很多。她试图通过如此的付出优化婆媳关系，并获取相应的回报。对于 D 嫂的观察和访谈，她对于目前的家庭关系还比较满意，她也主要强调自己作为年轻人，作为儿媳妇对于老人的忍让，当然其中也有一些对于婆婆付出的感激之情。在我对她们的观察、访谈中，婆媳关系始终比较和谐，并且她们都会有意地突出自己的付出对于良好婆媳关系的积极作用。在现今可村的社会背景下，无论是婆婆还是儿媳妇，她们都已意识到，自己在现今阿细社会结构、文化土壤中应拥有何种心态、采取何种策略，才能为自己争取一个有利地位，并为家庭创造更多的效益。

　　前文出现的小 K，是可村结婚两年多的年轻媳妇儿，作为新一代的阿细女性，其这一代阿细人同其他绝大多数民族的年轻人相似，文化上对于女性的约束较小，相对宽松的社会、文化环境使得她们更自我，对自身发展的要求较为强烈。她们向往更为自由的环境，更加有利于自身的夫妻关系、婆媳关系，期望在新的社会、文化环境中使自身的生存更为安逸并有较大空间的发展。她们相比于前代的女性更具自觉意识、更为积极地采取有效的策略。在婆媳关系的问题上，她曾多次表示对目前的婆媳关系、大家庭关系比较满意，但即便如此，其建立自己小家庭的努力依然没有停止过。在此方面，也曾与丈夫、婆婆有一些小摩擦。通过观察，在日常生活中，小 K 的婆婆对她表现比较热情，丈夫对其也是关爱有加。小 K 也曾流露，在日常生活中，在意见与婆婆有一些分歧时，很多时候婆婆也会尽量

---

　　① 被访谈人：K 大妈（女，65 岁，可村彝族阿细人）。访谈时间：2017 年 6 月 10 日。访谈地点：可村"农村淘宝"店。

让着她，因为婆婆也知道现在的年轻人都比较"任性"，但有时也会有一些象征性地维护自己权威的举动。

> 家里来客人时，我有时也会出来招呼一下客人什么的，也是主动地认识一下婆家的人，不然时间长了，老是不认识，也不好。婆婆也不说啥，也还是主动地把我介绍给亲戚朋友。但比如像过年过节，家里客人多的情况下，她多半会示意我去厨房做一些事，而主要招待还是她主动来做。①

当这种情况出现时，她表示有时她会顺从婆婆，有时也会弱微地顶一下婆婆，给她一些小小的"还击"，但这种"还击"通常会不太明显，既让婆婆及家里的其他人领会到了她的意思，又不至于闹翻脸。

如今的可村阿细婆婆深深感知到，当下社会大环境中，年轻人的重要性越来越突出，可村如今发展的历史进程中更是如此。如今年轻一代的儿媳妇从小的生活条件比较优越，整个阿细文化对她们孝敬婆婆的话语正在发生着变化，婆婆们过去的绝对权威如同一直以来的"唯男人马首是瞻"一同，在渐渐地发生着动摇。她们感受到了自己保持大家庭权威的难度越来越大，她们会尽量通过对儿媳妇"更好"的方式，通过"温情策略"，通过更多的付出，来尽量维护好婆媳关系。但必要时候，这些阿细婆婆依然会"宣示自己的主权"，如同上文小 K 的婆婆那样，当她们在婆媳关系中想要标榜自己还存有权威时，她就会在一些必要的场合彰显自己的话语权，就像布迪厄在《实践感》中分析贝亚恩地区的婚姻策略一般，贝亚恩的婆婆"若要提醒媳妇不要忘了自己的地位，她就说：'我还没有把汤勺交给你呢。'"② 如今的可村阿细婆婆对自己的地位有较为清醒的认识，一些即将成为婆婆的可村女性对此已隐隐有些忧虑了。前文出现的 L 姐非常勤劳，"身兼数职"，没日没夜地在客栈做服务员、种田、喂猪等，她的大

---

① 被访谈人：小 K（女，23 岁，可村彝族阿细人）访谈时间：2017 年 6 月 17 日。访谈地点：可村跳月广场。

② ［法］皮埃尔·布迪厄：《实践感》，蒋梓骁译，译林出版社 2012 年版，第 224 页。

儿子马上要结婚了，准儿媳已经在村里的跳月队里工作了一年多的时间，他对即将到来的婆媳关系比较忧心，用她的话说，"现在的小姑娘都不好整了"，L姐经常在自己的朋友圈中发以"累"为主题的内容，她对即将到来的婆媳关系要更多的付出表示有一定的"恐惧"，但有时她又流露出，既然大家都是阿细人，还是比较会尊重长辈的，给自己一些很强的心理暗示，对自己的忧虑给予心理慰藉。L姐作为新一代的准婆婆，已经对维持大家庭不抱什么希望，她们也希望大家都活的"更自由些"，对过去的阿细婆婆迫切希望大家庭的长期维持相比，她们的态度已经发生了较大的变化，如今她们认为婆媳关系上"面儿上"过得去，就已经很好了，她们对此并无太高期待。

在可村，即将成为婆婆和已经成为婆婆的人，她们在婆媳关系期待、对于大家庭的维持、自身权威的树立、维持等方面，均已发生了变化。她们从当前的大环境出发、从阿细文化出发，在较为清醒的认知下，积极调整自己的策略，以为自己争取更多的资本。而儿媳妇在如今更倾向于自身有利地位的背景下，在与阿细文化互动的过程中，以自身独有的实践，体现了自身的能动性。与阿细婆婆们积极实践的"温情策略"为主相对应，阿细儿媳妇们似乎更多的像是"受惠"一方，但其实她们必要的时候当然也会有回馈，大家似乎更要维护好"面儿上"关系，因为，对于可村阿细儿媳妇来说，她们如果背负上对婆婆"不孝"的恶名，对其将来的在寨子里的生存、发展来说，是极为不利的，她们大部分都在阿细文化的框架内实践。作为如今较为"强势"的一方，她们有时也会小小地突破一下"传统"，这种突破是不激烈的，是相对比较隐晦的。

三　旅游与家庭结构及其经营策略

在可村的风俗中，家中是独子通常是不能分家的，包括到现在，亦是如此。村委会也不会为独子专门再划出一片宅基地建房子，用可村人的话说："独子结婚后还和自己的父母在一个户口本上。"对于多兄弟的家庭，通常是有几个男丁村委会就会给他们几块宅基地用于建盖房子。当家庭中的大儿子结婚后，通常是有了孩子以后，他们就会从自己的原生家庭中分离出来，成立自己的小家庭。多兄弟家庭通常父母与小儿子一起生活，父母为小儿子付出的也更多，相应地小儿子的养老任务也更重些。但也并非其他的儿子不养老，其他儿子也会尽赡养老人的义务。

在阿细传统社会中，当家中多男丁的家庭要分家时，通常会请儿子的舅舅来主事，决定相关的财产分配、责任承担等。在过去，一些可村阿细婆婆会尽量延长大家庭的时间，以维护自己对于儿子、儿媳、孙辈的权威。如今，经济的快速发展，特别是可村旅游产业的全面发展，为可村人的"活计"提供了多种选择，不少年轻女性投入旅游产业发展中来，既是农民，又是公司职工，或是自己当老板，生计方式的变化带来了生活方式的变化。旅游产业中，这些可村女性特别是年轻女性接触到了大量的外来文化，广泛接受的现代教育为她们提供了审视现代生活的多重视角，信息化的全面铺开也使她们大开眼界。这一系列的变化带来了她们对于争取更多的自由发展空间、构建新型家庭关系的深深渴望。如前文所讲的小K等这些年轻女性，她们渴望建立自己的小家庭，从经济上、社会网络上争取更多的主动权，以实现自己拥有更美好生活的愿望。

小H在跳月队跳舞，结婚已经有四年多，娘家也是可村阿细人，丈夫也在跳月队跳舞，丈夫家有兄弟两个，其丈夫为大儿子，她有一个儿子，今年三岁多，她于三年前就从婆婆家的大家庭里分离出来。小H这代可村阿细女性大部分都是高中或中专毕业的文化程度，少部分是初中毕业。她们从小都在县城、镇上、村里来回活动，与不同民族的同学交往，接受现代教育。特别是在可村旅游产业不断发展中，她们更多地接触到了"外来人"、异文化，所以她们的思想更为"新潮"，对自己也会有更自觉地认识。她们更容易接受新鲜事物，对自我的发展愿望强烈。在对小H的访谈中得知，她虽然在跳月队工作了两年多的时间，但她一直都想与丈夫再工作一段时间、攒些钱，然后自己开个酒店、客栈。由于现在资金还不够，她们两口子就先在旅游公司的跳月队工作，待以后条件成熟时再大干一场。由于她的自我发展意识比较强烈，她的很多想法与她的婆婆出现了不一致。婆婆认为应该多种一些烤烟，再上上班就挺好的，自己做生意毕竟需要一大批资金，还是有一些风险。在这些想法上有分歧，生活上两代人的习惯也有较大的差别。虽然她也是可村阿细人，结婚后在文化上大致没有太大不适应，但到了她们这一代的年轻儿媳妇，还是更愿意以更快的速度建立起自己的小家庭，以摆脱婆婆对自己的约束，并从丈夫处获得更多的支持、依靠，重新规划自己小家庭的发展。

"美国人类学家玛格瑞·沃尔夫考察了20世纪五六十年代台湾农村妇女的生活，她认为，妇女婚后在夫家的适应策略之一就是在父系和父权的大家庭内部建立一个自己的生活空间，沃尔夫称之为'子宫家庭'，这种家庭在父系大家族中没有显在的存在形式，仅通过母亲与自己的子女的情感纽带维系。"① 所以，沃尔夫在分家问题上的总结是，造成小家庭建立的主要力量是妇女的努力，兄弟之间争夺财产并非是主要原因。在可村的调查中，我们看到，小家庭的建立确如沃尔夫的研究一样，分家的主要推动力是年轻儿媳妇。旅游开发后，可村年轻女性在其中更有用武之地，并有了个人化的"工资"，还有更多对未来美好生活的规划。这一代的她们就与之前一样谋求建立小家庭的女性不同，她们的愿望更迫切，她们不想把自己的劳动成果与不太相干的人分享，并且更要紧的是，如果不尽快建立自己的小家庭，自己的规划可能会受到影响，这对她们有很大的损失，因为如今的可村发展可谓一日千里，如果不加快速度，可能就跟不上大队伍了，这是她们所不想看到的。

与小K相似，小H在结婚不久就曾向丈夫提出分家的要求，但并不是任何时候都可以提出这种诉求。随着孩子的降生，小H才名正言顺地获得了分家的权利。在可村，有不少这样的儿媳妇在诸如争取分家的事情上试图想冲破一下一直以来的社会结构，但很少有成功的。所以当她们意识到这个事情比较难以如愿时，她们又会退回一步，在尽可能的条件下再来争取。据对小H的访谈，她分家后，尽量从娘家的社会网络中获得更多的支持。其娘家虽然也是本村的，但由于不是同姓，结婚前来往不太多。由于娘家哥哥有做生意的经验，在他的提议下，她和自己的丈夫从县城批发市

---

① 李霞：《娘家与婆家：华北农村妇女的生活空间和后台权力》，社会科学文献出版社2010年版，第7页。

场进了一些民族手工艺特产，在跳月广场跳月以前将摊子支起来，等她们跳舞结束后再去卖货。这样一来，效果还不错，并且不耽误上班、种田，投入也很小，收益还算理想。另外，在种田方面，一到农忙时分，她就会从娘家叫来一些亲友帮助她们干活，在种田上互助。特别是在7、8月份是烤烟正忙的季节，每家的卸烟任务都很重，特别繁忙，而每家的卸烟会有一些时间差，这就为互助提供了可能。在7、8月份也是暑假旅游旺季，演出场次也会比较多。平时每天是两场演出，但到了暑假很多时候都会加演，经常一天有三场演出，晚上篝火晚会还要接着跳。所以，像小H这样的会非常忙，如果没有帮忙的亲友，她家田里的活计是很难做完的。在与婆婆一起生活时，由于自己也不当家，这些请人都是公公、婆婆来做，她们请帮忙的当然是丈夫的宗亲、朋友等，由于自己是新人，在婆家的社会网络上并没有什么资源，所以这些事她一般是不参与的，再说还未分家，田里的收入也未必是自己的，所以她并没有过多的兴趣去关注这些方面，她只是上好自己的班，这些钱对于她来说才真正是自己的。分家以后，田地需要自己经营，一开始她也体会到了难处，但用她的话讲"一想到是为自己干，累也是开心"，她积极利用娘家的资源来支持自己的小家。目前她说自己在娘家那边能落实一些资金，如果以后自己修房子、做生意时可以用一下，这为她将来的生活给予很大的信心。在娘家资源不断挖掘以外，她也积极地建构丈夫这边家族内部的关系，由于在家族内部获得了建立小家庭的"合法性"，使得她在家族内部的关系拓展障碍并不大。她主要通过家族内部事物参与、送礼来往等让家族更快地接受她及其小家庭，为将来在丈夫家族内部获得更多的支持打下良好的基础。对小H的访谈，能比较突出的体现布迪厄在《男性统治》中的论述："女人负担的一大部分家务劳动仍旧以维护家庭的团结一致为目的，她们通过组织一系列的社会活动来维持亲属关系和整个社会资本。"①

小H的婆婆今年45岁，她目前主要是与丈夫在家种田，同时必要时

---

① ［法］皮埃尔·布尔迪厄：《男性统治》，刘晖译，中国人民大学出版社2017年版，第138页。

帮忙带孙子。由于自己有一个小儿子还在上高中，所以从经济上她始终觉得压力还是很大，如果小儿子以后再读大学的话，她觉得压力就更大了，所以平时她干活也是格外卖力。在农闲时分，她也会去村里的建筑队做临时工，或者在旅游旺季时到个人经营的客栈、饭店里打零工。她显然是一个年轻婆婆，虽然长期辛苦劳作，但平时打扮利索，看着倒是也不显老。其性格比较健谈、开朗，对人热情、友好。在村子里也会经常看到她带着自己的小孙子，与儿媳妇相处的表面看起来还是比较融洽。和她接触多了，她的话匣子就完全打开了。谈起家里的经济状况、家庭成员的关系，她表示还比较满意，只是觉得自己的经济压力稍大。据她讲，大儿子结婚后一年多的时间，他们就分家了，她也是想的很开的，明知道现在的年轻人都不太愿意和公公婆婆共同生活在一起。她表示由于自己还是比较"开明"，和儿媳妇在一起生活的一年多时间里，并没有出现太大的矛盾。在经济上，她从来不要求儿子、儿媳妇付出什么，在田里的活计上对她们也并无要求。如今，大儿子、儿媳妇一家从大家庭中分出去了，她还是经常会去帮助她们，以减轻儿子一家的负担。谈及这些问题，她讲道：

现在我们这一代婆婆都很懂了，她们这一代儿媳妇与我们那一代不同了。我们阿细人还是非常尊重老人的，我们这里有种说法是，过去，谁家的儿媳妇不尊重婆婆，她就会被耻笑，还说在过去，可以在儿媳妇生孩子时，不让接生婆立即接生，让她多受罪，甚至还好笑地说，让接生的人灌不孝的儿媳妇洗脸水、洗脚水。就是说，我们阿细人，过去婆婆都是主事的，有权利的，在家里说了算，儿媳妇都要听婆婆的话。这点儿好像和你们以前的汉人是比较一样的咯，但现在，我们这里，年轻儿媳妇越来越不好整了，都一个比一个厉害。也是的，现在干什么都是年轻人吃香，像我们这个旅游公司，好多岗位都只要年轻人。我们这么大的人都只能去搞清洁了，人家都不想要我们，我们识字也少，不流行了。没办法了！像我现在还和公公婆婆住在一起，她们差不多七十岁了，由于我家老公是独儿子，我们就一起生活着。我结婚以后都还是比较听婆婆的话，就怕别人说我不孝敬老人。现在做饭了，我还是要问问婆婆要吃哪样菜。以前和儿媳妇在一起过时，既要问婆婆，又要问儿媳妇，反倒是我是成了最没"骨气"的人了。哎，我们这代婆婆倒霉了，夹在中间，永远没有流行的时候。所以，分开过也还是好呢，大家都随意点，她们干劲也更大。现在小孙子上幼儿园了，我大部分时间帮她们接送孩子、带孩子，做了好吃的给她们送一些啊什么的，尽量不要让她（儿媳妇）挑到毛病。闹矛盾了人家都会说的，对大家都不好。①

与大多数汉族社会中婆婆带自己孙辈的"天经地义"不同，在可村阿细社会中，以前的婆婆并没有必然帮带孩子的义务。因为阿细社会中，普遍结婚较早，当婆婆有孙辈时，她们还很年轻，是家里的重要劳动力。为数不少的孩子都是由妈妈带的，因为她们认为，刚生了孩子的年轻妈妈带孩子可以稍微少干一些重活计，以使新妈妈的身体得到一定程度的休养。当孩子稍大时，妈妈便会背着孩子正常做活。以前做活都在田间、家里，背上背着孩子并无妨碍，但如今不同了，可村的不少年轻妈妈们在旅游公司或是客栈、餐馆上班，这种上班方式完全不同于从前，背着孩子上班是不现实的。所以，在这样的背景下，不少婆婆会在儿媳妇上班或繁忙时，帮忙带孩子。因为，据她们讲，给年轻儿媳妇让渡工作时间、机会是比较"划算"的，也是比较现实的。因为大多数上班的都是年轻人，上班时间是固定的，而田间干活时间则比较自由，所以婆婆们也就没有太多的理由拒绝带孩子。另外，让儿媳妇去挣钱，如今的年轻儿媳妇，无论是与公公婆婆在一起生活或是分家单过，她们自己挣的钱都会落入自己的腰包。所以，婆婆这样做，也会赢得儿媳妇的"欢心"。如今的可村，婆婆帮忙带孙辈，似乎成为婆婆的义务。所以，多数可村年轻婆婆，当孙辈孩子还需要照顾时，她们无论在分家与否的情况下，都必须承担相应的责任。否则，社会舆论将会对其极其不利，就像小 H 的婆婆说的"让别人说很不

___

① 被访谈人：小 H 的婆婆（女，45 岁，可村彝族阿细人）。访谈时间：2017 年 4 月 25 日。访谈地点：可村小 H 家。

好"，她深刻地意识到了这一点。在平时的生活中，不少时间见到她带着自己的小孙子在村里玩，她也会给孩子买些零食，也曾见到她在"村淘"店里给小孙子买衣服、鞋子、玩具等。她试图通过自己更多的付出，来维持表面上较好的婆媳关系。可村这一代年轻婆婆们已经很真切地认识到，"传统"阿细社会结构中的婆媳关系正在经历着深刻地变化。这一切当然是与可村生计方式的变化密切相关，这当然也是不可逆的，她们必须顺应潮流，否则自己将无法在阿细社会中立足。

在如今的可村婆媳关系中，儿媳妇似乎更强势，她们是年轻人，在当下可村的发展中更"流行"，旅游开发带给这些儿媳妇更多的空间与机会，她们顺势而为，不断根据自己所掌握的各种资本拓展自己的"领地"，扩大自己的影响力，她们更像是开疆拓土的将士。而如今可村比较年轻的阿细婆婆，她们意识到自己将永无"流行之日"。在如此背景下，她们通过对子辈、孙辈更多地付出，以建立、维持良好的婆媳关系，维护大家庭的利益，也使自己免于受到舆论的谴责。如今的可村阿细婆婆、儿媳妇们都在不断地调整着自己的策略，这其中有布迪厄所说的"习性"，当然也有很大的理性成分。

第二节 社区中的社会关系再生产

在可村的社区生活中，男女之间既有合作又有明显的"男队"、"女队"之分，在绝大多数场合中，男性依然是主角。但女性绝非不作为，她们在各自的世界中维持、拓展社会关系。旅游的发展使得可村阿细女性比以前更关注公共生活，并更积极地追求自身社会影响力的提升。所以，在具体实践中，她们用能动选择的"在场"和"缺位"，从而来不断施加自己的影响力，社会关系既是她们实践的结果，又是实践的工具。

一 社区生活、性别区隔与女性参与

社会性别的生成总是与角色规范、角色期待等紧密相连，角色规范不仅规范不同性别的人做什么，还规范不能做什么。在阿细社会中，生活中

的非制度性的约束、禁忌很多时候"自然"形成了"女人的队伍",从而与男性形成区隔。这种性别区隔在阿细社会生产生活中随处可见,但最为集中地体现在社区生活中。旅游开发后,可村女性在家庭生活中地位有所上升,相应地,在家庭生活中的约束、禁忌有所松动,男女之间的界限不似从前般泾渭分明。但现阶段依然是"劳动分工赋予男人一切官方的、公共的、表象的尤其是所有名誉交换活动的专利"。① 因此在阿细公共生活领域中、在社区生活中,男女之间的性别隔离依然较为突出,社区生活中以男性为主的事实并未改变。

可村是一个多家族的阿细村寨,其中以一个姓氏为一个家族。可村人根据群体记忆,普遍认同他们的先祖是在三百多年前,从昆明碧鸡关搬迁至此。最早是由姓毕的一位先祖到此开垦良田,采集狩猎,逐渐不同家族的人不断迁居至此。至于不同姓氏、家族的人是否都的确来自于昆明的碧鸡关,现如今并无确切书面记载,但如今的可村人是这样普遍认为的。如今的可村,人数最多的是毕氏家族,其次是陈氏,其他的姓氏家族人数较少。在家族内部,各成员之间的互助表现最为突出。在婚后从夫居作为基本形式的可村阿细村寨,历来宗亲之间的联系都较为紧密。家族成员内部在做活计上相互帮助,在婚丧嫁娶等事宜中相互帮衬,如今在旅游业不断发展的今天,可村更多的人选择自己做生意,而家族内部的互助又体现在生意伙伴的结成上。她们在生意中,经济上、人力资源上互帮互助,在宣传等方面积极实践,以更大地拓展各种资源,实现更大的经济效益与社会效益。在可村,有不少本村人经营的客栈、餐馆等,大多数是集大家之力,其中更多的是从家族内部获得大量支持。前文所提到的笔者多次居住的 M 客栈,就是由哥哥投资,弟弟经营,家族内部的一位哥哥担任厨师的工作。他们都会发动自己各方面的资源,包括积极发展自己的亲朋好友来店消费,笔者就是与其中的弟弟的朋友认识,进而成为该客栈的常客。在该客栈居住的很长时间里,其中来消费的大部分客人都或多或少地与他们几个人有一些来往,由于经营得当,之后也同笔者一样成为客栈的常客。

---

① [法] 皮埃尔·布尔迪厄:《男性统治》,刘晖译,中国人民大学出版社 2017 年版,第 65 页。

该客栈在各方面极大地从家族内部获得了较大的支撑，可以说，是可村一个典型的"家族企业"。

旅游产业的开发，如前文所述，加速了家庭中婆媳关系、夫妻关系的变化。但从家族中人与人之间的联结上看，其并没有过于明显的变化，其联系并未较之前有所松动，甚至还在一定程度上拓展了家族成员间的联系范围，特别是在旅游经济相关的投入、经营上。

家族活动是加强家族内部成员紧密联系、联系情感的重要媒介。在可村，家族活动主要体现在家族成员内部经济活动、婚丧嫁娶的互助实践、祭祖活动等。可村的祭祀活动比较正式的是在春节期间。通常在大年三十这天，家族中的男性去到山上折一些松树枝回来，铺在堂屋的地板上，还会将其插在供桌上。他们在自己的家里做好丰盛的年菜，其中主要包括蒜苗、莲藕、芹菜还有一些肉类，阿细人过年吃肉主要是猪肉类，很少家庭会吃鱼，他们也并没有"年年有余"的说法。在年菜做好后，在家里祭拜祖先，如果比较亲近的本家弟兄也有可能在一家之中祭拜。在春节的祭祖活动中，绝大部分都是男性来做，女性较少出现。可村阿细人并没有宗祠宗庙，与汉族不同，他们这类活动都是在家里进行。在之后的大年初三，家族中的男人们会带着大年三十折回来的松树枝、米、酒、肉等到山上自己家族所祭祀的大树下，这是祭树神活动。在这个活动中，女性只负责前期的准备工作，在祭树神的活动中是不出现的。这些家族中的男性祭祀完毕，在树下做饭，用自己所带的食材加工好食物，在树下摆起宴席，在一起吃饭同时也会商量家族内部的事务。这期间他们会总结一下一年的收成，表达感受等，是家族内部进行交流的重要媒介。

可村阿细人的春节从一进农历腊月就开始了，他们首先的一个节目就是杀猪。阿细人比较喜欢食肉，他们大多数是吃猪肉、羊肉、鸡肉等。但在过年期间，猪肉是绝对的主角。阿细人历来都有做烟熏猪肉的饮食习惯，有个别家庭的成员不喜欢吃腊肉的，也可以将新鲜猪肉通过油炸的烹饪手法，制作成为油炸肉。油炸肉是可村阿细人的一个著名菜式，因其香而不腻而闻名。杀猪饭在可村阿细人眼中绝非是一个普通的杀猪行为，它就像是一个盛大的节日。一进腊月，可村阿细人家的杀猪饭就开始了。可村绝大部分家庭都在家里喂养猪，养猪不仅是一个"副业"，是增收的一种手段，也更是为他们家庭提供较长时间肉食的一种途径。历史上的可村阿细人，由于经济发展水平较低，每一年数量不多的肉食只能通过自己喂养生猪，之后屠宰，通过腌腊、油炸等烹饪方式，长期保存以备日后较长时间慢慢享用。虽然如今的可村人手中吃肉的钱并不缺，但多年来养成的习惯却一直坚守着。他们认为，自己家的猪肉好吃，这只是一方面，还有一个方面更为重要，通过大家一起来杀猪，轮流去家族里、亲友家里吃杀猪饭，是一件很热闹的事情，能够更有"年味"，同时，在杀猪后、吃杀猪饭前的祭祖活动也是可村阿细人认为非常重要的事情。

　　我亲身经历了一次难忘的可村阿细人杀年猪、吃杀猪饭。腊月二十三这天，受Z哥的邀请，我去到了他家里。一大早，家族中的男男女女就来到他的家中。在这之前，他们两口子就已将要杀的猪在心中选出来了，他们一般会挑选猪身光滑，精神较好并且身形匀称的猪。以前可村家中大部分都喂养本地黑毛土猪，他们认为这种猪的肉更好吃。由于这种猪长的较慢，为了提高产量，加大经济效益，如今喂养这种黑毛土猪的越来越少了。Z哥和几位家族内部身强力壮的小伙子一起，将事先挑选好的猪从猪圈中拉出，找到一块空地，将猪绑在一个类似于长板凳的专门杀猪用的木凳上。由家族中杀猪经验比较丰富的一位大哥执刀，几个年轻人在边上打下手，随时听从主刀大哥的"指示"。如此血淋淋的杀猪场面我还是生平第一次见到，心里怕怕的，还好的是，周边大家有条不紊的工作、默契的配合和大家软软的阿细语聊天，能够冲淡我不少的恐惧。一会儿后，一头活生生的猪就被宰杀完毕。之后女人们上场的时刻到来了。家族内部的女人们开始将她们事先烧好的大锅热水端出来，开始烫猪，把猪毛处理干净，这个程序一般都是家族内部的女人们来协助完成的。然后她们还要做清洗肉、内脏的工作。只见好几个大嫂在院子里用几个大盆开始工作，其中最难清洗的当属猪肠子，需要女人们耐心地翻来覆去地洗上好几遍，才能放在边上备用。可村杀年猪后的猪肠子有时会做成肉灌香肠，而这个工序繁琐的事情也是由女人们来完成。杀过猪将各种肉清洗干净后，就准备做杀猪饭了。由于前一天Z嫂就将当天需要用的菜准备好，芹菜、蒜苗、莲藕等菜一应俱全。这些菜一部分是自家种的，一部分是在弥勒县城采购的。各种清洗工作、准备工作完毕，也就才到上午十点钟。大家都眼明手快，实在令人佩服。Z哥本来就是村中小有名气的厨师，这个杀猪饭的烹饪对他来说是小菜一碟。当然，今天的人数众多，有家族中的亲人、邻居，还有我这样远道而来的朋友，所以，他还是又请了一位家族中的一位善于烹饪的大哥，这位大哥有时也会到客栈中临时做厨师的工作，所以厨艺也是非常了得。其他人都在打下手，事先女人们清洗、切好的肉、菜摆放整齐，在还算宽敞的厨房里摆得满满的。只见两位大厨煎炒烹炸、各显神通，而这时的女人们边在旁边聊天边在旁边随时"待命"，一会儿递一个葱头，一会儿烧一锅热水，女人们总是一刻不得闲。但能在一年快结束的时候，在一起拉拉家常，她们的脸上露出喜悦、满足的神情。

不久功夫，大概十一点多一点的时候，菜就做好了。今天的客人真不少，一共有五大桌。据说，这还不算多呢，有些家庭会达到七八桌甚至更多。杀猪饭、菜在正式上桌之前，会专门先乘出来一些放在堂屋的桌子上祭祖，而这里面的菜一定是肉食居多，显示出饭菜的丰盛及对祖先的孝敬。这时，Z哥和自己的儿子和家族中关系比较近的男人来进行祭拜。祭拜的时间不长，但很严肃。这之后，就该女人们把桌子撑开，把做好的饭菜一个个摆在桌子上。平时，家里一般也只有一个桌子，所以，多余的桌子都是从亲友邻居家借的。至于吃杀猪饭当天需要借的各种桌子、碗筷都是Z嫂在前几天都想好的，并且都会在前一天或前几天与他们商量好，当天去取。这种习惯在可村非常常见，并且借东西的家户大部分都是当天会来家里吃饭的，并不存在什么障碍。开饭了，大家边吃边说笑，通常是男人们坐在一起，女人们又坐在另一边。可村阿细男女一般不会在公共场合举止表现的过于亲昵，尤其是有长辈在场更是如此。男人们抽烟、喝酒、聊天，女人们则基本不喝酒，如今会准备一些果汁等饮料，大家边吃边喝边聊。可村阿细人的杀猪饭非常丰盛，主角当然是猪肉，各种做法都有，有小炒肉、油炸肉、回锅肉等，另外还有莲藕等几样素菜。大家边吃边聊，这一顿饭吃的时间很长，吃到大概下午两点钟。有些男人已经喝高，纷纷回自己家中休息，此时的女人们则还不能停歇。她们需要将吃过的饭菜、碗碟收拾停当、清洗干净。并且还要帮助 Z 嫂将要腌制的火腿、腊肉准备好，并将需要做油炸肉的肉块切成肉片以备用。在可村，长期以来，没有冰箱以前，储存猪肉的手段主要是这两种。如今的可村阿细人，还并不太习惯用冰箱冰冻猪肉长期食用，他们认为腊肉、腌肉、油炸肉更好吃，自己家的腊肉煮红豆是可村阿细人认为最好吃的一道菜。晚饭时间，还会有一部分亲友继续留下来吃饭，但大部分人都回到自己家中，因为不少阿细男人在午饭的时候喝酒就已经喝高，多数晚饭他们都不会再来了。

图 4-1　可村"杀猪饭"中喝酒的阿细男人们[①]

阿细人认为人的出生、去世是最重要的事情，所以在风俗上，他们对新生儿的出生非常重视。在如今的可村，虽然不少新人会选择举办婚礼，但婚礼的规模是很难与新生儿出生后的满月酒相提并论的。任何一家有头胎新生儿，都必须隆重地办满月酒。如今随着经济发展水平的提高，也有生二胎也办满月酒的。我在可村难得的参加了一场隆重的满月酒。满月酒

---

① 笔者拍摄于 2018 年 2 月 3 日。

既是对新生儿的一种美好祝贺，也是一个最重要的家族活动。可村阿细人的满月酒会在新生儿满月后，请毕摩看一个吉利的日子举办。如今可村阿细人的满月酒大部分还是会在村中举办，少数人选择在县城的酒店进行。通常情况下，可村阿细人的满月酒都在可村的活动中心举行，活动中心是一个很大的院子，并有公共的大厨房，还有一个非常大的类似于仓库一样的大房子。大房子里面有一百多张桌子，这些桌子用于招待客人吃饭。这些场地、各种工具都是由可村集体筹备、购买，凡是可村举办红白喜事，皆可免费使用场地、工具等。一大早，一拨东家家族内部的可村女人们就开始在这里择菜了，他们身上都拿着从自己家里带过来的小刀，一个个忙碌起来。只见她们有说有笑，边聊天边干活。此时是 11 月份，正是可村玉米收获的季节，但是大家还是放下了自己家的农活，来这里帮忙、做客。可村的女人们就是这样，她们到哪里做客，是不会坐在那里等吃等喝的，她们既是客人，又是帮工。她们边干活，边在一起聊玉米的收成、农活的进展、去哪里做工、孩子上学等话题，轻松、自在。聊着聊着，她们就会说到相互帮忙的话题。玉米的成熟会根据不同的品种成熟的时间有所区别，这些可村女人们可以根据这些时间差相互帮忙，以共同加快收割的速度，获得更大的收益。这些女人们会在各种场合加强家族内部成员的联系，为自己的家庭创造更多的有利条件。

如小山一样的蔬菜，经过二十多位可村阿细女人的辛勤劳动，竟然很快被收拾整齐，之后她们又去洗菜，洗菜同样速度也是很快。多年来在这些女人们之间已经形成了默契，她们配合得天衣无缝，做事效率极高。女人们的事情基本做完了，就该男人们上场了。此次的满月酒规模也比较大。不到十一点，男人们已经把桌子摆好，有的在大房子里面，有的直接在院子里。一共近一百桌，气势恢宏。这时，十余位乡村厨师在大厨房里正忙得不亦乐乎。他们在前一天已经开始杀猪宰羊了，并且该煮、炖的肉有些在前一天就已经开始烹饪，当天他们则主要烹饪炸、炒的菜。厨师清一色全是男性，可村在这种场合中从来都没有女人们的身影。包括在村里的酒店、餐馆的厨师，都是可村本村的男性厨师。这天，可村一大部分的厨师都来这里帮忙，如果是在酒店、餐馆做厨师的像 Z 哥这样的，他们就会请假过来帮忙，留下少数在酒店继续工作。如前所述，可村的工作都比较灵活，一旦村里有什么事情，大家都会尽可能地方便大家。在可村，女人不做厨师工作，并不是某种禁忌，而是大家普遍认为女人们做菜不如男人好吃，并且给如此多的人烹饪做厨师的工作是比较消耗体力的，他们普遍认为女性并不适合。

还不足中午十二点就开饭了。一些男人们开始传菜，女人们这时则坐在凳子上准备吃饭了。可村阿细八大碗的面纱揭开了，有炸酥肉、蒸南瓜、炖羊肉、炖藕、回锅肉等菜式。在宴席上，女人们和男人们并没有完全分桌坐，他们有些是男男女女一家人坐在一起，也有几个要好的女人、男人聚坐在一起的。男人们照样豪爽地喝酒，女人们还是老样子，吃饭、聊天。负责给客人倒酒的是本家族的几个年轻小伙子，这个任务一直都是由男性来承担的，从没有女性来做。在吃饭期间，新生儿夫妇会过来给客人一桌桌敬酒，新生儿的妈妈依然是跟在丈夫后面出现的。可口的饭菜下肚，女人们不喝酒，吃饭的速度稍快，吃完饭，她们还不会闲着，收拾碗筷准备清洗。几桌可村的男人们在桌上恋酒，女人们也并没有去催促。她们先收拾已经散去客人的碗筷，待一个多小时清洗完这些后，那些男人们也就散去了。女人们收拾完、忙完，已经下午两点多将近三点了。歌舞队的表演也已经开始了一会儿，有些女人开始搬着小板凳观看，有些女人则趁着这个时间回家干会儿农活或者去家里喂喂猪。她们中有不少也在旅游公司上班，她们有的请了假，有的则是趁着下班时间过来帮忙。当然，这也要看与主人家关系的亲疏，如果与主人家关系很近，她们大部分都会请一天的假过来帮忙、做客，她们会认为只来做客吃饭、不来帮忙是很不好意思的。也就是两个小时左右，又该吃晚饭了，可村办满月酒都是吃午饭、晚饭两顿饭。期间从下午两点到四点多的文艺表演让人回味无穷。这种文艺表演一般都是由两个或多个村寨的表演队共同配合完成，因为一个村寨的表演队通常就是六七个不超过十个的演员，演员人数较少，是无法支撑一下午多个节目的。多个表演队轮流登台，虽都是阿细人表演，但不同的表演队风格有所不同。这些表演队不仅表演阿细传统节目，还加入了很多流行元素。这些节目表演让大家很开心，许多可村女人在这个时间非常放松，她们与本家族、同村的姐妹们一起观看，难得有这么一段休闲时光。晚饭的时间到了，照样如此，吃完晚饭后，这些女人们还同样把碗筷收拾停当，她们才能离去回家。

可村阿细女人们在类似于家族内部的满月酒、吃杀猪饭等活动中，进一步强化人们之间的情感，并且在这一过程中沟通有无，了解各家家庭生活、劳作等信息，加强家族内部成员的联系，为今后家族内部成员之间的互助合作打好基础。除了这些家族活动具有比较明显的功能外，可村女人们在平时也很注重为自身、自己家庭争取家族内部的帮助、资源。可村数百年来十余个家族在此绵延生息，较为贫乏的物质条件使得可村人更注重家族成员内部的团结协作，此方面女人们的作用不可低估。晚饭过后的一段时间，是可村女人相对比较清闲的时段，经常见到这些女人们或在某个家中，或在村中的路边、广场上闲聊。说是闲聊，实则她们的谈话有很大的信息量。谁家的烤烟卸的如何、最近工作有无变动、哪家客栈又招工了、哪家饭店需要临时帮工、各家农活的先后顺序、孩子在哪儿读书、学费多少等。这些内容的"闲聊"，实则为女人们提供必要的信息，并且会在最大程度争取互助。通常她们会因此结成互助关系，特别是在比较集中的农活上，比如暑假期间的卸烟上，这些女人们之间的交流、互助，较大地提升了经济效益。当然，这些女人们的交流并不严格局限于家族内部，有时也是跨家族的，有时是姻亲关系的，但家族内部的互助还是占大多数。近年来，姻亲关系对整个家庭的影响不断提升，但在可村，这种影响较大主要表现为媳妇儿同为同村姑娘的，外村姑娘嫁入可村的姻亲关系的影响力提升不十分明显。媳妇儿为同村姑娘有不同属于一个家族的，通常会因为个人的中介作用加大两个家族之间的联系，其之间的互助活动不断增加。但当分属于两个家族的红白喜事举办时，哪些是夫家家族内部的，哪些又是娘家家族的，这些可村女人又能将自己的身份分的十分清楚。

很多社会性别研究者指出，如今相当部分女性的工作依然是再生产角色延伸的服务性工作，而社区政治方面的工作，通常是由男性来承担，这类工作更能获得权力及促进地位的提高。这在可村同样也有较为明显的体现。在可村的社区管理中，大部分都是男性的身影。在如今总数为 10 人的村民代表中，只有 1 人为女性，这位女性同时兼任妇女主任。在可村一共有党员 23 位，其中女性党员为 9 人。① 在旅游公司经营可村旅游业之前，可村自己经营旅游产业，成立了旅游管理委员会，一共有委员 10 人，其中也只有 2 人为女性。② 无论是从历史上还是今天的可村，在社区管理上女性直接参与的程度都较低。如今可村的公共事务相对于旅游公司接管旅游业之前要少一些，因为过去很多是涉及旅游业的具体经营、发展及利润的分配，自从旅游公司接管后，村里已无权直接管理具体相关事务，据对可村村委会主任的访谈得知，如今的旅游公司每年只是给村委会 10000元的治安维护、纠纷调解费，年底的分红是根据经营情况，近年来是每位 60 岁以上的老人到年底分 1000 元钱。所以，旅游产业的直接管理、经营已经不是社区公共事务管理的范围。而可村的村民代表像其他附近的村寨一样，主要商讨类似于公共资源的分配、妇女、儿童、老人权益保障、村民纠纷等问题。在可村公共生活、社区治理中直接参与的女性数量较少，但这并不意味着她们完全放弃了自己的权益，她们用自己的方式施加着一定的影响力。

二 能动选择的"在场"与"缺位"

目前来看，可村女性在家族中、公共生活中的影响力还明显低于男性。从历史上看，可村阿细女性在这些场域中的影响力都比较低，但这并不意味着她们不"发声"。在可村阿细"传统社会"中，女人们无论在什么场合大都极强地依附于男性，在家族中、公共生活中都是以"某某闺女""某某媳妇"的称呼下来进行的。女性受教育水平的提高，旅游产业的发展使得女性以个人名义参与到各种场域中的活动越来越多，依附于男性的体系不断松动。改革开放后的可村，特别是旅游产业的快速发展，极大地加强了可村这个长期以来封闭的小山村同全世界的联系，各种新思想、新事物一下子涌入到这个寨子来，可村阿细女性见识越来越多了，她

---

① 数据由可村村委会提供，截止到 2016 年底。
② 此数据是对可村村委会主任的访谈得知。

们的能动性相对于过去有所增强。

在家族生活中，如前文所提到家族内部的祭祀、吃满月酒、吃杀猪饭等活动，可村阿细女人们前前后后都非常忙碌，她们在这些活动中起到至关重要的作用，但到具体的"正式"场合，她们却是缺位的。她们在这些"正式"场合的缺位，源于阿细性别文化。在长期从夫居、坚固的父权制的背景下，阿细女性抛头露面的机会是比较少的，除了在阿细跳月的活动中出现，其他场合中则基本见不到女性的身影。在上文所述的家族活动、公共生活里，如今的可村阿细女性依然更多地出现在"后台"，她们总是在某个角落里做着自己手头的活儿。但是，如今这些女性更加懂得如何在适当的场合"刷自己的存在感"，而这种存在感是在整个阿细文化许可的范围内。比如，如今的新妈妈在办满月酒的时候，大多时候会同自己的丈夫一同去给前来的男宾客敬酒，过去的很多时候新妈妈是不出现的。尤其是在生了头胎的新妈妈，大部分也是刚嫁过来没多久，通过这样的见面使得这些女性能更快地融入男方大家族及亲友中，增强自己的人脉资源，扩大自己的影响力。如今的可村阿细社会，对女性的约束逐步减少，宽容度不断提升，这些女性会积极调整自己的策略，顺势而为。她们积极争取自己的有利地位，诸如在以上所说的场合当中。旅游产业开发以后，可村阿细女性以比较独立的姿态走向工作岗位，成为一名职工，在跳月广场的表演舞台上，在酒店的接待前台，她们完全做到了独当一面，在过去阿细人观念中的女人较少抛头露面，在如今的可村女人身上已经发生了较大变化。旅游业是典型的服务业，女性在服务业方面有一定的优势，她们在经济生活中不断增强的影响力，相当程度地拓展了女性的活动范围，这使她们更自信，认为很多过去女性不能出现的场合，如今同样也可以有自己的身影。她们明白，在一些公共场合亮出自己，对自己的生存、发展都是非常有利的。但她们在此方面，绝大部分会遵循固有的"传统"，即使抛头露面，也是默默跟在自家男人的身后，她们并不会表现得特别强势，不给男人面子。有时她们在家族生活中也会暂时地抛开自家的男人，比如满月酒中我曾见到新妈妈单独给自己要好的家族内部、自己其他女性亲友单独敬酒、寒暄、攀谈。所以如今的可村阿细女人有时似乎也会小小地突破一下"传统",但对这种"传统"的突破恰恰是合时宜的,因为在"现代"文化大冲击的今天,对"传统"的突破势在必行,这必然是一种潮流,也正是在这种突破中,可村阿细女性实现了对阿细文化的再造。

在社区自治方面,在过去较长一段时期,可村女性受教育水平较低,较少有见识,对社区的自我管理观念淡薄。讨论国家大事、村寨公共事务似乎是男人们的专利,很多时候女人们并无主见、人云亦云。一直以来,可村阿细女性直接参与社区公共事务的比较少,村代表中只有一人为女性。当有需要决定的一些村里比较大的事情时,村代表会集中讨论或参与镇上、县里的一些会议。虽然如今可村女性直接参与其中的仍然很少,但她们却利用社会关系施加影响力。在访谈中我发现,如今可村人对旧居的改造、自家土地占用的赔偿等问题非常关心。由于旅游开发中,可村阿细古民居是一个重要的景点,划归于古民居的古宅子没有相关审批是不能翻盖的,而可村对于划分新宅基地又有比较严格的规定,必须是家中有几个儿子相应地有几块宅基地,所以一些家庭如果只有一块宅基地在古村,他们想翻盖房屋就非常困难。因此,一些村民对此方面比较有意见。在旅游开发中,一些家庭的山地被旅游公司开发景点所占用,占用的多少、赔偿的多少经常会在农户和旅游公司之间有一些纷争。这些都是旅游开发后涌现出来的新问题,在过去的可村中,村寨治理大家可商议的内容涉及较少,但如今各种问题都出现了。可村的女人们对这些事关自己家庭的大事非常关心,她们会在适当的时机给村民代表反映相关问题,让这些代表带着自己的意见、建议到更高一层的相关部门去反映。她们在日常生活中,会在村里同女人们达成一致意见,平时见到村委会主任、工作人员、村民代表都会主动地表达自己,她们更会利用自己乡里乡亲甚至是一家人的特点,在此方面积极表达。当我问到可村的女人们为什么不直接参与其中时,她们的回答大部分是自己的文化水平比较有限,表达能力不强,另外选举村代表大家还是比较倾向于选男性。毕竟未出嫁的女儿们年纪比较轻,此方面的关注不多,阅历也不够,她们是不会当选的。而年纪较大的老年妇女,由于受文化水平的影响,她们也自认为并不适合作为代表。年纪较轻的年轻媳妇们，大部分刚到可村不久，还没有形成稳定的人脉资源，也不熟悉可村的情况，所以大部分也都没有当选为村民代表。在可村人的观念中，这些事情无论怎样，都是男性要更合适。包括大部分女性，她们自己也认同此观点。

　　　　这些事情我觉得我们这些女人们也不太适合。我们直接参与了，把一些事情没搞好，搞糟了，还不如我们不直接参与。我们不直接参与这事儿，但我们还是会提一些意见、建议，只是在那种"正式"场合我们不出现。我觉得这样也挺好的，挺适合我们的。①

　　朱爱岚在对中国北方农村的社会性别与权力的研究中提到，"业已在公共领域立足的妇女，当她们非常谦逊地谈到她们的位置与成就并认为男性更有本事时，她们的陈述比表面的内容含有更多的东西。她们所指说的本事是不可以推论的，也就是说，这并没有男性在一切事情上都更好的任何含义。"② 在可村，我们也看到与朱爱岚的研究相似的地方，阿细女性也已在公共领域生活中立足，但她们对男性在此方面的能力评价较高，在此方面她们对于自身的信心的确没有比在其他方面的更强，她们更愿意用一种非直接的、自认为更合适的方式来施加自己的影响力。

　　所以我们看到，在家族活动中，如今可村阿细女性用积极争取"在场"，不断拓展自身的社会关系，也借此尽量扩大自己的影响力。而在社区自治、村寨治理中，她们又甘愿用一种更为迂回的方式表达，用自己的各种社会关系侧面施加影响力。而无论是"在场"还是"缺位"，这些策略的施展都须她们用社会关系来达成，反过来说，这些策略的实践也促成了她们社会关系的生产和再生产。

---

① 被访谈人：Y嫂（女，43岁，可村彝族阿细人）访谈时间：2017年5月21日访谈地点：可村跳月广场。
② ［加］朱爱岚：《中国北方村落的社会性别与权力》，胡玉坤译，江苏人民出版社2010年版，第175页。

第三节　同社区外成员的交往实践

　　旅游的发展拓展了可村阿细女性的活动空间，与"县城人"的互动成为常态，同样，旅游也给可村带来了太多的城里人，包括来自各地的游客、学者等，可村阿细女性的社会关系空前"复杂"，她们在较为熟悉的"地方性知识"和不断习得的"现代知识"中，较好地拓展、维护了与社区外成员的关系。

一　空间拓展与"县城人"的往来

　　可村旅游产业的不断开发，政府的投资力度越来越大，可村的基础设施建设越来越完善。村寨通往邻村、镇上、县城的公路修建非常现代化，便捷的交通使得可村人出行变得方便、快捷。通往镇上、县城的公交车半小时一班，可村人可以用四元钱三十四分钟的时间就顺利到达县城。

　　可村阿细女人进城的次数不断增加，过去她们的活动范围大部分局限于村内，自给自足的生活使她们并不会有太大必要、太多机会走出村寨。在便捷的道路修通之前，女人们置办家庭所用农业生产资料、少量的生活用品，大部分都是村里能满足的就在村里购买，村里不能满足需求的就开着小农用三轮车去镇上购买。如今的可村女人们经济条件宽裕，对物质条件的要求也较高，村镇活动已不能完全满足她们的需求。便利的交通条件为她们对城市现代文明的向往、追求提供了必要条件。尽管可村村里也越来越现代化了，但可村阿细女人们还是比较向往县城的城里生活。县城五花八门的商场、丰富的商品、更现代化的设施，使得她们一有时间时就同自己的家人们、伙伴们约起来到城里去体验另一种生活。

　　可村阿细女人们非网购从过去主要在村里唯一的一个小商店、到镇上再到城里的拓展，其变化主要体现在近五六年的时间。便捷的交通缩短了她们的心理距离，到县城无非是半个小时左右的时间。她们到县城里购置各种生产资料、生活用品，年轻女人们最热衷的还是买衣服，美发美容等。可村至今还没有一个真正意义上的理发店，以前大家理发都是相互帮助，近些年来，一些时髦的女人们都热衷去县城的理发店理一个潮流的发型。她们认为只有县城的理发店才能达到她们所想要的效果。所以，在可村，我们经常会看到在景区工作的可村阿细女人们身着阿细服装，但头上的发型却是染着各种颜色的大波浪。除了购物，如上文所述，一些女人们她们为了增加自己的见识，会选择在县城工作，尽管县城的工资也并不是很高，也可能很累，但少数女人们仍然愿意去体验一下城里生活，哪怕是短暂的。

旅游产业在可村的快速发展，使得外来的思想、生活方式越来越快地进入到这个阿细寨子。过去家家办满月酒都是在村子里，活动中心为可村的红白喜事的举办提供了便利的场地、工具。传统的这种在村子里举办的方式，盛大而热闹。一天吃两餐的风俗让大家吃、喝的酣畅淋漓。但近年来，不少家庭办满月酒选择在县城举行。

现在大家都比较忙，以前除了农活，并没有太多的事，但现在，我们寨子基本上一年四季都不会闲的，女人们更是如此，去田里做活、上班、带孩子、做家务等，所以大家太忙了。如果谁家孩子出生后，要办满月酒，那么如果是农闲一点还好，大家家族里的请个假过去帮忙，但如果又是农忙、又是上班的，实在是忙不开，主人家也忙不开呀，我们的满月酒要准备好几天，杀猪宰羊的，当天要吃两餐，要请很多的人，是非常麻烦的。特别是，如果像在暑假7、8月份的时候，大家忙着卸烟又要上班，很是忙不开，因为烟叶如果过几天就不行了，卖不上价钱了。所以，现在如果是大家太忙了，满月酒很多时候都会在县城里找一个酒店，酒店里招待客人只是吃一顿午餐就可以了。请的人也会相对比较少一点，不像在村子里面办那么麻烦。还是有不少人在县城酒店办，大家也都觉得很方便，节省时间，也都不麻烦。我们一般都是十一点左右坐公交车去，吃完午饭就回来，也不太耽误上班、干田里的活计。如果不太忙时，趁着这个时间，大家约着在县城里逛逛也挺好的。很多时候，在家里办满月酒女人们也是累得很，要做好多事，所以，现在都流行到县城酒店里去办这个事，我们女人们很欢迎的，很多时候这个主意也是我们女人们提出的，大家都不累，都省事、省时间，多好啊！①

阿细跳月在过去是可村人主要的娱乐方式，现在由于旅游产业的发展，不少年轻女性的工作成了阿细跳月，而他们下班后、田里活计干完后的休闲方式正在发生着变化。如今的可村有数个酒吧、KTV，大多数农家乐、客栈都具备这种娱乐功能。不少可村阿细女性与男性一起，她们会偶尔到村里的这些娱乐场所娱乐、休闲。但就像在可村对不少年轻人的访谈得知，她们都普遍认为村里的这些娱乐设备比较落后，像好几个KTV曲库里的歌曲很少，很多比较新一点的歌曲根本就没有。如今不少可村的年轻女性都很喜欢唱流行歌曲，特别是比较新的通俗歌曲。我在可村也经常会看到跳月广场歇场时，一些年轻的女人们聚在一起唱通俗歌曲。候场时音响里放的歌曲也都是杨宗纬、张碧晨等流行歌手唱的通俗歌曲。一些可村年轻女性当她们想要大家一起娱乐一下时，她们有时会选择到县城的娱乐场所里去。大多数已婚的年轻女性她们会和自己的爱人一起，约着一小撮儿关系比较好的年轻人到县城去娱乐，她们也想通过这样的方式使自己放松、联结人际关系并体现"现代式"的夜生活，领略城里生活的滋味。

可村女性活动空间从以往单一的村里逐步拓展到镇上、县城里，城里的生活意味着现代文明，对可村女性特别是年轻女性有着很大的诱惑力。她们去城里的频率越来越高，相应地，她们与县城人交往也越来越多。

以前我妈妈她们很少去县城，她们去到那里总觉得自己很"土"，都不敢和人家城里人讲话，总觉得人家城里人很牛气，穿的也好，时髦，连说话都觉得人家腔调洋气，其实我们说汉话和他们都差不多了，那都是心理问题。就是不自信，觉得我们经济条件不好，穿的寒酸，买东西什么的和人家那些城里人砍价都砍不下去，总觉得城里人

---

① 被访谈人：D嫂（女，40岁，可村彝族阿细人）。访谈时间：2017年3月26日。访谈地点：可村D嫂商店。

的口才也好，主要是自卑嘛，以前我记得我比较小的时候和妈妈去县城里，总觉得那些人是有些看不起我们的。近几年我妈妈她们去县城的次数也渐渐多了，有时是买衣服，像现在寨子里面有很多家吃"满月酒"都会到城里，我们很多时候都是一家人、朋友一起坐村里通往弥勒城里的公交车，有的家里自己有车，有时也自己开车去，有时候会骑摩托去，总之就是交通便利，路很好走，大家去弥勒城的次数很多了。我们现在寨子也比较富了，名气也很大了，在弥勒城里很多人都知道我们寨子的。一到城里，她们问我们是哪里的，我们一说是可村的，她们城里人就经常会说"你们日子好过了，有钱了"等等的话，我们这几年反正确实接触的外地城里人也多了，我们寨子名气也大了，包括我妈妈她们年纪大的也都自信多了，不像以前，觉得人家弥勒城里的人怎么怎么高级似的，还是寨子发展的更好的，我们都更有信心了。我们这代很多都在镇上、弥勒城念过书，我们同学也有一些县城人，所以从小都还好些，和城里人相处比较不会太自卑，当然也会有一些吧，但现在好很多了。①

从在可村的长期观察来看，去弥勒城购物、宴请、走亲戚已经成为常态。她们在经济得到较大程度发展后，增强了自己各方面的自信心和能动性，在与县城人相处时，此方面非常突出。过去的可村交通不便、较为封闭，女性就更少能走到县城，与城里人接触。过去寨子里也较少有嫁入城里的姑娘，县城的亲戚不多，当提到县城人的时候，过去的可村女性总是相当羡慕与自卑。如今可村人与县城人是亲戚，甚或谁在县城买了一套房子，可村女性也不会再流露出极其羡慕的神情。旅游产业的发展，"现代文化"大规模进入可村，可村女性的见识广了，对于"现代生活方式"越来越熟悉，"现代、全球"知识掌握日渐增多，在她们的意识中，自己与县城人各方面的差异正在逐步减小。甚至她们认为县城人有的她们有，县

---

① 被访谈人：小 H（女，26 岁，可村彝族阿细人）。访谈时间：2017 年 4 月 3 日。访谈地点：可村村口。

城所没有的资源、条件而如今的可村大都具备。旅游产业带给可村极高的知名度和影响力，这带给她们前所未有的信心和自豪感，她们已然觉得自己与弥勒县城接轨。无论与县城人短暂的接触还是长久来往，她们都能比较自信面对、应对自如。

二 与村中"城里人"的交往策略

可村旅游产业的快速发展，外来游客越来越多，经常在可村看到成群结队的游客在村里游览。也有不少游客喜欢可村的慢生活，经常性地到可村小住一段时间，特别是省城昆明的不少游客，经常会有一大家人一到节假日就到可村租一栋乡村别墅小住的，也有一些三口之家或是情侣选择在家庭客栈常住的情况。可村不少的女性在酒店、客栈里做服务员，工作期间，她们会大量地接触这些城里人。过去主要与村里人交往的范围不断扩大，交往的人群从村里人拓展到城里人。

在 M 客栈居住时，平时客栈相对比较冷清，客人并不是很多。但到了节假日，经常是爆满的情况。一些熟客都是提前给老板打电话，才能预定到房间。这其中的客人有不少都是回头客，其中有一家三口来自昆明的游客，是 M 客栈老板哥哥的朋友，他们是客栈的常客。特别是在暑假时，带着孩子到可村体验乡村生活，成为他们假期的必修课。L 姐与他们接触的次数有好几次了，俨然已经成为朋友。L 姐是一个非常典型的阿细女性，腼腆、温婉，做事有条理、不慌乱，待人温和、友善。据在客栈对 L 姐的观察，刚开始对待新客人，她有作为服务员该有的热情，但不刻意，始终带着一丝阿细女人腼腆的笑容。这种腼腆是阿细女性长期以来只埋头在自家田间做活所带来的，做了服务员她们也并没有接受诸如大城市大酒店式的所谓专业式的训练、培训，与生俱来的气质并没有因为工作的一时变化而抹煞。但可村的女人们是很友善的，她们会对外来客人给予作为主人式的关心、帮助。所以，尽管 L 姐没有刻意的热情对待前来的客人，但对于客人提出的绝大部分要求她都会第一时间满足，还是比较主动的态度。腼腆的人都是一回生、二回熟，时间久了，她就与前来客栈经常居住的几家常客结成朋友的关系。她说，曾经有一个昆明的客人，多次邀请她到昆明

玩，可村虽然距离昆明不远，但她还没去过呢，她打算以后有时间了去找
这位客人玩，因为她们已经相当熟悉了。

> 我以前没做过服务员，都在田里干活，做这个没经验，并且有时
> 见生人还会有些害羞。但慢慢地，我发现，还是要主动一点呢，尽管
> 我不会过分热情。我们这个工作不能太害羞，还是要主动一点，人家
> 这些城里人也很好的，很热情，像他们有时住的次数多了，还会从昆
> 明给我带些礼物什么的。我就把家里山上结的核桃果送给他们一些，
> 你们这些城里人就是喜欢我们这些山货，你们称为"绿色食品、生态
> 食品"，我们这里哪儿都是，我知道你们这些城里人最喜欢这些东西，
> 我就会给你们准备一些。大家你来我往的，相处得很愉快。以前我不
> 太懂怎么跟你们这些城里人交往、交流，现在我知道了一些了，要主
> 动一点、热情一点、更友善一些就好。①

"凝视理论"强调游客对于旅游地方的权利，游客是处于强势的一方，
似乎"凝视"只是游客作用与地方、东道主。与之不同，Darya Maoz 提出
了"地方凝视"的概念，②"地方凝视"来源于双向情景，既有游客的凝
视，又有地方的凝视，实际就是"双向凝视"。"双向凝视"突出相互性，
游客在凝视地方、东道主时，她们同时也被东道主凝视。在到旅游地之
前，游客通常就对旅游地有一种"想象"，他们是来寻找一种"真实性"。
而东道主、社区居民对于游客的凝视是在和不同游客的交往中逐渐建构
的，他们对于游客的"想象"的成分较少，因此更客观，更趋近真实。东
道主们凝视游客的同时深知自身、本地文化被凝视，所以他们既会"投其
所好"地提供满足游客需求的旅游产品，又会更加客观地了解游客。前文
所讲的可村女性对外来城市人交往的心理与态度的变化，更多是基于她们
对于游客的有效认知，因此从初期的不知所措、有些自卑到后来的自信、

---

① 访谈人：L 姐（女，43 岁，可村彝族阿细人）。访谈时间：2017 年 8 月 27 日。访谈地点：
可村 M 客栈。

② Darya Maoz, "The Mutual Gaze", *Jorunal of Travel Research*, 2006（1）.

应对自如。

关于旅游社区居民、东道主与游客的关系，也正如杨振之等学者的研究一样，"携后现代性而来的新一代东道主，对现代工作伦理的反叛，与同样来自现代生活场景中的游客，更可能达成精神上的相遇，跨越时间、空间、方式的限制进行主客情感平等的交流和表达，从而展开一段新型的主客关系。"① 像可村这样的旅游地现在正在建立一种新型的主客对话的关系，特别体现在新一代女性中，这样有助于社区居民更加增强文化自信、自觉、积极对待本民族的文化，同时，游客在对话的背景下，才更有利于获得旅游的意义，满足自身的精神需求。

可村的旅游产业已初具规模，目前已成为弥勒乃至红河旅游的一张名片。特别是旅游公司接管可村的旅游经营以来，规模不断扩大，也与弥勒的其他景区比如红酒庄、锦屏山风景区形成联动，公司采用现代管理方式，注重与其他景区、相关企业、高校的合作，也引进了一些可村以外的高层次管理人才。在这样的背景下，一些来自城市的外来的大学生、旅游公司的管理人员源源不断地到可村景区工作、交流、学习等，可村阿细女性与这些城里人成为同事。在景区售票处、管理办公室、跳月队均有来自城里的工作人员。在阿细跳月队中，共有三位主持人，其中一名是来自弥勒的在昆明毕业的大学生，另外两名是可村的年轻媳妇儿，她们都是大专毕业，是跟着这位外来的大学生学习以后，慢慢能独当一面的。在2017年春天到暑假长达四个月的时间里，昆明的一所艺术学校舞蹈专业的大学生曾在可村舞蹈队实习。她们朝气蓬勃、时尚靓丽，为跳月队吹来一阵清风。可村阿细女人们特别是在公司上班的这些女人们，经常要与这些城里人打交道。她们一开始与村外人打交道没有经验，有些惊慌，到后来慢慢地外来城里人越来越多，她们已经能够比较得心应手地处理这些人际关系了。小K是跳月队的可村年轻媳妇儿，她在跳月队经常与外来的城里同事打交道，谈到与这些人交往的问题时，她说道：

---

① 杨振之等：《东道主与游客：青藏高原旅游人类学研究》，中国社会科学出版社2016年版。

以前村里除了游客外，都很少与村外人交往，游客大多都不太熟，他们看完跳舞就走了，以后接触的机会不多。但近两年外来城里人在寨子里工作的越来越多了，我们跳月队就有一位城里人长期在这里工作，也经常会有一些艺术学校的大学生过来实习，和她们接触的越来越多了。一开始我们都比较害羞，还有点自卑，也不和她们玩太多，后来，我们发现，她们其实也挺好的，年纪和我们也差不多，有时她们遇到困难啊什么的，我们村子里的人也都会帮助帮助她们，毕竟我们守着家门口，她们更不容易。虽然像她们外来的工作人员，工资都比我们高好多，我们有人也会有点意见，但人家这些城里人都是高学历的，都是旅游公司高薪聘请过来的，我们也不能对人家多有敌意什么的。这些外来的城里人她们也还是不错的，我们也会从她们身上学到一些新东西，比如，今年暑假我看到那些实习的大学生，有几个小姑娘在做网络直播，以前没见过，还是挺好玩的，又能挣钱。她们这些艺术学院的小姑娘也很会打扮，我们也都会交流这些东西，还能学到一些新知识，是挺好的。她们也会向我们学习跳月，我们都还是比较热情地教她们。其实这些城里人也没有像我们之前想的那样不好交往，她们也挺好的。我们现在经济各方面都也还好，大家见识也多，我们也不会显得那么"土气"，所以也没什么可自卑的。所以，我们都还相处、交流得挺不错的。①

　　可村长期以来都是阿细文化比较浓烈的寨子，上世纪90年代以来就有一些学者到可村进行田野调查，云南大学彭教授等学者的项目调查点都选择在可村，可以说，可村旅游产业的发展与一些学者的推动具有莫大的关系。自从可村发展旅游产业以来，作为一个典型的少数民族贫困村寨开发旅游产业的典型，越来越多的学者来到可村进行调查研究。可村具有民族风情的舞蹈、建筑、街道、景观，也吸引了许多艺术学院的师生到此学

---

　　① 被访谈人：小K（女，23岁，可村彝族阿细人）。访谈时间：2017年7月27日。访谈地点：可村跳月广场。

·173·

习、交流、采风等。特别是 2009 年，在昆明召开的"世界人类学民族学大会"，将可村作为中外学者的一个参观点、调查点，大批的专家学者走进可村，影响力进一步扩大，之后更是有不少的学者走进可村，进行阿细文化、民族旅游开发等方面的调查学习。这些大部分来自于城市的学者，让不少可村女人们见识了什么是"知识分子。"越来越多的学者在可村进行调查，有些学者在可村一住可能常住上几个月的时间，可村女人们也经常会和我谈到与这些"知识分子"相处的趣事。在可村，彭教授是人人皆知的，可村旅游产业的开发、发展与她的积极参与、帮助密切相关，所以她也是可村的"名誉村长"。刚到可村，我和女人们介绍我自己时，她们大都会问："你是不是就像彭教授那样的？"我就忙着解释，我还不是教授，但都属于搞研究的等等。这些女人们就会和我聊聊当时最早彭教授来时，对寨子里的人如何如何好，给寨子里贡献了多少钱，她们相处得如何愉快等等。她们会谈到一开始她们不明白彭教授是干什么的，也不是十分了解民族文化开发到底怎么开发，有何价值等，最终在彭教授的帮助下，她们学到了很多东西，并开阔了视野。言谈之中，可村女人们对彭教授的感谢、赞美溢于言表。所以，总体上，她们对外来的学者都比较热情。可村在彭教授之后来的学者更多了，也随着旅游的开发，可村女人们的见识越来越多，她们甚至还知道我们做研究是怎么做的。在可村，有好几位比较熟悉的大嫂和我打招呼的内容是："老师，你又出来逛了，你们的工作就是出来看看、逛逛、问问、聊聊，你们就更了解我们的民族文化了咯？"我在 M 客栈居住的时间较长，与服务员 L 姐相当熟悉，只有小学文化程度的她对我的工作也有相当程度的了解。所以，如今的可村阿细女人如果在寨子里遇到了外来的城里的学者，她们会显得非常习以为常。很多时候，我和这些女人们聊村里的事，她们也会问问我省城昆明的事情，大学读书的事情，将来自己孩子读书的事情等。她们已经比较懂得如何和这些学者交往，既热情友善又波澜不惊。

在旅游产业不断发展的背景下，可村阿细女性的活动范围由村里不断向村外拓展，较为明显地体现在向县城的拓展。她们的人际交往圈不断扩大，从主要是村里的熟人向外来人主要是外来城里人扩展。旅游产业的发展所带来的各种讯息、各种资源，使得可村阿细女性掌握了更多的"现代知识"，她们更懂得如何与外来人交往。可村阿细女性既携带温婉、独特的"民族气质"，同时也已然成为"现代人"。

小结 旅游对阿细女性社会关系再生产的影响

阿细社会对家庭生活中的女性有较高的角色期待，经营好家庭是女性最重要的任务，因此，在处理家庭成员之间的关系问题上，女性承担着重要的责任。旅游开发后，年轻女性成为旅游产业的主力，对未来的规划需要尽快建立自己的小家庭。推动小家庭建立的总是年轻女性，但旅游开发后，年轻女性此方面的愿望比以往更迫切。她们采用灵活的策略来争取，但始终需要在阿细社会、文化所允许的范围内来进行。旅游产业中年轻女性更有市场，其在家庭内部的地位有所提升，核心家庭的快速建立、大家庭维持的时间越来越短，这都使得夫妻关系成为家庭内部最重要的关系，并且朝着更平等的方向去发展。阿细社会尊老观念极强，但如今的阿细婆婆已明白在现今的经济结构、社会环境下，儿媳妇的影响力更大，她们用"温情策略"、让渡工作机会等方式争取有利于自己的社会舆论，为今后的养老、收获尊重寻得一张"保险单"。

长期以来，阿细女性在家族生活中是"跟在男人身后"的角色，在家族生活中也有明显的性别区隔，在公共生活、社区自治中女性也较少直接参与其中。旅游开发后，很多信息需要共享，家族成员内部之间的互助也非常重要，旅游产业中不断"抛头露面"的新习性，也使她们在重要的家族活动诸如满月酒等场合中积极争取"在场"，以此来扩大自己的影响力。如今的可村旅游产业涉及不少对可村家庭的补偿金、房屋修缮等问题，与过去被动的缺位不同，如今可村女性在社区自治中主动选择了"不在场"，她们通常利用宗亲、姻亲、邻里等关系向关键人物传达意见，以达到她们认为的最佳效果。

旅游的发展扩大了可村女性的活动范围，便捷的交通拉近了她们与县城的距离。游客数量增加，村中的"城里人"日渐增多，不少可村女性有了与各种"城里人"交往的机会。旅游发展带来了经济结构的变化，女性更多时候以个人的身份而非依附于男人的形象出现，旅游发展给可村女性带来经济的富足，增强了她们的自信心，沟通能力也有所提升，这使她们能够较为顺畅地与"城里人"交往，拓展了她们的社会关系。

旅游所引发的经济结构变化，反应在社会关系上的变化较为明显。经济新结构留给可村阿细女性更多的能动性，她们在实践中积极采用各种策略，与此同时，也实现了社会关系的再生产。在家庭内部，她们话语权增强，地位有较大程度的提高。在家族生活、社区治理中，她们的影响力也有一定的提升，但总体来看，在这些场域中，依然没有改变男性为主体的事实。

第五章 旅游文化展演中阿细女性 "前台"与"后台"的实践

少数民族女性身着民族服饰已成为所有民族旅游宣传的封面，在可村，无论是舞台展演或是"后台"生活，女性都是民族服饰呈现的主角。在可村旅游产业发展的当下，游客到可村欣赏以女性表演为主的阿细跳月等舞台节目成为了解、体验阿细文化最重要的途径，阿细跳月被大力渲染为男女青年交往的最重要媒介，"挑水、砍柴定终身"的阿细婚俗也成为舞台展演的重点。为促进民族旅游的发展，可村人对传统节日进行了挖掘、重构，并"创新"、运作新节日，在"前台"的节日文化呈现中，女性承担着重要的任务。"前台"与"后台"既有联系，又有区别，阿细女性在这些场域中的实践是怎样的，这是本章重点探讨的问题。

第一节 旅游与服饰文化及女性实践

民族旅游开发中，民族服饰展演是一个最重要的方面。如今作为景点的可村，到处都能看到穿着民族服饰的村民。旅游公司对在其中工作的村民服饰有严格要求，这种民族服饰其实就是"前台"的文化展演。在旅游开发的影响下，可村"后台"民族服饰经历着变迁，这种变迁是独具特色的。在旅游中可村阿细女性在民族服饰展演上被赋重要的使命，在其中她们用灵活的着装策略既承担了这种责任，又寻求到了便利，并能体现自己的"现代时尚"。

一　旅游中的服饰文化展演与变迁

作为"异文化"通常使人们想到的是鲜艳的民族服装，这似乎是最突出的一个文化符码的外显。在民族旅游开发中，民族服饰通常扮演着重要的角色。如今我们一进到可村，便会看到舞台上、景区内穿着民族服饰的可村人，特别是女性更多。在舞台上，表演跳舞节目的可村阿细女性穿着一身艳丽的红色衣裤，头戴华丽的头饰，耳朵上佩戴长长的银耳坠，脚穿红布鞋，一套服饰华贵、亮眼。她们如今在舞台上穿的衣服已与阿细"传统"服饰的样子有所不同，上衣较短，衣服更贴身，颜色更鲜艳。阿细"传统"服饰通常没有一身都是红色的这种情况，显然，这种阿细民族服装已是舞台服装性质，与真正她们"后台"的民族服饰有一些区别，这其实是"前台"展示给游客看的所谓民族风情。

在工作时间，所有在旅游公司工作的可村人都必须身着民族服装。表演类工作的男性、女性要成套穿着，其他的工作人员则要求不那么苛刻，通常是男性穿一件白底蓝条纹的小马甲，而女性则系一个同颜色的小围裙、背一个小背包。其实这些都是展演，有点工作服性质。究竟"前台"与"后台"阿细民族服饰有何区别，在"后台"可村阿细人的服饰文化是怎样的，在各个阶段特别是旅游开发对其施加了什么影响，发生了何种变迁，这是一个值得探究的问题。

传统阿细服装颜色以黑、白、红、蓝四色为主，其中男装上装最大面积使用的通常是白色，这一点较明显区别于彝族的其他支系，而女装上装大面积使用的或是白色或是黑色，其中青年女性大部分着白色为主的衣服，中老年女性则着以黑色为主的衣服。从对可村老年人的访谈及对可村民族博物馆的考察表明，传统上男装具有代表性的是白色马甲，白色为底色，上有蓝色竖条纹，以往自给自足的时期，布料均为自己织的土布，纽扣为土布所盘的长纽扣，马甲为正前方开襟。男装的下装为黑色长裤，呈直筒状，较为宽松。传统女装为小立领右开襟，袖口绣有花纹，衣服前短后长，后面通常会刚遮住臀部，两边开衩，下身着黑色长裤。阿细女装的最出彩之处在于，一块方形状的装饰束于腰间，远看像小裙子，如此装束尽显阿细女性的曼妙身姿，其颜色类似于男性上装，均以白色为底色，辅以蓝色竖条纹，四边会镶嵌蓝色的边，束腰的腰带部分有红色花纹，女裤一般为深色直筒式样，女装质地同为自家所织土布。其头饰多为一整块布包头，颜色以蓝色最多，边上多为白色或红色镶边，绣有五颜六色的花纹。男女鞋子多深颜色，式样比较简单、朴素，亦为土布做成。另外，可村阿细人以前也多穿自家女人所编草鞋。可村阿细女性在饰品上，一直以来比较偏爱耳环，传统饰品中的耳环多为白银质地，长度较长，从耳垂垂到肩膀，形状大部分是上方是一个较大的圆圈，圆圈下吊有三个小圆圈，三个小圆圈下方再吊着长长的穗子，垂于肩上。有些阿细女性会用黑色的土布制作方形的小挎包，上面绣着各种颜色的花纹，以备出门时使用。

可村阿细人无论男女老少，在 20 世纪 90 年代中期以前绝大多数都是着民族服装，由于改革开放后可村包括周边的阿细村寨外出打工的并不多，电视广播也都是在 20 世纪 90 年代后期普及的，因此在改革开放初的十多年间，在着装上受现代文化的影响并不十分明显。90 年代中期以前，可村人家里衣物所需布料，大多由自家女人织成，此后，可村人的织布机慢慢退出历史舞台，目前绝大多数家庭已经见不到织布机，只能在可村的民族博物馆中见到此物。阿细人自己织的布料以麻和羊毛为主，麻多由自家耕种。阿细妇女的纺织手艺均由母亲亲手教授给女儿。阿细传统麻布纺织工艺包括种麻、割麻、晒麻、洗麻、理麻、织麻、染麻等；羊毛类布料纺织工艺包括纺羊毛、赶羊毛毡、弹羊毛等。那时可村阿细女人在农闲之际，总会织麻、织布、织羊毛，然后裁衣、缝衣、做鞋、绣花等。以上这些活个个女人都会做，而绣花手艺则最能体现一个阿细女性女工的精湛程度。传统阿细刺绣色彩艳丽、针脚均匀，具有较大的美学价值。刺绣在传统阿细民族服饰中占有非常重要的地位，无论是男装、女装、童装，都离不开它。尤其是女装、童装，在衣襟、裤脚、腰带、头饰、帽檐等上必有体现。

20 世纪 90 年代中期以后，市场经济的势头更加强劲，可村人也开始种植烤烟，田里的活日益繁重，一些可村家庭中的女人无太多时间织布、绣花，她们开始为家人在集镇上购置布料或成衣，鞋子也多从市场上购买。电视、广播的普及，可村人慢慢开始了解、接受现代式的服装。在可村人家庭中的相框中，我看到了当时可村人的"潮男潮女"在20世纪90年代后期的时尚照片，"潮男们"身着牛仔裤，上身穿花衬衣、白衬衣，眼睛上架个墨镜，酷劲儿十足。"潮女们"着束腰花色连衣裙，头上戴一个红色发带，十分时髦。当然，在那个时期，这种十分时髦的装束大部分只局限于部分年轻人，并且依然有小部分年轻人他们会倾向于现代服装与民族服装的"混搭"，这种"混搭"越来越倾向于以现代服装为主，比如上身、下身的主要服装是现代式的，头饰、鞋子是阿细民族风情的。这时期的中老年人身着民族服装的依然较多，慢慢也倾向于"混搭风"。在此之前，他们全身皆为自己家中女人所裁制，而后慢慢只是限于上衣，中老年女性则是局限于上衣、头饰，裤子多数从市场上采购。究其原因，从访谈的情况看，主要是市场上购买的裤子较便宜，而且也好穿。但市场上购买的完全现代式的上衣，他们还是穿的不习惯，他们还认为那些现代式的服装是年轻人穿的，中老年人穿了会有些不好意思。在这个阶段，可村服饰文化还有一个值得注意的现象是，可村阿细男性，无论老少，相对于女性而言，其现代式的服饰呈现更为突出，从访谈中和多个家庭照片的观察来看，那时的女性服饰还较多地有民族文化体现，而男性从服饰上看民族文化体现比较微弱。也就是在一定程度上呈现出了"'时髦'的男人与'守旧'的女人"的现象。①

我们那时很多男人去镇上烟站卖烟，看到那些外面的人都穿的是白衬衣打着领带，还有一些人穿着牛仔裤，觉得很时髦，有时就会在镇上模仿着买类似的衣服。后来大家外出也就不怎么穿阿细衣服了，都是穿衬衣、西服啊这些，大家都穿这些，如果我们再穿着阿细衣服就感觉有些不好了。这样我们寨子里的男人们也都这样模仿，慢慢地男人们穿阿细衣服的就越来越少了，特别是年轻男人。有些老年男人

① 沈海梅：《族群认同：男性客位化与女性主位化——关于当代中国族群认同的社会性别思考》，《民族研究》2004年第5期。

那时还是会穿一些阿细衣服的。①

究其那时男人更"时髦"的原因，是因为他们更多地接触外界，外来文化对他们的影响更强。由于大部分家庭外出办事多为男性，他们在外需要呈现的更多的是"现代性"，试图需要去展现自身与其他族群的人并无太大不同，甚至有时他们外出办事有意去忽略自身独特的民族文化，似乎要去证明，在市场经济背景下，大家都是一样的"市场人"。

总体来看，从20世纪90年代中期以来，现代式的服装越来越多地走进了可村阿细人的生活中，从一开始主要是一些年轻人刻意模仿的"时尚"衣着之外，"混搭"已成为可村人日常生活中服饰文化的一种集中概括。从90年代中期到21世纪初的这个时期，由于社会分工、社会地位的不同，可村男人们在服饰上比女人们更"时髦"。

以上所述可村服饰文化变迁与其他少数民族地区有诸多相同之处，皆因民族文化整体变迁、现代服饰文化的影响、市场经济大浪潮的冲击。但与其他许多少数民族村寨所不同的是，可村于20世纪末开始萌芽民族旅游开发，这个重大事件带给可村各方面的变化是空前的。反映在服饰文化上，在21世纪初，本来在年轻人群体中现代式着装影响日益增大，一些年轻人在着装上甚至没有一丝阿细元素。但在随后的民族旅游开发中，作为民族文化重要外显的服饰文化又被凸显出来。由于旅游产业发展的需要，一些年轻人特别是年轻女性的服饰重新被"民族化"。在演出时、有活动时她们重新带上阿细头饰，带上阿细耳环，穿上民族服装。相对于参与旅游的年轻女性服饰上出现的这些变化，这个时期的中老年女性服饰并无太大变化，依然延续20世纪90年代中期以后的以民族服装为主、现代式服装为辅的"混搭"风格。中老年男性服饰也依然延续之前的趋势，他们服饰上的阿细文化体现依然微弱，只是参与旅游产业时，他们就会在其现代式的着装外加一件阿细风格的小马甲。

---

① 被访谈人：Z哥（男，45岁，可村彝族阿细人）。访谈时间：2017年6月3日。访谈地点：可村村口。

可村旅游产业经过十年左右的发展，到 2010 年左右已初具规模，知名度不断提升，可村已成为红河特别是弥勒地区民族旅游村寨的一个代表。民族旅游的开发，作为外显文化的服饰在这个阶段所扮演的角色越来越重要。根据旅游产业发展的需要，参与到其中的可村人都需着民族服饰，以突出民族特色。随后几年，到旅游公司接管了可村的旅游产业开发、管理后，其管理更加严格，民族服装俨然成了公司员工的"工作服"。因此，目前在可村，目之所及到处都是身着鲜艳民族服装的男女。跳月队的可村男女，其服装的"民族特色"必然是要最突出的，花花绿绿，甚是显眼。跳月队的民族服装是整个可村在旅游产业开发后变化最明显的，其实其已经是具有舞台风格的阿细民族服装了。在传统阿细服装中，女装大面积使用的是黑、白两色，其次是红、蓝，红、蓝是为黑、白的颜色做衬托的，女装一般是着深色裤子。但在跳月队中，为了突出舞台效果，女性的表演服装大面积使用了红色，裤子通体也成了红色，白色反倒成为红色的衬托。在传统阿细女性服装中，年纪较轻的女性上装主要以白色为主，以突出姑娘的纯洁、靓丽、活泼，年纪稍大的则以黑色为主，以示端庄。但在跳月队中，除了吹乐器的年近七旬大妈是着黑色为主的阿细服装外，其他不管年纪较轻或稍大的女性，均着红色为主的民族服装。鞋子被统一要求为大红色布鞋，以与整体服装的红色相配套。而头饰上则更讲究，传统上的阿细女性头饰较为简单，无太多装饰，其主要作用是遮盖头部，其次才是装饰作用。除了在结婚等重大场合做一些繁复的装饰，平常是比较朴素的。但在舞台上，可村女性的头饰没有整块的布将头部整个包起来，而是类似于像一个大皇冠一样罩于头部，头顶是中空的，整个头饰上装饰讲究，各种颜色的流苏复杂多样，上面还插有红色的布做成的花朵等各种装饰。腰间装饰的形状、颜色变化不大，为白色为主，蓝色条纹装饰，四周有蓝色或红色镶边。由于服装大面积使用鲜艳的红色，此腰间装饰的白色反倒显得更为突出。女人们饰品主要还是耳环，耳环的形状变化不大，依然较长，流苏很多，在跳舞的时候发出阵阵清脆的响声。但据观察，这些传统形状的耳环在这些女性下班后则很少佩戴，她们佩戴更多的是比较短形状的黄金、白金质地的耳环或耳钉。可以说，这种较为传统的耳环是她们舞台服饰的专属。跳月队的男性服装变化相比女性变化不明显，无论春夏秋冬，都在外衣上套一件白色为主蓝色条纹的小马甲，所不同的是，传统男士小马甲是用布盘的长扣子，而近些年，为了方便，都成了现代服装普遍使用的塑料扣子。其他皆无太大变化，下身依然穿着黑色直筒裤子，脚上穿黑色布鞋。除了跳月队，其他在旅游场域中从业的可村阿细人也同样被要求着民族服饰。比如，像保洁队的工作人员，绝大部分为女性，她们被要求上班时必须背上阿细风格的小挎包。其他酒店的服务员等工作人员也在上班时间着民族服饰。除了在旅游公司工作的可村人在上班时间身着民族服饰，其他个人开设的客栈、旅馆、酒店、餐馆等服务人员也都纷纷着阿细民族服饰，哪怕这些阿细服饰有时只是一个"片段式"的借用，但依然能够在一定程度上突出"阿细特色"，从而更加契合可村旅游产业的发展思路，从而来招揽更多的游客。"'旅游者凝视'的权利作用于村寨的建造、节目的排演之余，也时刻影响着民族演员对自己民族要素的看法。"① 在民族服饰方面，在对可村女性的访谈、观察中，她们比较多地谈到要突出"阿细特色""阿细风格"，她们对于民族要素的看法显然受到旅游产业发展的较大影响。

在可村旅游产业迅速发展的近些年，民族服装在经过了影响式微的阶段后再度卷土重来，其原因当然是与旅游产业发展的需要密切相关。而卷土重来的民族服饰其实呈现出了"前台""后台"两个场域的特征与意涵。旅游产业深度开发后，"前台"的民族服饰已是展演性质，主要是为了促进旅游产业的发展，达到一定的商业目的，但在客观上，毫无疑问地促进了阿细文化的影响力和知名度。尽管"前台"的阿细服饰已并非"传统意义"上的阿细服饰，有些是阿细风格的表演服装，但并不能否认这依然是在特定时空中可村阿细服饰文化的体现。况且，"前台"着民族服饰已成为常态，民族旅游产业的发展逐步壮大，可村人对自身的文化也有了更多的自信，这也激励着她们在"后台"生活中更多地通过阿细传统服饰去体现自身的文化。如今，在有重大的各种活动中，更多的年轻可村阿细

---

① 孙九霞：《传承与变迁——旅游中的族群与文化》，商务印书馆 2012 年版，第 199 页。

人着民族服饰。这已与 2000 年前后，年轻人一窝蜂地追求现代"时髦"服装有所不同。因此，"作为外显文化的服装不断呈现出丰富的多样性，也恰好还表明了人们生活世界的深刻变化及丰富意义。"①

图 5 - 1 节日中的可村老年女性服饰②

二 阿细女性能动的着装策略

在民族旅游开发中，在游客凝视的理论框架下，旅游社区就必须突出与游客所在地不同的文化。民族文化一定要通过显性的、易察觉的方式呈现，往往在所有民族旅游宣传册上，占据重要位置的一定是少数民族女性身着鲜艳、独特民族服装的形象，少数民族女性在服饰文化展演上充当了最重要的角色。在"前台"的民族服饰展演上，可村女性有属于自己的积极实践策略，而在"后台"对于民族服饰认知、实践上，也有自己的一套行为逻辑。

前文出现过的小 K 是阿细跳月队的工作人员，工作已有两年时间。两

---

① 马翀炜、李晶晶：《混搭：箐口村哈尼族服饰及其时尚》，《学术探索》2012 年第 2 期。
② 笔者拍摄于 2017 年 8 月 12 日。

年前嫁入可村后，她就一直在跳舞队工作。她的娘家是邻村的，同为阿细人。她在工作以外是一个挺"摩登"的年轻女性，二十多岁的年纪穿上现代式的服装，其"时尚度"丝毫不输于城里人。在跳月场上，她身着以红色为主的阿细风格的表演服装，头戴华丽的头饰，热情的舞步伴随炫目的阿细民族服饰，总是能满足外来游客对可村阿细人的"他者"想象。跳月队的工作时间是分段的，平时无大规模团队，其工作时间是下午一场的时间，通常跳舞的时间为三四十分钟。如果有大型团体接待，或者逢五一、国庆、春节等假日，游客较多时，她们跳舞就需加场，通常是下午一点半一场、三点一场。有时还需穿上民族服装在旅行团进餐时进行歌舞伴餐，晚上有篝火晚会同样也需要他们跳舞。由于旅游公司有非常严格的规定，当进入到工作领域、工作时间，她们就必须穿上全套的民族表演服装，所以像小 K 这样跳舞队的女性们，她们通常在中午吃饭前就已经换好了民族风格的工作服，随时准备投入到工作中去。

　　来可村以前，我在邻村我娘家的时候，就是在有什么大型节日活动时，才会偶尔穿一下阿细衣服，我长大后也才只有一套民族服装，平时是不会穿的。我们那些小姑娘更喜欢穿现代式的那种衣服，短裙啊、靴子什么的，到了可村后，我发现这里到处都是穿民族服装的，因为发展旅游嘛，需要这个，虽然大家穿的民族服装已经与我们以前在娘家穿的有很大不同，都是经过改造的，一般看起来更花哨，料子都是那种尼龙的了。这些人穿的民族服装就是工作服，因为无论是景区跳舞的、开车的、保洁队的，都有严格的规定，最严格的是我们跳舞的，连穿的鞋子都必须是一个颜色、款式的。公司给我们发的鞋子穿坏了，我们就自己去市场上或从网上买一个一样的。因为寨子就是景区，所以你看我们在上班时间在寨子里走动，都是穿这种民族服装式的工作服，因为换来换去的很麻烦，我们一般就是中午换好这些衣服，一直到晚上篝火晚会结束后我们才会换衣服。男人们的衣服很好换的，就是衣服外面套一个小马甲就行了，可是我们女人的衣服是成套的，那个头饰带起来也麻烦，所以老是来回换也麻烦，因此，很多时候我们在几场跳舞的中间也就穿着这些衣服了。所以就会看到寨子里到处都是穿着这些民族服装的人们，特别是女人们更多。我们去进城或者休息时，就不穿这些衣服了，就穿现代式的那种衣服，就和你们一样的那些衣服。在寨子里穿我们这些衣服挺自然的，这个年代出去、特别是进城或去大城市穿始终觉得不太合适。①

小 K 是在可村生活时间不太长的年轻媳妇儿，讲起话来可以感觉到她对可村的感情还不是十分深厚，对于民族服饰的实践方面，她多是从工作场域的角度出发，民族服饰的展演自己态度并非十分主动，在这个过程中，她是被要求的，她当然明白在旅游场域中，阿细跳月在舞台上必然要着阿细民族服饰，她曾表示自己在娘家跳月很多时候也是穿现代式的服装，那个是娱乐性质的，当然无要求，大家随意来。但到可村，统一化、规模化的管理，阿细跳月成了一种工作，一种谋生手段，她在此方面经过了一小段时间的磨合，较为迅速地适应了这种生活，虽然对于民族服饰似乎并非特别热情，但她能够用非常便利的方式去应对"前台"的民族服饰展演。

Y 嫂是保洁队的工作人员，保洁队的工作时间较长，主要分为两个时段，上午是从八点到十一点半，下午是从两点到五点。保洁队的工作人员都为女性，公司对于保洁队的服装无统一要求，但上班必须统一佩戴公司给每位员工发的具有阿细民族风情的小挎包。她们的小挎包里装着自己的饮用水、手套、清洁袋等物品，需要时随手拿出来，非常方便。她一般在上班穿着都比较注意，虽然保洁的工作比较累，但劳保做得比较好，所以并不脏。保洁队中的女性员工大都是在四十岁以上，年纪普遍较大，但她们也还非常注重现代意义上的"时髦"，她们都普遍穿着当季的流行服装，上班时间也会穿上比较舒适又流行的皮鞋、靴子。据对保洁队的多位阿细女性员工的观察，她们在工作时间的装束中，突出阿细民族风情的除了那个必须佩戴的小挎包外，她们一般会带一个民族风情的头巾。这样民族风情的头巾

---

① 被访谈人：小 K（女，23 岁，可村彝族阿细人）。访谈时间：2017 年 5 月 2 日。访谈地点：可村跳月广场。

和挎包与极现代的服装搭配在一起，是一种典型的"混搭"。她们佩戴的这种头巾与传统的头饰差别不大，所不同的是现在她们的头饰、头巾一般都在市场上购买，较少有人专门自己做，布料从原来的土布变成了尼龙布料。

> 我们这些扫地（保洁队）的寨子里的女人，都岁数大了，我们这一代都还比较喜欢戴这个头巾，这个头巾我们上一辈的女人个个都戴，可以防尘、防晒，我们以前穿那种阿细服装，和这个头巾配起来也是很好看的，所以，你看，我们寨子的老太太们无论什么时候都还在戴着。我们这一代大部分人也戴，也有不戴的，有小部分人认为这个头巾与现代服装不搭配，不好看，所以有些人就不戴。我是习惯了，所以我上班、去田里干活都戴着这个头巾。七八年前的时候，我们这代人有些就完全都不穿戴我们阿细服装了，只追求现代式的服装。但是旅游发展越来越好了，很多时候需要我们穿上民族服装，这几年就更是这样了。我们必须带小挎包，我习惯戴阿细头巾，有时有些游客还会专门问问我的头巾、挎包什么的，也是很有意思，游客们对我们这些东西也是挺感兴趣的。我就不管上班还是不上班，我都还是习惯了戴着这个头巾。主要是我习惯了，自己也不感觉有什么不好，我们阿细人历来都是这样嘛！只是那些二十多岁的小年轻她们就不习惯戴这个了，除非是必须要求。但我们这十多年来都不穿阿细服装了，我们还是觉得现代式的这种衣服更方便，去买也便宜，出去穿也都穿现代服装啊，我们这个岁数参加什么活动的也很少了，基本就不做民族服装了，那些年轻姑娘她们在有家族活动或是旅游公司活动的时候就会全套穿民族服装。我一直都比较少去城里，省城昆明更是没有去过，有时我偶尔去趟弥勒城，还穿成现在上班这种样子，寨子里的年轻人就会说我让我把头巾取掉，不然不好看，其实我觉得也没什么，不过有时候我也就听她们的，就不戴了。①

---

① 被访谈人：Y嫂（女，43岁，可村彝族阿细人）。访谈时间：2017年3月11日。访谈地点：可村村口。

像 Y 嫂这样的可村阿细中老年女性，无论在旅游产业的工作场域还是在"后台"的日常生活中，现阶段她们在着装实践上最突出的特征仍然延续着"混搭风"，与年轻一代的女性相比，她们还不能在工作以外完全抛弃自己民族的着装习惯，但改革开放后特别是旅游产业发展后，现代文化的大规模进入，现代式的装束难以抗拒，她们也在很大程度上认同"现代时尚"。这种服饰上的"混搭风"，也恰恰为她们在当下可村的生活提供了便利的条件，她们不必刻意去区分不同的工作、后台生活场景，不必像小 K 们一样在不同的场景中需要通过装束来区分自己不同的角色。而这种风格的服饰也较为契合民族旅游发展，她们也觉得自己的服饰风格既符合自己的身份、年龄，又与村寨生活很协调，同时又很便利、舒适。所以，像 Y 嫂这样的女性，在民族服饰穿着方面，她们认为自己找到了一个利己、利人的万全之计，事实也的确如此。这彰显了她们的大智慧。

"如果我们不是把原本活生生地存在于日常生活世界中的民族服饰抽离出来去进行研究，而是直面日常生活世界，那么我们便可以发现，当下处于急剧社会文化变迁中的众多的民族村寨完全可以视为各类服饰的 T 型秀台"，① 在可村，特别是在女性身上，经常会看到各种样式、风格的民族服装，有些是上班时间穿的款式，有些是参加跳月比赛穿的款式，有些是有家族活动时穿的款式，等等。在可村，我经常会见到小 H 时常穿着不同的服装在村寨中活动，她也是可村阿细跳月队的队员，"90 后"比较年轻，她娘家也在可村，可以说，二十余年绝大部分时间都在可村生活。她是一个有想法、有干劲儿的年轻女性，目前在旅游公司跳月队工作是权宜之计，她更想以后有资金了自己在村中开个酒店、客栈。平时上班前后的时间她都整齐穿着公司要求的民族服装，还画上淡妆，并无丝毫懈怠。在"阿细跳月节"上，她又穿上比赛盛装，比平时的上班表演服装更为华丽，一些装饰品还是她们几个年轻队员自己掏腰包买的。在前文出现过的家族内部的新生儿"满月酒"活动中，她又穿上了自己家定做的民族服装。这时她穿的阿细服饰颜色更为收敛，不像舞台表演服装一样艳丽，更为接近

① 马翀炜、李晶晶：《混搭：箐口村哈尼族服饰及其时尚》，《学术探索》2012 年第 2 期。

传统阿细服装的颜色、款式。关于在"后台"生活中穿的和舞台表演时的民族服装，以她的眼光哪个更好看、更舒适，舞台表演以外哪些场合穿着民族服装等问题时，她有自己的看法。

> 我认为都好看吧，舞台表演那个服装也是公司请人设计、定做的，主要是颜色鲜艳，就是我觉得穿上有点紧，可能是我最近长胖了，活动不是很方便，裤子本来就有点窄，但那个头饰还是很漂亮，其实以前我奶奶、妈妈她们都是不会戴那样的头饰的，戴在头上也很重。我们除了上班，平时我们这个年纪的女人都是穿现代服装的，也不会戴头巾什么的，和你们穿的没什么区别，去进城、外地就更是了。平时就是家族活动时，比如参加"满月酒"或是大家一起去镇上看斗牛啊等才会穿，但也不是这种活动必须穿，就是有时候会穿。我们寨子因为发展旅游，大家平时穿这个民族服装的时间很长，我们也知道这个民族服装对民族旅游发展来讲很重要，所以好像我们寨子在生活中穿着民族服装的比其他寨子的要多些。以前对这个民族服装感情不太深，但发展了旅游后，发现我们这个阿细文化还是挺好的，那些外地人很喜欢，也很喜欢我们的民族服饰。我如果以后要开个客栈，那可能为了吸引游客，我也会穿些民族服装的。不过现在旅游发展中的民族服装也是和我们生活中的不一样了，你也看到了嘛，为了效果更好，变化也很大。但我觉得女装肯定是穿一套好看，配一个高跟鞋是可以的，但我们年轻人觉得戴一个阿细头巾，再穿现代那些衣服，年轻人就不好看，我们妈妈那一代才会那样穿戴，她们觉得那样舒服。因为我们这一代从小就很不戴那个头巾，不习惯，也觉得我们年轻人戴上不太好看。①

小 H 与 Y 嫂所理解的"现代时尚"有所不同，对阿细服饰中"美"

---

① 被访谈人：小 H（女，26 岁，可村彝族阿细人）。访谈时间：2017 年 3 月 25 日。访谈地点：可村广场。

·189·

的定义也不同，这由于两代人所经历的时代文化背景不同。小 H 作为土生土长的可村阿细人，对可村的整个发展了然于心，对旅游产业带给可村的机遇颇有自豪感。作为新一代的可村阿细女性，在不同情境下民族服饰展演、实践上很有自己的一套。她们以积极的态度应对不同的场景需要，在旅游产业开发的背景下，小 H 们对阿细文化也有了更多的自信，她们对于民族服饰更有感情，民族服饰文化在她们身上得以延续。

在旅游产业开发的背景下，可村女性在"前台"成为民族服饰展演的主要力量，由于客观需要，民族服装已成为工作服，无论他们对于民族服装的感情如何，参与其中的她们都能灵动地区分或整合工作场域与后台生活，她们会根据自己的工作时间、客观要求找到一个比较便利、灵活的实践策略，既能满足工作的要求，又能使自己较为轻松、自在，她们也会在不同的场域中定位、实践不同的"民族风情"和"现代时尚"。在可村中老年女性中，"混搭"的风格则是她们在实践中最常用的策略，以上这些阿细女性的实践，能折射出社会转型期阿细民族服装的境遇，又能凸显出可村女性在当下文化变迁中的审美趣味演变，也更能显现出在旅游开发、社会转型加速的背景下，可村女性在"前台""后台"的服饰文化展演、实践中的能动性。

第二节　舞台文化展演中的"真实性"与"后台"女性实践

在可村旅游的舞台展演上，阿细跳月是一个重点，它被浓墨重彩地宣传为青年男女交往的重要媒介，"拖姑娘"的阿细婚俗成为舞台上表演的重要节目。舞台上可村女性卖力表演，但其实她们心中非常明了这种表演是"不真实"的。旅游产业的发展，更多外来文化进入，带来更多的"现代式"婚俗，可村阿细人在择偶方式、婚姻支付等方面都在经历着变迁。同样地，旅游发展扩大了可村家庭之间的收入差距，可村较好的发展前景使得可村姑娘更多地选择嫁入本村，她们在择偶时经济因素的考虑明显上升。

一　"前台"与"后台"的阿细婚恋文化

通常在民族旅游开发中，当地社区日常生活的价值较小，因为大部分的民族旅游游客都是走马观花式的浏览，真正"参与观察"旅游毕竟是少数。可村目前就是如此，其接待的客人绝大多数是跟团游客，而且通常可村是同弥勒的锦屏山景区、红酒庄等景点连起来的"一日游"，游客本身在村寨中待的时间也就是半天时间甚至更短。所以在这样的情况下，可村的旅游开发要达到一定的商业目的，就必须把族群文化浓缩为可在舞台上展演的节目。因此，在可村旅游中，原本作为阿细人日常娱乐、社交、健身的"阿细跳月"成为最重要的舞台展演节目。顶着"国家级非物质文化遗产"的大名，"阿细跳月"成为可村民族风情游最重要的文化展演。

"以旅游为导向的社会语境中，地方传统资源向经济资本的转换成为政府、精英、民众、游客的共谋，这些多元力量之间的互动既构成了旅游经济发展的动力，也构成了旅游展演的场域。"[①] 在如今的旅游宣传中，旅游公司、相关媒体将"阿细跳月"宣传成为阿细青年男女结识、恋爱的重要平台。在可村每天下午三点的民族歌舞表演中，通常是跳月队有八个左右的节目，主要是"阿细跳月"，此外还包括霸王鞭、迎客酒等节目，但"阿细跳月"始终是主体表演。在不同形式的"阿细跳月"之后，会有一个"拖姑娘"的表演，其表演在一定程度上再现了传统阿细婚恋文化。只见舞台上的可村姑娘在卖力表演，观众们看的也是非常专注，毕竟爱情是大家都很感兴趣的话题。在可村的壁画中，也有类似于这样传统婚恋文化的介绍，阿细婚恋文化业已成为可村旅游资源开发的一个重点。"旅游仪式理论提出，旅游的动机与补偿作用涉及'推力'（push）和'拉力'（pull）两个因素。旅游者离家是因为家居生活中有他们想要逃避、远离的东西，于是他们选择去一个特别的地方，因为他们相信在那里可以经历一

---

① 杨杰宏：《多元互动中的旅游展演与民俗变异———以丽江东巴文化为例》，《民俗研究》2013 年第 2 期。

些平时不可轻易获得的、真实而又催人自省的事情。"① 在旅游中，人们总是偏爱一些与自己的日常、文化有较大差异的旅游地，与自己的"日常生活"形成反差，到可村旅游的大部分是城市的汉族人和钟爱中国少数民族文化的国外游客，游客总是需要某种程度的"补偿"。而阿细婚恋文化中突出的简单、热烈、淳朴似乎最能为游客提供这种"补偿"。所以，在可村旅游开发中，阿细婚恋文化被浓墨重彩地展示、渲染。

其实在传统阿细社会中，"阿细跳月"最重要的功能是娱乐、健身，其次才是社交功能，社交功能中为青年男女提供恋爱机会的作用也并非十分突出。在对可村年纪较大的男女访谈中得知，他们中的绝大多数都并非在跳月中相识的，他们更多的是在山上砍柴、劳动中或在赶集中结识，并进一步发展为恋人、成家的。由于爱情是文学、艺术关注的永恒话题，是各种文化背景、各年龄段的游客都感兴趣的话题，所以在旅游开发中，很多开发主体都会将爱情、婚姻等的文化事项极力突出，通过民族文化中诸如歌舞、绘画、雕塑等形式表现出来，很多时候难免会有部分失真，阿细跳月的宣传、运作也正是如此。既然在旅游场域的"前台"文化展演中，阿细婚恋文化是部分失真的，那究竟"真实的"情况是怎样的呢？

在阿细传统社会中，青年男女大部分并非在跳月场上相识，但无论在什么场合，青年男女互生爱意，男子便会主动出击，将自己看上的姑娘"拖走"。姑娘会被小伙子"拖"到自己家里，他们通过劳动到对方家里去试探双方父母的态度，姑娘要亲自砍柴背到男方家里去，如果男方父母接过柴火，那么就意味着他们同意了这门亲事。相应地，小伙子要挑水到女方家里，如果姑娘的父母同意这门婚事，就会让小伙子把水倒到自家的水缸里，直到把水缸里的水灌满。如果姑娘的父母不同意这门亲事，就会在一开始就将小伙子拒之门外。

在阿细人的观念中，爱情是极其美好的，婚姻也是非常自由的。阿细史诗《阿细的先基》中有"男女说合成一家"专门一章以爱情、婚姻为主

<hr />

① [美] Nelson Graburn：《人类学与旅游时代》，赵红梅等译，广西师范大学出版社 2009 年版，第 371 页。

题，不少内容是讲到阿细人令人神往的爱情，如："山上老鼠穿洞，我们的爱情不能有洞。山中树枝分杈，我们的爱情不能分杈。路边小草随人踩，我们的爱情不能践踏。亲爱的姑娘呃！院子里长柳树！爱情应长苗！"① 他们谈恋爱只要相互倾心、相互爱慕，不需要媒人，即可确立恋爱关系，并随时可在一起生活，通常家中父母、家族力量是不会干预婚恋的事情。如同阿细史诗《阿细的先基》中所唱："亲爱的姑娘呃！铜镯头就是男媒人，竹响篾就是女媒人；相爱的男媒人有了，相好的女媒人也有了。"②

前文出现过的 L 姐和我有了较长时间的交往后，很自然地聊到爱情、婚姻的话题。谈到这些话题，她似乎还有一些害羞。

　　我们阿细人谈恋爱、结婚这些不像你们汉人，我们比较简单的。我是命不好，第一个老公前些年去世了，现在的老公是第二个。我的两个老公都是我们可村的，由于村子小，其实我和第一个老公在恋爱、结婚以前都是认识的，但不是很熟悉，有一次在一个共同的劳动场合中，我们就熟悉了，之后便比较多地交往，后来就确定恋爱关系成家了。我们那时候就是挑挑水、砍柴背柴就可以了。后来这个老公生病去世了，我和他生的就是现在的大儿子，这个儿子六岁时，他就没了。一年后，我就和现在的老公恋爱、结婚了，婚后生的是这个小儿子。第二个老公也是和第一个一样，之前就认识，后来，由于他年纪比较大还没结婚，大家什么情况也都心知肚明，也就交往了起来，之后就结婚了。我们阿细人结婚后一般不会离婚的，但如果是丈夫或妻子去世的话，再婚也是正常的，别人也是不会说什么的。我 20 岁就生我大儿子了，现在大儿子也马上该结婚了，我儿子认识这个女孩是通过朋友认识的，不过也是阿细人，我就给他盖好了婚房，不用准

① 云南省民族民间文学红河调查队搜集翻译整理：《阿细的先基》，云南人民出版社 1959 年版，第 125 页。
② 云南省民族民间文学红河调查队搜集翻译整理：《阿细的先基》，云南人民出版社 1959 年版，第 126 页。

备彩礼的。①

老一代的可村阿细男女通常谈恋爱、结婚较早，他们一般都在 17 岁、18 岁左右的时候就结婚了，20 岁左右一般都有自己的第一个孩子。通常他们结婚不需要彩礼，不举办仪式，只在第一个孩子出生后的满月，才会比较隆重地请亲友较大规模地聚餐。老一代的可村阿细人很多人起初在一起生活时都不办结婚手续，到以后孩子出生需要报户口或分土地时，他们才会去补办结婚手续。在阿细人的观念中，在恋爱、结婚、成家上，他们态度也很严肃，但具体操作起来却是一件比较简单的事情，所以，包括到现在为止，可村阿细人无论从金钱的考虑、盘算上，还是从精力的分配上，并不把这件事作为重点来部署。反而孩子出生满月后的庆祝、去世老人的安顿是可村阿细家庭、阿细人考虑、打算的重点事项，因为他们认为人的生、死是最重大的事情，应该给予最大的重视。

可村在改革开放后，经济状况逐渐好转，特别是旅游产业开发后，经济条件明显改善，生产、生活方式的改变，人们交际圈不断扩大，外来文化不断进入，这些都加速了可村阿细婚恋文化的变迁。首先从通婚范围上看，有不断向外延伸的趋势。在 40 岁以上的可村人中，他们有将近一半的人在村内选择结婚对象，从族群上讲，他们基本上只考虑阿细人。即便不是在本村选择配偶，大部分都是在方圆十余公里以内实现婚配，并且绝大多数都是选阿细人。如今新一代的可村女性，她们在外接受教育的年限延长，有些女性会在外求学、打工的人群中寻找结婚对象，从族群上讲，已不再限制在阿细人范围内，如今有不少可村姑娘嫁给了外村、外地区甚至外省的汉族或其他少数民族的人。可村人在婚配上一直以来除了三代以内的近亲禁止结婚外，几乎无其他禁忌。通常她们优先考虑阿细人、本村人，是基于相同的文化、熟悉的家庭情况考虑。如今，一部分可村在外读书、工作的姑娘选择嫁往外地，但仍有为数不少的没有在外求学、工

---

① 被访谈人：L 姐（女，43 岁，可村彝族阿细人）。访谈时间：2017 年 8 月 29 日。访谈地点：可村村口。

作经历的可村姑娘，她们也会从可村内去考虑选择结婚对象。毕竟整体来看，可村的发展前景要远远优于其他阿细村寨，在村内找结婚对象，其前景是较好的，并且风险较小。从恋爱、结婚的年龄上看，如今的可村阿细女性谈恋爱、结婚的年龄都比老一代的要大。如今可村二十岁左右的姑娘较少有结婚的，通常是二十三四岁结婚的占大多数。

从谈恋爱的方式上看，"拖姑娘" 已成为历史，这种情节也只能在可村阿细跳月相关的舞台节目中看到。如今的可村阿细姑娘，她们谈恋爱的方式已经是 "现代式" 的，她们用手机微信同自己的情哥哥谈情说爱，当到了一定的时候，如果她们嫁的还是阿细人，她们就见一见双方的家长，无须砍柴、挑水。

> 现在都有自来水和自家水窖、柴火也不是经常要砍，家里来客人了，大部分都是用电或煤气做饭、做菜的，也不用这些姑娘们砍柴了。这些都不需要了，有时这些孩子是空着手去见一见家长，现在也有不少买点东西，像酒啊、牛奶啊、点心什么的，现在都 "与时俱进" 了。①

在婚姻支付上，如今的可村阿细姑娘依然不索要彩礼，与之前所不同的是，这些姑娘的家里会给予姑娘们少量的陪嫁，这在过去是没有的，传统上阿细姑娘既不索要彩礼，也无陪嫁，双方父母同意后，即到男方家里生活。当我问到如今姑娘们为什么会有陪嫁时，大多数可村人的回答是诸如想改善将来姑娘的生活、想代表一点儿心意，等等。婚姻支付一直是人类学关注的一个重点问题，但主要是从男方的彩礼研究入手，在此方面，阎云翔在对黑龙江下岬村的研究发现：彩礼的支配权已经从新娘父母的手中过渡到新娘手中，彩礼实际经历了从婚姻偿付到婚姻资助的功能变迁。②

---

① 被访谈人：Z 哥（男，45 岁，可村彝族阿细人）。访谈时间：2017 年 8 月 13 日。访谈地点：可村 Z 哥家中。
② 阎云翔：《私人生活的变革：一个中国村庄里的爱情、家庭与亲密关系（1949—1999）》，龚小夏译，上海人民出版社 2016 年版，第 172—186 页。

之后的一些学者也印证了阎云翔的研究，如像吉国秀在对辽宁 q 镇的研究中发现，农村婚姻支付中女方支付（嫁妆）的数额不断升高，与男方婚姻支付日趋接近，这也说明婚姻支付不再是男方对女方的婚姻偿付，而是男女双方家庭对于即将成立的小家庭的资助。同时，男女双方在婚姻支付上的数额接近，标志着娘家地位的上升。① 以上学者对婚姻支付相关问题的研究，是针对北方汉族进行的。阿细社会的婚姻支付是一个较为特殊的现象，在传统婚恋文化中，他们并无女方需要偿付的概念，他们都认同类似于"男大当婚、女大当嫁"的概念，这是一个很自然的过程，不需要谁对谁进行偿付。而近些年来，由于旅游产业的开发，许多可村阿细姑娘在中学毕业后就选择在自己村里工作，给家庭经济带来了一定的贡献。反而在这样的背景下，女方父母认为女儿已经在自己家里出了一定的力了，如今经济条件好了，应在女儿出嫁时对其表达一些自己的心意。姑娘的父母通常会花费几千元到一万多元给她们买一些电器、首饰作为陪嫁。从姑娘父母的考虑来看，其中也蕴含着试图提高婚后在婆家地位的用意。

> 我女儿打算 2018 年结婚，找的也是本村的小伙子，大家也都比较熟悉了，感觉他们家人还是挺好的。我女儿嫁的是他家的大儿子，始终是要分家的，以后小家庭建立也不容易，给女儿买点东西，以后她们能用，另外，现在大家都或多或少买点，我们不给孩子买，感觉也对不起孩子，并且还怕人家说她，说我们，看不起孩子。所以我们还是给她花了将近一万元吧，表表心意。②

在可村阿细传统社会中，男女结合无婚礼，如今同样不举办隆重的婚礼，但一些家庭会在县城酒店请客。请客也只是吃一顿午饭，期间收亲朋

---

① 吉国秀：《婚姻支付变迁与姻亲秩序谋划——辽东 q 镇的个案研究》，《社会学研究》2007 年第 1 期。

② 被访谈人：Q 嫂（女，44 岁，可村彝族阿细人）。访谈时间：2017 年 7 月 9 日。访谈地点：可村街边。

好友的红包,通常是一百元到三百元不等。请客吃饭时,新人一起向前来的宾客敬敬酒也就结束了,并无其他典礼和隆重的仪式。通过对可村人的访谈,这种情况是近五六年的时间出现的,以前可村人男女结合没有任何形式的仪式和庆祝活动。由于旅游开发,可村人更多地接受了外来文化,他们活动的范围不断扩大,与城里人、"现代文明"越来越多地接触,用可村阿细人所说的,"受你们外来的、汉人的影响,还有就是有钱烧的了"这些原因,如今可村阿细男女结婚的"现代式"庆祝活动出现了,目前呈现出波及范围日趋广泛、规模日渐扩大的趋势。

以上所述在婚姻支付、婚礼方式上,可村婚恋文化有变迁,但并不十分明显。相对于这些方面而言,变化最大的还属择偶观方面。旅游产业的开发,普遍提高了经济收入的同时也拉大了各家庭的收入差距,过去大家经济状况都差不多,可村姑娘们择偶考虑的是是否"看得上""合得来",如今她们考虑情感的同时更多地会考量对方的经济实力。可以说,如今的可村姑娘,在经历了旅游产业开发后,他文化的进入,"现代文明"的涌入,也使她们重新调整自己的思路,在"嫁给谁"的问题上进行了较为深刻的思考并付诸实践。

二 "后台"择偶行动逻辑

如前所述,以前的可村阿细姑娘择偶首先会考虑阿细人,特别是本村人,其原因在于知根知底。可村周边二十公里内基本都是阿细村寨,在改革开放前,尽管可村并无经济优势,同周边阿细村寨一样贫穷,但可村姑娘依然相信自己的家乡好。大家的交际圈比较狭窄,一般也不会去往太远的地方,反正周边村寨都一样贫穷,为了方便,在本村找结婚对象更方便,对于今后的生产、生活更有利。所以,一直到现在,可村本村内婚配都占有较高的比例,据目前的调查,有将近一半的女性嫁在本村。婚配历来是人类学研究的重要部分,它与社会结构、亲属制度密切联系。"结构人类学认为,在世界的不同地区,在根本不同的社会里。存在着一定的'亲属关系模式'和'婚姻法则',它们构成了'共时'整体性的亲属制度。"① 列维—斯特劳斯在婚姻的问题上强调的是规则的有效性。在阿细社会，婚配上的"规则"并不是对可村女性实现压倒式的完胜，反而是她们在不同时期的婚姻策略表现突出，尽管各个时期的具体表现不同。

L姐的两任丈夫均为本村人，当我问到为何会在村里选择结婚对象时，她的看法比较有代表性。

> 因为年轻时也不怎么出门，认识的还是本村人多，另外，我们村子历来都比较喜欢在本村找，本家族外家族的都行，只要不是近亲就好。我们看到我们长辈她们在本村找对象，可以娘家、婆家相互帮帮忙，也挺好的。我结婚后，也感觉没有很难受，反正大家都比较熟悉，大环境也熟悉，主要是我们这里的田也不好耕种，以前还喂不少羊，活不好干，在一个村子里，我娘家兄弟他们会过来帮帮我，特别是刚分开家那会儿，我感觉还是很好的，日子没有那么难过。后来第一个丈夫去世了，家里没有男人，很多活儿也是娘家人帮着干，还有在婆家受委屈了，娘家人也会来撑腰、出气，这些都还是挺好的。这后来又在本村找了第二个丈夫，大家彼此之间很熟悉，怎么干活、为人也比较熟悉，现在过的也挺好的。②

在人类学的研究中，婚姻的缔结绝非是个人的行动、选择或是局限于单纯的情感外现于实践，它总是与一定的社会结构、再生产联系起来，即便是作为行动的婚姻策略，也是相当复杂的。在此方面，布迪厄的观点是："婚姻策略与财产策略、生殖策略，甚至教育策略，也就是说，与任何集团为把权力和世袭特权传给下一代并使之得到维持或增加而采取的全部生物学、文化和社会再生产策略密不可分，故它们的原则既不是计算理

---

① 苑国华：《从"规则"到"策略"：布迪厄的亲属与婚姻理论述评》，《黑龙江民族丛刊》2011年第1期。

② 被访谈人：L姐（女，43岁，可村彝族阿细人）。访谈时间：2017年9月1日。访谈地点：可村L姐家中。

性，也不是经济必要性的机械决定，而是由生存条件灌输的潜在行为倾向，一种社会的构成本能，在这种本能的驱使下，人们把一种特殊经济形势的客观上可计算的要求当作义务之不可避免的必然，或感情之不可抗拒的呼唤，并付之于实施。"① 布迪厄一直都非常反对机械的经济决定论，反应在婚姻策略上，可村女性在选择配偶时，首先也并非一定是完全意义上的"经济"方面的考虑，因为在旅游开发之前，可村的经济状况较差，每个家庭的经济收入很少，大家基本上都维持在刚解决温饱的水平上。所以，在婚姻选择上的经济理性并无明显体现，她们多从自身及家庭的安全、便利来考量，这种考虑并非完全理性的经济算计，而是根植于阿细文化的一种"潜在行为倾向"。

布迪厄的婚姻策略反对机械的经济决定论，但他仍然不反对婚姻是一种理性的行为。也就是说，包括婚姻策略在内的整个布迪厄实践理论的基调都反对人时刻是精于算计的，但人的理性显然是存在的。婚姻策略带来的结果是增加其各种资本，特别是象征资本，这在可村女性的择偶上可见一斑。

近十年的旅游产业开发，经济全球化带给人的影响无处不在，市场经济的强大让阿细人惊叹不已。外地游客的涌入让可村人见识到了什么是"有钱人"，而村里也陆续涌现出了富翁、富婆，在经济场域中占据有利地位的可村家庭赢得了优先发展的机会，并在最早时期积累了一定的经济资本，此后便不断地拉大收入差距。在可村的田野调查中，我经常会听到一些村民说类似于"某某家可有钱了，顶得上我们家几个了"这样的话。"钱"目前已成为了可村人讨论问题、聊天的中心话题。过去可村女性在一起主要说七大姑、八大姨，现在则主要探讨到哪里好挣钱、谁家更有钱之类的话题。

如今的可村姑娘，受教育时间延长，现在年轻一代的姑娘大部分都是高中、中专毕业，少数初中毕业、大学毕业。她们往往毕业后选择在村里或县城工作。旅游产业开发之后，不少姑娘在村内的旅游公司跳舞队或酒

---

① ［法］皮埃尔·布迪厄：《实践感》，蒋梓骁译，译林出版社2012年版，第230页。

店上班，也有不少家庭开设了家庭客栈，家里的姑娘如果不读书就会在家里经营生意，抑或在个体经营的客栈、酒店工作。年轻一代的姑娘们对于"经济"的概念很强，她们在择偶的观念和实践上，对经济利益的追求要明显强于她们母亲那代。

小 I 是家中的大女儿，家中还有一个读书的妹妹，她中专毕业后就在村内旅游公司经营的酒店上班，村中不少像她这样的姑娘主要从事酒店、餐馆的服务工作，有少数在跳舞队工作。她今年刚刚 20 岁，目前正是可村人认为的女孩子谈恋爱、找对象的黄金时期。她和村中同龄的姑娘一样，都是在外读过书的人，他是在州府蒙自读的中专，也算得上是见过世面的姑娘。中专毕业后，在家赋闲一小段时间，酒店缺人手她就来这里上班了。这里虽然工资不高，但工作不算累，在家里消费也低，她对目前的状况还算比较满意。通过对小 I 的访谈，得知她在外读中专时也曾谈过一个男朋友，是蒙自的汉族人，同为农民出身，家庭各方面条件很一般。谈了一段时间后，后来大家毕业，工作也不是那么好找，她就回到村里工作。后来她和同村的一个小伙子谈起恋爱，进展较为顺利，在我田野基本结束时已成家。

> 我们谈恋爱的事情，父母一般不怎么管，只是我们寨子的姑娘还是找阿细人的很多，现在我们寨子旅游搞得也很好，包括我们在外面读过书的姑娘还是会觉得如果有合适的，在寨子里找对象也还是不错。像我以前在外面也谈过一个，感情也有一些，但年龄比较小，也不太懂很多，毕业以后就觉得很不现实。现在我们中专毕业学历也不高，去外面找工作也难，像我们有些同学去昆明工作，虽然挣得多点，但消费太高，压力也大，又很难在城市立足。我就回来寨子里，生活也比较便利、轻松。家里又有房子，消费也低，况且寨子的经济发展越来越好了，感觉也不比城里差多少。所以我现在在村里找这个对象，总体的条件也还行吧，我们家长也都认识，他在保安队当保安，也还行。我们以前就认识，他比我大两岁，干目前这个工作快两年了。以前不很熟悉，这是我们都在这工作后，接触的多了，他就追

求我，我对他慢慢也有了好感。我们现在工资虽都不高，但加加种田什么的，也还算过得去。我中专谈那个对象时，我父母知道那个事后，虽然没有明确反对，但他们还是不太满意。现在谈我们寨子里这个，她们也觉得挺合适的，比较满意。①

　　小 I 工作的酒店是我经常"晃荡"的地方，在这里我认识了不少可村的大姑娘、小伙子、大姐、大嫂。谈到小 I，不少人都会说到她恋爱的事情，毕竟这是大家都很关心的问题，也是不同年龄段的人都比较喜欢"八卦"的话题。从小 I 的访谈中，我并没有得到太多的关于择偶的动机、取向的本质性答案，恰恰是在这些"八卦新闻"里我了解到了不少。我获取的大部分信息都在讲小 I 目前谈的这个对象条件好，虽长相一般，但家庭经济条件优越。这个小伙子是独子，家中前几年山地被旅游公司占用，有一大笔补偿款，如今家里的楼房盖的非常气派，说是马上准备再盖房子开个家庭旅馆。这个小伙子的家里后来我也去过，家里的确相当豪华。其实，也有另外一个同村的小伙子，有段时间也在追求这个姑娘，但这个小伙子家庭条件一般，所以最终她同这个家庭条件比较好的小伙子确立了恋爱关系并成家。根据我对小 I 的长期观察，她同她对象相处挺和谐，满是恋爱该有的样子。小伙子对她很是体贴，经常开着车一同出村购物、玩耍。这一对年轻恋人一定是相互有好感的，但其实通过长期的观察访谈，小 I 嘴上没有明确表达，她及父母、家人对其择偶的动机上，经济条件的考虑一定是一个重要的因素。用可村大部分人的眼光来看，她这个对象找得相当不错，人家家里既有钱，又是同村的，她家本身就没男孩，找对象到自己村里又能帮衬娘家，解决娘家将来遇到的一些问题，这个是相当合适的。

　　前文出现过的小 X 是 R 婶的大女儿，她还有一个妹妹在当地政府工作。目前她在可村开了一家小吃店，生意还不错。她在四年前嫁给一个蒙

---

① 被访谈人：小 I（女，20 岁，可村彝族阿细人）。访谈时间：2017 年 5 月 8 日。访谈地点：可村 S 酒店。

自的汉族小伙子，在外打工数年，又回可村自己开店的。她在蒙自读书时认识现在的丈夫，当问到当时为什么会选择现在的丈夫时，她的回答主要是"合得来"。她和她的妹妹读书都比较好，两姐妹都是大专毕业，这让她们的父母感到非常自豪。她的妹妹目前已经 27 岁了，亲事还没有定下来，这让父母比较着急。

　　我目前就是愁这个小女儿了，她就是还没有谈到合适的对象，按说我们这个女儿长的也还是算好看，也有学历，也有正式工作，工资也不低，但这么多年就没有遇到合适的。大女儿当时也是在外面读书，她自己在外面找了一个汉人，是外地的，有些远，但也是大学生，家庭条件一般，我们也没提什么意见，只要她们相互看得上就行。有学历有见识也还是好的，像现在她们自己开个小店也还不错。这个小女儿也不知到底要找哪种了，我们阿细人以前是不兴介绍对象的，现在像我小女儿这种情况，年纪大了些，有时也会采用介绍的方式了。我都有点急，就想托人给她介绍，但她就说不着急，怎么能不着急呢，年龄不小了。我们现在也不管上门不上门了，就是比较合适就行，目前看大女儿守在我们身边开店很好的，她们两个都不招上门女婿也行的。①

　　小 X 的择偶在看中和丈夫的感情的同时，也考虑到与非阿细人共同生活的文化差异问题，当时也有犹豫，又考虑到家中都是女儿招赘的问题，但对于招赘父母并无必须要求，目前阿细社会对于此方面的宽容度也较高。此方面的问题也就基本不存在，以后能通过其他的方式多照顾家里也可。对于与非阿细人通婚的文化差异，考虑到都接受过较好的学校教育，彼此比较了解，这种文化差异也就不成为什么太大的障碍。婚后，她与丈夫生活的比较幸福，大的矛盾和问题基本没有。

---

　　① 被访谈人：R 婶（女，60 岁，可村彝族阿细人）。访谈时间：2017 年 6 月 22 日。访谈地点：可村村口。

·202·

传统阿细社会自给自足，经济发展水平低，收入差距小，交际圈狭窄。反应在女性择偶实践中，实际嫁给谁都是"门当户对"的，所以在传统阿细社会的女性择偶中，嫁给谁主要取决于感情，其次才是其他考虑。但这种考虑并非精巧的算计，主要是类似于上文 L 姐等人所讲的"方便"，这种"方便"实则是基于自身、家庭、家族的安全和整体利益的考虑。这些女性大多跟着她们上一代人的实践继续走下去，其具体逻辑原理是她们说不出的，只是这样去做。处在转型期的可村，时刻发生着文化变迁，旅游开发加速了各方面的变迁。经济收入差距拉大，如今的可村姑娘在择偶当中会综合考虑经济状况、发展大环境等因素，其理性更加突出。由于经济收入、所受教育等带来经济资本、象征资本的差距，实则在可村的婚姻分层问题上已出现了明显变化。在婚姻分层上，中国的学者主要有两种观点："同类匹配"说和"择偶梯度"说，反应在可村姑娘的择偶实践上，她们从之前的"同类匹配"到如今更加主动的选择"高阶层"的配偶，以对自身的位置进行一定程度的改善。

年轻一代的可村阿细姑娘同她们母亲那代相同，她们依然更倾向于找本村的男性做结婚对象，但出发点已然不同。老一代的考虑主要是"便利"，而如今年轻一代的考虑主要是"前景好"。当新一代的可村女性自身所具有的经济资本、象征资本更多时，她们就不再局限于小范围的择偶，她们更期待从更大范围上获取更有利的位置。传统阿细文化中的家中无男丁须招赘习俗的影响如今在可村已式微，新一代的姑娘们在择偶方面已不大受此方面的约束，她们懂得为自己的择偶松绑，她们用更变通的方式给予原生家庭以必要的支持，因此并不会从根本上僭越阿细文化，不会受到舆论的压制。阿细传统婚恋文化中无媒人介绍的风俗，在如今的可村也有一定的松动。在必要的时候，请人介绍这种阿细人口中所讲的"汉人式"婚恋已在可村出现，她们期待从更大范围内获取对自身、家庭更有利的婚姻，这实在是当下可村女性择偶实践中的一个新策略。

如同布迪厄所言，婚姻策略历来都是与社会的再生产紧密相连。在布迪厄的研究中，他应用了"特尔家族"子女婚姻缔结的例子说明嫁娶的利益考虑，父母的做法都是出于自身资产的考虑。布迪厄甚至将婚姻界定为

"经济场域"，婚姻策略本身就是社会的再生产策略，"通过这些策略，家庭不仅在生物学意义上进行再生产，而且更重要的是在社会学方面进行再生产"。[①] 在对可村的田野调查和研究中发现，不管是老一代或年轻一代的可村阿细女性，不管经济状况如何，社会是"传统的"抑或是"现代的"，她们在择偶实践上都有自身的理性体现，同时也在实现社会的再生产。所不同的是，年轻一代的阿细女性，她们在择偶上经济方面的考虑更多，她们的自觉性更强，她们更清楚自己的行动意义。

第三节　节日文化变迁中的女性实践

节日文化展演往往是民族旅游开发的重头戏，可村人对多个节日进行了"复兴""改造""发明"等，可村的节日文化正在发生着"巨变"。在旅游从业中的可村女性非常明白什么节日是演给游客看的，什么又是可村人"真正的"节日。现如今，"真正的"节日也难免受到旅游的影响，其仪式也发生了一些变化，之所以是"真"无非是其大部分还是在"后台"。如今的可村女性很懂得在节日场域中将平时积累的文化资本进行转化，在阿细社会允许的范围内为家庭、自身谋求更有利的位置。

一　旅游开发与阿细节日文化"巨变"

厄里提出的游客凝视的概念、理论，如今此理论已成为旅游人类学中一个重要的分析工具。作为凝视主体的游客作用于凝视客体旅游社区，其关系的达成主要通过差异建构。游客到可村来旅游，就是要看到不同于自己文化的"异文化"。如前所述，如今可村的游客大部分是"一日游"甚或"半日游"，体现"异文化"的方式大半是通过观看集中的表演来获取，长期"体验式"的方式目前较少。"游客行使的'旅游者凝视'是一种隐性权力，它主导着民俗村这个特殊旅游场域的形成，控制着民俗村内

---

① ［法］皮埃尔·布尔迪厄：《布尔迪厄访谈录——文化资本与社会炼金术》，包亚明译，上海人民出版社 1997 年版，第 70 页。

各族群文化移植的范围与程度,支配着民俗村内民族展示的内容与形式。"① 集中的"异文化"展演需要最大限度地进行差异建构,在此方面,节日文化发挥着重要的作用。

"利奇在《时间与错觉》一文里说:神圣和世俗有规律地交替发生,标志着社会生活的主要阶段或事件,它甚至是对时间本身流逝的一种测量,每年是以年度节假日(如圣诞节)来标志的,如果没有此类事件发生,很可能就会出错,感觉仿佛被时间欺骗了。"② 节日不仅可以来区分神圣和世俗,同时也是族群文化的集中体现,它表达了族群的认知模式,体现其宇宙观、价值观,并且,它既能带给当地人差异化的体验,更能满足游客对于"异文化"的想象。在旅游开发的背景下,可村人在自己经营本村旅游产业的时期,就进行了传统文化的复兴和发明,首先将多年不举行的"驱火妖"仪式打造成"驱火妖节",之后又将"祭密枝"仪式"做强做大",形成了吸引游客的"祭密枝节"。在旅游公司接管了村中的旅游业后,由于政府的强大支持、公司的宣传等,"阿细跳月节"现已成为可村旅游的一张"王牌"。以上所讲是旅游人类学经常提到的"前台"节日文化,"前台"与"后台"密切联系在一起。在可村,旅游产业开发后,"前台"与"后台"的节日文化都在发生着明显的变化。

彝族阿细人是一个多神崇拜的民族,他们相信山有山神、树有树神、火有火神……阿细祭火习俗是阿细人"火崇拜"的代表,但在可村没有严格意义上的"祭火",此习俗具有代表性的是在另一个阿细村寨红万村,可村只是有过"改火"。20世纪一段时间村民曾在村子里过火把节,但规模不大,近年来在其他村寨和弥勒市举办的火把节有少数可村人会去参加、观看。在可村,"火崇拜"习俗的典型代表是"驱火妖"仪式。

"驱火妖"原本是一个仪式,据对可村老人的访谈得知,在中华人民共和国成立以前,这个仪式长期存在,主要起祈福、消灾的作用。"驱火妖"仪式一方面表达阿细人对火的崇拜;另一方面,阿细人也认为火有火

---

① 孙九霞:《传承与变迁——旅游中的族群与文化》,商务印书馆2012年版,第199页。

② [美] Nelson Graburn:《人类学与旅游时代》,赵红梅等译,广西师范大学出版社2009年版,第77页。

神，也有火妖，火妖会带给阿细人苦难，所以，通过"驱火妖"的仪式来驱逐火妖，不让他在阿细人家惹祸端，与此同时，把火神迎过来，让火神保佑阿细人家平安幸福。在中华人民共和国成立后的一段时间，这个仪式曾一度消失。直到旅游产业的开发，需要将可村阿细文化的差异性不断放大，需要凝练"最阿细"的"神秘文化"，所以，在政府相关部门的指导下，在可村村中精英、一些专家学者的努力下，就将此仪式重新捡起，并对其进行了一些改造，还将这个仪式打造成了一个节日，来迎合旅游产业发展的需要。这里，我们看到，"游客用'凝视'产生的想象与力量，东道主运用自己本民族的传统技艺和记忆，合力将沉入谷底甚至走向消亡的文化搬上旅游的大舞台，而这种地方性招牌本身又成为新的旅游资本。"①

通过对可村老人的访谈，中华人民共和国成立前，可村的"驱火妖"通常是在农历的正月初四进行，整个仪式都在毕摩的主持下完成。阿细村寨一般一个寨子有一两位毕摩，毕摩是阿细文化的专家，是可与天地神灵对话的人。他们只能由男性来承担，通过师徒相传的方式传递知识，主要负责择吉日、看阴阳地、做祭祀首领等工作，还在丧礼中负责诵经。无论在传统、现代"驱火妖"仪式、节日中，毕摩都起着至关重要的作用。在可村老人的记忆中，正月初四这天吃完早饭后，每家都要把自家的各种火种熄灭。村中每个家庭要准备一碗米和一小块猪肉，以备仪式结束后大家共食。大家抬起一个小木板，上面画着人像，把这个小木板抬起来走在村中的大街上，意思为火妖已经被抓住。在此期间，会有一位男子穿着破烂衣服扮演着"火妖"，"火妖"和毕摩及其他人一起经过村中的每家每户。每经过一家，"火妖"就从家中的灶头抓一把灰，再跑到大街上，这时大街上的人会高喊："火妖来了！赶紧驱火妖了……""火妖"将灰抹到路人的身上，大家随即驱赶"火妖"，在这期间，毕摩一直诵经，大意是驱赶孽障、保家人平安的意思。人们一直将"火妖"驱赶至村外，这些参加"驱火妖"仪式的人们，通常都为男性，他们会在村外将带着的大米、猪肉煮食。再通过火石取新火，将新火种带到村中，村中各家将新火引到自

---

① 孙九霞：《传承与变迁——旅游中的族群与文化》，商务印书馆 2012 年版，第 219 页。

己家中，"驱火妖"仪式也随即完成。

在旅游产业发展初期，政府、村中精英、相关专家学者都在谋划、推动可村阿细传统文化的复兴、重构，"驱火妖"仪式不仅被复兴，而且成为一个可村响当当的节日。

> 旅游发展后，大概在 2002 年的时候，就开始有"驱火妖"了，2002 年之后那几年这个都办的很大，后来就成了节日了。这个时间不固定，不是以前老人说的必须是农历的正月初四，有时是农历二月份或三月份，是看大家的时间，还有县上一些活动的安排。这之后的"驱火妖"热闹得很！我们会事先用彩纸扎好一个小人人当"火妖"，大家那样抬着，男人们都上身不穿衣服，穿着短裤在大街上跑，人们会脸上抹灰，这个仪式后来就不是很严肃了，很好玩！这些"火妖"后面还有阿细跳月表演，后来几年也有叉舞表演，非常热闹的！一到这个节日时，政府也会下大力气宣传，有很多外地游客来到我们寨子，人特别多！①

"任何一种文化事象的消亡或复活都有着深刻的历史或现实原因，所谓的文化复古、复兴等活动，从本质上讲都是为现实需要服务的一种创新。"② 在旅游开发的背景下，可村阿细人"驱火妖"实际已经部分脱离了它的原生文化环境，举办的时间不固定，并且"驱火妖"传统的祈福、消灾的功能已明显改变，旅游开发后的"驱火妖"在一定程度上还保有以上功能，但我们已经能体会到它商业目的指向，而这种商业色彩势必要满足众"看客"的探究"神秘"异文化的诉求，同时还要满足一些释放压力的作用。在后来的"驱火妖"中，人们相互之间抹灰、嬉戏，相互取乐，可以说，"驱火妖"从传统意义上的"娱神"转向了"娱人"功能。为了

---

① 被访谈人：Z 哥（男，45 岁，可村彝族阿细人）。访谈时间：2017 年 6 月 28 日。访谈地点：可村村口。

② 马翀炜：《众神狂欢与意义追寻——彝族阿细人驱火妖节日的人类学分析》，《民族艺术研究》2003 年第 3 期。

将"驱火妖"节打造的更隆重、更具观赏性，人们又在"驱火妖"队伍后面加上阿细跳月表演、叉舞表演，将阿细文化中的文化因子全都集中在一个场中，这些表演已脱离了传统文化空间，这样一个"大拼盘"的"盛宴"在民族文化旅游中是非常常见的一种操作方法。有学届研究者将旅游开发下的民俗、文化称之为"伪民俗""伪文化"，其实，简单地为旅游背景下的节日文化事项等贴上一个什么样的标签是非常危险的，因为在当今经济全球化的背景下，民族文化本身就具有很强的流动性，我们不能说这种类似于可村阿细人"驱火妖"节日文化就不是"文化"，它依然存在于阿细人中间，它在一定程度上体现了对传统的背离，"然而很明显，在传统和现实之间还存在着延续，两者都不是凭空虚构出来的。"①

在弥勒地区每个阿细村寨都有一片密枝林，阿细人相信密枝林里住着密枝神，密枝神保佑着阿细人一方安宁。可村就有这样一片密枝林，平时打柴放牧都不能进入这片山林，以免触犯神灵。密枝林在自然的条件下生长，古木参天，茂盛葱郁。"祭密枝"习俗是阿细人对世间生灵生命的尊重，表达了阿细人对大自然的敬畏之情。周边大多数村寨的"祭密枝"是在农历的二月，但可村的"祭密枝"一般为农历四月初，需要通过毕摩择吉日进行。如果三月寨子里有丧事，祭密枝的日子就要往后推迟。

"祭密枝"的前一天，村中的每一家都需要带一些米、香烛、钱统一交到一处，可村这个活动一般是在村活动中心进行。如今的村活动中心功能强大，可村的集体活动、每家丧事、满月酒等活动都在此进行。大家把钱、物交到活动中心，会有两个人来记账。钱通常是五元、十元，最近几年已经增长为每个家庭十元钱。大家前一天将这些东西归落到位，以备"祭密枝"当天使用。"祭密枝"的祭品是黑毛猪或是山羊，通常是这两种祭品每年轮换。这个准备工作做得比较早，通常毕摩会在村中喂养的猪或羊中挑选，猪或羊一定是品相好、非常健康，而且一定要是黑色的公猪。事先挑好用于祭祀的猪或羊后，在"祭密枝"当日，将猪或羊在秤上

---

① 马翀炜：《众神狂欢与意义追寻——彝族阿细人驱火妖节日的人类学分析》，《民族艺术研究》2003 年第 3 期。

称好重量，以便事后将相关的钱付给主人家。

主持"祭密枝"的毕摩必须是夫妻健在的，并且在祭祀前七天内不能与妻子同房，还要用一种叫作清香叶的植物水洗两次澡，以除去身上污垢，表达对密枝神的崇敬。参加祭密枝活动的是可村的成年男性，女性是禁止参加的，老年男性通常也不参加。参加祭密枝的男人们，都须穿黑色衣服以显庄重，进入密枝林之后，任何人不得嬉皮笑脸，不得说一些不吉利的话。更不能在山林里大小便，避免各种形式的亵渎神灵。到密枝林后，大家静坐在一起，把黑猪或白羊杀好后，毕摩把猪或羊的右肩肋骨、大肠供在密枝神树旁，还要杀一直大公鸡放在神树旁边。这时，毕摩便开始念经，大致的意思为："远古的时候，地上寸草不生，天神显灵，长成大树，密枝神树保佑阿细人五谷满仓，牛羊成群，阿细人民过上了幸福的生活。"毕摩反复念经，祈求神树再次保佑阿细人五谷丰登、六畜兴旺，人们的生活幸福绵长。毕摩在念经时，参加祭祀的人们都要表情严肃。祭祀完毕后，参加祭祀的阿细男人们将带到山林里的肉、大米煮熟，他们之前就准备好两口非常大的大铁锅，他们会临时在山林里生火，他们围着做好的食物共进晚餐，吃完之后，把在祭祀期间的各种火源全部熄灭，将带来的工具带下山，"祭密枝"即结束。

"祭密枝"节是可村在推出"驱火妖"节之后又一努力的结果。"祭密枝"从一个阿细人每年都进行的宗教仪式演变为一个节日。据对村民的访谈，"祭密枝"向游客开放是在 2005 年以后，那时村中的游客渐渐增多，"驱火妖"节日影响比较大以后，大家就又将民族文化资源开发、挖掘放在了"祭密枝"上。2005 年以后，每年的"祭密枝"期间，政府的相关部门会在一些媒体上进行宣传，来鼓励游客到可村"探秘阿细文化"。游客在"祭密枝"节日期间，男性游客都可以同可村男人一样到密枝林里观看祭祀，并一同吃饭。女性游客同样有禁忌，密枝林最中心的祭祀场地是绝对不允许进入的，其他的区域则无严格禁忌。在这些游客参与其中的"祭密枝"活动中，其祭祀的各个环节与以前相比变化并不是很大，变化较大的是其中的氛围，除了在祭祀期间大家会保持较为严肃的气氛外，其他时候这更像是一场娱乐活动，这一点与复兴后的"驱火妖"节较为相似。如果说，整个复兴后的"驱火妖"是一个狂欢节的话，那么，纳入到旅游情境下的"祭密枝"节则一半是狂欢节，一半是探秘节。在旅游开发的背景下，可村的"驱火妖"节和"祭密枝"节成功满足了众"看客"探秘、释压的双重功能。

图5-2　可村毕摩在"祭密枝"①

自弥勒大力发展旅游产业以来，"阿细跳月"就成为其旅游发展的一张名片。"哪里有阿细跳月，哪里就是欢乐的海洋"成为其响亮的宣传语。可村较早地开发阿细文化资源，占尽先机，如今已成为阿细文化的代表，其"阿细跳月"也被认为是"正宗"。由于发展旅游产业的需要，2009年，弥勒市将每年的8月7日至9日定为"阿细跳月节"。每年的这期间，弥勒地区都会有数场以"阿细跳月"为主题的活动，其中有一场盛大的活动会在可村举行，多支"阿细跳月"代表队比赛决赛近几年都在可村跳月广场举办。通常全市参赛的"阿细跳月"队有几十余支，经过几轮角逐，

---

① 笔者拍摄于2018年5月20日。

会选出二十支队伍在可村进行决赛，这个比赛现已成为"阿细跳月"节的重要展示内容。

图5-3　可村阿细跳月节宣传条幅①

在可村的"阿细跳月"节期间，游客众多，前后两天可村已经做好了大量接待游客的准备。村中进行交通管制，各酒店、客栈、商店备足食物、日用品，不少可村人在大街上摆起了小摊，出售各种食品、饮料等。村中到处都张贴着"祝'阿细跳月'节圆满举办"、"把'阿细跳月'节办成最具影响力的节日"等的宣传条幅。据长期的观察、访谈，在"阿细跳月"节期间，游客明显多于其他时间，甚至比国庆、春节长假期间的客人都要多。由此可见，此节日的影响力是非常大的。"阿细跳月"节的举办选在此时间，明显是经过深思熟虑的，此时间为暑假，可村在半山腰，非常凉爽，适合避暑，暑假又是家长带孩子到可村了解民族文化、体验乡村生活的绝佳时机，所以，选择此时间作为"阿细跳月"节能收到较好的效果。

"阿细跳月"节期间，在可村看到身着各种鲜艳民族服装的阿细男女，他们早已做好准备，准备向冠军发起冲击。比赛开始后，只见各代表队的选手使尽浑身解数，响亮的唢呐、长笛和豪放的大三弦激情飞扬，带动了整个活动气氛。在传统的"阿细跳月"中，分为老人舞和青年舞两种。

---

① 笔者拍摄于2017年8月8日。

"阿细跳月"老人舞，节奏舒缓，动作风趣，舞步柔中带刚，男持乐器跳，女拍掌相对起舞。基本动作有：拍掌、跳转、单腿鹤步等。"阿细跳月"青年舞，节奏欢快，舞蹈热情奔放，动作潇洒飘逸。基本动作有：拍掌跳、旋转跳、跑步跳、弹跳等。在"阿细跳月"节期间的表演中，只有青年舞，因为青年舞节奏明快，更具观赏性。平时在可村的"阿细跳月"旅游活动的展演中，也是只有青年舞，基本上都是40岁以下的男女同跳。并且他们的舞姿、步伐都经过了一定的改动，主要表现为拍掌动作更多，旋转动作更多，节奏更为欢快，以期达到更好的舞台效果。2017年的"阿细跳月"节中，可村参赛的两支队伍都进入到了决赛，果然是强手，他们在自家门口展开角逐。这两支队伍分别是旅游公司可村"阿细跳月"队和可村"阿细跳月"队，这两支队伍的成员都为可村人，但一队队员全是在旅游公司跳月队工作，即职业舞者，另一队的队员则是职业跳月队以外的可村村民。各代表队各展风采，到可村的两支队伍上台时，观众的呼声最高，在自家地盘儿效果就是不同。最后可村"阿细跳月"队获得了三等奖，旅游公司可村"阿细跳月"队获得了二等奖，弥勒市的一支代表队夺冠。最后的结果令可村人不是很满意，他们纷纷表示要在来年多对舞步进行"改良"，要在舞台服装上继续下功夫，希冀在明年的"阿细跳月"节上有更好的表现，获得更好的名次。

"阿细跳月"比赛结束后，实际节日庆祝已到尾声。整个"阿细跳月"节主要就是围绕着"阿细跳月"比赛进行的。此节日的影响力不断扩大，有很多远道而来的游客。活动结束后，到了晚上，不少外地游客选择在可村的酒店、客栈居住，一直到第二天，大量的外地游客陆续离村，村中摆的流动摊贩陆续撤离，村中又恢复了平日的模样。

"阿细跳月"节是一个被创造出来的节日，它遵循了旅游经济发展的规律，在大政策的扶持下，可村各方的努力下，影响力日益扩大。这种被创造出来的以服务经济为主要目的的节日，从文化上来看，它与我们传统意义上所讲的民族文化、民俗文化似乎有诸多不同，它在很大程度上脱离了文化事项本来的原生环境，在原生性与商品性之间产生了张力，但我们却不能否定，类似于"阿细跳月"文化节已然是现代可村文化的一部分，它同样也在影响着可村人的行动、具体实践方式。

可村人的创造潜力是无穷的，在旅游开发中，他们充分挖掘传统文化中的各种资源，将有可能以仪式、节日出现的文化要素进行再现、整合、重构，以前出现过的大力渲染，以前未出现过的以一种现代人接受的方式再现。"祭虎节"就是以第二种的形式在近几年展现在世人面前的。在阿细人的神话、传说中并没有大量关于虎的情节，《阿细的先基》中也并未有此方面的记述。关于虎的文化意涵，阿细人的解读是虎是勇猛的象征，能镇山保寨，保佑一方安宁。在可村人自己经营旅游产业的早期，就有村民提议要将虎崇拜作为一种可见的形式表现出来，那就必须有虎的形象。但是，做成了类似于大雕像的形象，造价是非常高昂的，可村村民负担不起。在旅游公司接管了可村的旅游业后，他们考虑除了阿细古村的景点外，还应再有别的景点，否则太过单一，很难吸引游客。于是密枝山林景区以静谧的山林风光为卖点，联通古村的民族风情，再有吸取了可村人的意见、建议，吸收了阿细人虎崇拜的特点，专门在密枝山附近开发了老虎山景区。老虎山景区实则主要是一个老虎石雕，石雕体型庞大，作呼啸状，雄浑有力，谓之"虎啸山林"。此景点试图来解读阿细人的虎崇拜，但其实关于阿细人虎崇拜的文字记录缺乏，民间传说也并不多见，因此在这个石雕上也并未有相关的文字解读。硕大的石虎下有一个石头大底座，底座刻的是阿细人各种生产、生活场景。石虎雕刻的正前方是一个巨大的石头大香炉，这个景点在开发之初就已明确它的定位，以祭祀、仪式为特点来吸引游客。

从老虎山景区开放的第二年开始，每年一届的"祭虎节"成为如今可村旅游开发"创造"出的另一个节日。在可村我们发现，任何一个仪式都基本会办成一个节日。通过各种各样的节日来渲染气氛，吸引游客。由于"祭虎节"以前从未有过，这是一个"传统的新节日"，由于是新的，日期上没有相对严格的规定，具体在哪天举行，是由村中毕摩找一个好日子。2018年的"祭虎节"在3月23日举行，得到"祭虎节"举办的消息，我早早地做好了准备。当天早上，我早早起床，八点钟就已到了老虎山。除了几个清洁工大姐，并未见到更多的村民和游客。我就相关的问题对村里的几位清洁工大姐进行询问，她们竟然不太知晓细节，仅仅知道今天举行这个仪式。大概等到九点钟，毕摩和村里几个大汉相继到场。几位身强力壮的大哥开着一辆农用车，车上拉着两头羊，这是此次祭祀仪式的主角。不一会儿，几位阿细汉子就将羊拉下车，汉子们准备杀羊。期间还出现一个小插曲，有只羊见形势不妙，企图做最后挣扎，还真是挣脱着跑出了中心区域，这当然不会给阿细汉子们带来太大的压力，他们几个人合力，几分钟后羊就重新被按倒在地。随着羊的声声呻吟，不久后就躺地不动了。几位汉子三下五除二地把羊头砍下，放在祭祀台上。毕摩开始将祭祀台上倒满白酒，拿着高高的香点燃，插到大香炉上，持续念经数分钟，祭祀便完成。期间所有的人都保持静默，不准出声嬉戏。这个仪式并没有那么的繁琐，由于时间较早，没有几位游客，只有个别村民前去参加，人数也不多。有红河电视台的几位记者在现场记录、摄像、采访。上午的仪式结束了，大家纷纷散去，前往自家或上班、劳动。

下午的活动比上午的热闹多了，游客很多，村民也不少，整个老虎山景区熙熙攘攘。下午三点多，毕摩又来了，祭祀台上的东西已是现成的，毕摩换上他的衣服，上了三炷香之后又开始诵经。下午的诵经时间比上午的时间要长，持续有七八分钟。很多游客也当然听不懂毕摩在念什么内容，但也都营造着肃穆的氛围。诵经大概七八分钟后，有四个男人开始"舞虎"，两人一只虎，"舞虎"的原理类似于"舞狮"，毕摩在前方诵经，随后是"舞虎"，两只虎后面跟的是可村阿细跳月队的队员及其他村民，村民们示意游客们可以跟在他们身后，大队伍围绕着石虎开始转圈，以毕摩为首领，大家绕石虎数圈后毕摩示意此环节结束。在此之后，村民们和游客们可以对着石虎上香、鞠躬，很多游客纷纷前来。

上香结束后，氛围突变，早已做好准备的演出队上场了。这其中有可村的两支文艺队，外村的有四支表演队，其中还配有一个主持人，这位主持人就是平时旅游公司表演队的主持人。可村的青年表演队先上场，依然是阿细跳月，表演的同时，主持人邀请游客们参与到表演中，大家热情参与，气氛热烈。随后是老年队，阿细跳月老年舞，动作舒缓，诙谐有趣。最后是外村的表演队，还包括本地阿细歌手的独唱，这种场面在外村是比较少见的，游客们露出满足的深情。表演结束后，想一同同村民吃饭的游客可以付每人30元的餐费，这样就可以同村民一同聚餐了。

图5-4　可村"祭虎节"上的"舞虎"[1]

聚餐的地点就在老虎上的半山腰，那里有一些简易房。"祭虎节"期间，村委会出资会购买一头猪、两头羊，用来祭祀及供村民、游客聚餐。前来吃饭的游客不在少数，放眼望去，有大几百号人。老老少少的村民边聊天边享受美食，好不惬意。早上在老虎山被杀的黑山羊成为餐桌上的清炖羊肉，其他的荤菜还包括各种猪肉菜，外加可村特色的蒸南瓜、煮小瓜等。每人30元的餐费能吃到如此多的美味，性价比极高，聚餐结束，不少远道而来的客人选择在村内居住，继续享受阿细山寨的迷人风光，感受阿细人的热情好客。

以上可村"驱火妖"节、"祭密枝"节、"阿细跳月"节、"祭虎"节已被纳入旅游开发情境下的文化展演，在之前曾是"后台"的已经转到"前台"。如今，在可村，没有被纳入文化展演的文化事项越来越少了，从

---

① 笔者拍摄于2018年3月23日。

目前节日文化来看，大家普遍认为"不那么阿细文化"的春节、中秋节等节日文化还没有进入到展演场域，因为大家认为春节、中秋节这些是汉文化的代表，到可村阿细村寨就没必要体验这些了，这些要素进入展演当中也并无太大价值。其实，在可村人的日常生活中，春节、中秋节是非常盛大的节日，据对可村人的访谈，可村从建村开始，这两个节日就开始受到村民们很大的重视。而大家想象中的类似于彝族"火把节"这样的"应该有的盛大节日"，在可村恰恰是较少过的。但如今在旅游产业开发的背景下，可村人的春节、中秋节节日文化也在发生着变迁。

一直以来，可村阿细人春节从进入农历腊月开始就有节日气氛了。从各家的杀猪开始，村中便热闹起来，杀猪饭从这家吃到那家，整个农历腊月都是在不断的"吃"中度过的。旅游开发后，可村人非常繁忙，一些家庭喂养猪的数量越来越少，近年来已经有少部分家庭不杀猪了，村中已不像从前一样热闹万分。可村阿细人的春节如今变得不如过去盛大，大家都忙着上班，春节七天作为最长的假期，前来可村的游客很多，大部分都是带着自家的孩子前来游玩，游客多了，可村人都要加班，跳月队的工作人员一下午要跳两场舞，游客前来就餐时还要轮流为她们唱酒歌，非常繁忙。同样，保洁、客栈、酒店里工作人员的工作量也是大大高于平常，还有很多可村人在此黄金周期间摆摊做生意，大家异常繁忙，所以有一些之前的比如祭山神、祭祖等春节习俗现在都简化了，春节期间的气氛已不同于从前。"后台"春节的气氛较之前冷清，作为景点的村子却异常热闹。春节期间，可村为吸引游客，有多台舞台表演，这是"前台"的春节，这并非真正的可村人的春节，这其实只是演给游客看的春节，"真正的"春节游客是很少看到的。

旅游必定会带来目的地的文化商品化，与之相关的是文化"真实性"问题。游客试图来寻找"真实"，目的地居民要演"真实"的文化给他们看，文化进入展演就是另一种"真实"。在这个问题上，积极投入旅游业的可村阿细女性有自己的一套理解，她们已在很大程度上能搞清楚，她们知道什么是表演给游客看的"假"节日、"假"仪式，什么是他们阿细人实打实的"真"节日、"真"仪式，她们认为分清楚了这些，能帮助她们更轻松地应对更多旅游相关工作，思想上就会少很多焦虑。

二 阿细女性眼中的"真""假"节日

任何民族旅游中的文化展演都涉及可以给游客看的和不可以给游客看的两部分。反映在可村旅游上，接待游客的拦门酒、舞台上表演的阿细跳月等这些都是极力演示给游客看的，但涉及家庭内部关系、家庭纠纷等这些带有隐私性质的是不给游客看的。同样的，同是节日仪式，有些是游客可以看的，甚至是专门"演"给游客看的，但像春节、密枝节等的仪式或其仪式的某些环节中，可村人并不希望被游客"凝视"。如今可村的节日文化旅游开展得轰轰烈烈，全身心投入其中的阿细女性亲眼见证了节日文化的变迁，她们对节日文化有自己的理解。

一到节日期间，可村大大小小的客栈爆满，也是女人们更加忙碌的时间。正值暑假的"阿细跳月"节期间可村游客更是接踵摩肩，女人们忙得不亦乐乎。开商店的 D 嫂一个人卖货似乎都有些忙不过来，作为一个"闲人"我却也帮不上忙。老板正忙，我也不好问什么，只得在一旁观察，待到"阿细跳月"舞台比赛开始后，前来购买东西的游客不断减少，她走到商店门口，倚着门向大舞台望去。她的商店占据了可村的最佳位置，商店正好对着大舞台的中心。商店的地势也比舞台要高上个三四米，这样，从商店门口看大舞台，其表演尽收眼底。趁着休息时间，她看了几分钟表演，便同我攀谈起来。

今年的表演队听说没有去年的多，不过今年的游客倒是也还不少，今年的宣传力度更大了，听说电视台里做了广告，还有微信（公众号）做宣传。这个节日还是好呢，政府都是故意整到暑假的时间，孩子们放假了，游客特别多。这个节日才短短几年时间，就是为了旅游的。但是很有意思，很多阿细跳月队都来，一年比一年跳的好。主要是我们寨子的生意都会比平时好很多。①

---

① 被访谈人：D 嫂（女，40 岁，可村彝族阿细人）。访谈时间：2017 年 8 月 8 日。访谈地点：D 嫂商店。

当我问到这个"阿细跳月节"和"祭虎节"、春节等节日有何联系、区别时，她又和我热聊起来。

这个很明显了，这个"阿细跳月节"就不像我们以前的节日，就是政府为了帮助我们发展旅游，让我们更好一点地苦钱了。春节当然不一样了，我们春节就是自己的节日，现在春节推出的舞台表演是专门给游客准备的，但我们自己过节还是我们自己的那种风俗，只是春节很忙了，不像以前风俗更多些。那个"祭虎节"是这些年才有的，我们以前都不知道这些事，以前我们根本没有这个仪式。近几年举办这个节日，也好的，一个是对我们寨子好的，听老人们讲，虎是吉祥的，是保佑我们寨子的，肯定祭祀也很好。另外，节日嘛，游客都会比平时多，我们生意会更好，我们当然也还是觉得好的。像这个祭祀我们每个家庭也不用拿出来钱，钱都是村里付的，我们还可以聚餐一次，也挺好。像这个节日以前没有过，也只有我们村子有，其他的阿细寨子都没有的，就没有什么真假之分，是我们寨子自创的。①

在可村的访谈中，不少女性会提到节日的"真""假"问题，关于真假的判断，她们是基于两个标准：一为是否忠实于"传统"；二为是否是完全表演给游客看的。比如像"祭虎节"，是近几年才有的，是一个新的节日仪式，没有"以前"可以关照，并且，她们认为祭虎既有为自己寨子祈福的功能，同时兼具一定的表演性质，并不是纯粹的表演节目，她们普遍认为这个不太"假"。

在对"祭虎节"的观察中，我也深刻地体会到其仪式的两个不同面向。在上午的祭祀中，毕摩携村中的数位男子，先宰羊，再进行简短的诵经、祭拜仪式，这个环节从"可观赏"的角度来看，其功能是较弱的。比如，在众人面前直接宰杀牲畜，比较多的游客可能会觉得比较血腥，难以接受。当听到羊的呻吟、惨叫声，在现场的我就感觉有些脊背发凉。这种缺乏美感的东西一般是不太会在游客面前呈现的。通过对村民的访谈，也

---

① 被访谈人：D嫂（女，40岁，可村彝族阿细人）。访谈时间：2017年8月8日。访谈地点：D嫂商店。

证实了我的猜测，上午的祭祀是"真正的"祭祀，并不主要是为了表演给游客看。下午热闹的景象同上午稍显冷清的情景形成了鲜明对比。隆重的祭祀现场、考究的道具、与游客的频频互动、经验丰富表演队的精彩表演，这些共同构成了一个完整的、理想的旅游展演。下午的仪式中，满足了游客的多种"需求"，似乎大多数游客认为这是"真实"的。因为，有毕摩较长时间的诵经，以满足游客猎奇的心理。多数游客想当然地认为阿细人就是非常神秘的，这个环节一定要大肆渲染。游客跟着毕摩在大部队后上香、鞠躬，礼毕完成后，再观赏、参与热闹的阿细跳月，这些要素正是游客们想要的。通过村民们的讲解，通常毕摩诵经是单独的，像这种大家跟着毕摩绕圈，就是为了满足游客的需求。但"祭虎节"毕竟有专门的、严肃的祭祀环节，按照 D 嫂们的说法，"祭虎节"不太"假"，因为上午的面向是村民，是"真"的祭祀。

麦坎内尔在《旅游者：休闲阶层新论》中集中论述了"舞台真实"，他首先是从旅游者的角度来论述，游客远道而来是为了寻找"真实"，东道主就必须刻意提供给游客"真实"。① 此后，关于旅游人类学的"真实性"成为一个重要的研究主题。东道主要满足游客对于"真实"的追求，必然要集中"表演"给他们看很多东西，但凡是搬上"前台"的也就不是所谓的"客观真实"。在这部分中，本书要探讨的重点是，作为东道主的阿细女性她们如何看待集中表演的节日仪式的"真实性"问题，这个问题的探讨能集中体现她们是如何看待社区旅游、如何看待自己的文化，并能在相应的情境中采取不同的实践策略。

在 R 婶客栈居住多日，R 婶也与我及游客都交流、探讨过关于"真""假"的问题。暑假的一天，来自四川的一对年轻夫妻住在客栈里，午休过后，她提醒这对夫妻去观看阿细跳月，这对夫妻表示去年"阿细跳月节"期间就曾来过可村，已看过阿细跳月了，但依然兴致勃勃地与她攀谈起来。当游客问到节日期间及舞台表演中的阿细跳月与他们平时跳的阿细

---

① Dean MacCannell：《旅游者——休闲阶层新论》，张晓萍等译，广西师范大学出版社 2008年版。

跳月有何不同时，她会道出其中道理。

> 节日舞台上的阿细跳月和我们平日里跳的差不多，当然也有差别了，舞台上跳的节奏更快，衣服更漂亮，以前我们跳的随便一点了，现在更"专业"，现在在生活里我们也还是会跳，当然也受到舞台表演的一些影响，跳得更热闹啊，当然，其实如果你们看，节日舞台上跳的是最"好看"了。①

在可村居住多日，当可村人吃饭喝酒喝的开心时，他们都会情不自禁地跳起来。的确他们私底下的舞跳得更随意，不是那么"专业"。所谓"专业"其实就是旅游展演的"舞台化"问题。当一种文化进入到旅游文化展演的情境中，其表现形式、意涵必然有诸多不同。在对多位可村女性的访谈中得知，这种不同一开始让她们多少感觉一些不适应，但后来时间长了，她们也明白旅游发展中的一些"奥秘""规律"，这种不同也就不会让她们太感到焦虑了。她们在舞台上跳的是一种，在日常生活中跳的又是不同于舞台上的"日常舞"，尽管如前所述，舞台上的一些舞步会对"日常舞"有些影响，但在跳的过程中她们舞步的不同依然明显，感受也明显不同。

当我问到"驱火妖"这个节日时，R婶也与我交流了很多。她俨然已经把我区别于普通游客，讲很多问题的时候会更详细，最重要的是，她会给我透露出更多的"秘密"。提到"驱火妖"节日，我询问为什么这几年不办这个节日了，她表示不太清楚，由于这几年是旅游公司搞这些事情，她们也并不太知道内情。她顺着这个问题提到了大家对于"真""假"的看法。

> "驱火妖"旅游开发以前几十年也没有过，只是听很老的老人说

① 被访谈人：R婶（女，60岁，可村彝族阿细人）。访谈时间：2018年7月8日。访谈地点：可村R婶家。

·220·

在旧社会时有过，一开始，村子里面管理旅游时搞过几次，表演的很热闹，寨子里有些人就跟着一些老年人说这个太不"真实"了，和从前的有太多不一样，都有些变味了。我也不太懂，我也看不出来，我们这些人倒觉得没什么。发展旅游嘛，热闹才会吸引人嘛。我们寨子有些人比较喜欢较真，还有点喜欢说风凉话，女人们在这方面还不怎么说，有些男人还更喜欢说什么与以前一样不一样什么的。这几年很没有人说什么了，大家好像也都看明白了，搞旅游就是这么回事。游客一般也不会去追究什么真假，有什么关系嘛。不一样就不一样嘛，我们自己明白就行了，又不会给我们带来什么坏处。①

路易莎·莎因的研究提到，少数民族女性似乎是"传统"文化的代言者，外来的人对于满足自身对于"他者"的想象，往往通过对少数民族女性的"凝视"而满足。② 中国学者沈海梅也提到少数民族地区衣着服饰上"时髦"的男人与"守旧"的女人，之所以女人"守旧"还是由于其活动范围、社会角色使然。③ 从可村的女人来看，旅游中的服饰展示、舞台展演中女性承担着重要的使命，似乎她们更"传统"，但从对类似于文化"真实性"的理解上，女性似乎又更"现代"，因为她们经过了短暂地对旅游的适应后，就认识到了只要能赚钱，与以前的不一样又有何妨呢？她们自己分得很清楚。她们弄明白了很多东西都是演给游客看的，她们自己又有自己的一套东西，分得清楚，就不会给她们带来更多的焦虑、困扰。可以看到，阿细女性在此方面彰显了她们灵活的生存策略。

旅游开发迅速带来了市场化的所有事物，可村女性开始明白谁、谁的家庭要想获得长久发展，就需要积极投入到旅游的怀抱中。生计方式的转变、经济结构的转型助长了她们的能动性。她们不断地积累自己的文化资

---

① 被访谈人：R婶（女，60 岁，可村彝族阿细人）。访谈时间：2018 年 7 月 8 日。访谈地点：可村 R 婶家。

② ［美］路易莎·莎因：《中国的社会性别与内部东方主义》，载马元曦《社会性别与发展译文集》，生活·读书·新知三联书店 2000 年版，第 98—121 页。

③ 沈海梅：《族群认同：男性客位化与女性主位化——关于当代中国族群认同的社会性别思考》，《民族研究》2004 年第 5 期：

本，并将其适时进行转化，以争取有利地位。

三　文化资本的操作、积累与转化

"驱火妖"节是 2002 年以后可村通过复兴仪式而形成的一个节日，在可村人自己开发、经营旅游产业的十余年间，产生了较大的影响。在对可村多位访谈人的访谈得知，"驱火妖"节曾一度接近"阿细跳月"节的知名度，但在旅游公司接管可村旅游产业的近几年中，这个仪式就没有再组织展演。由于在旅游公司接管可村旅游产业之后，可村旅游管理委员会就解散了，村民在此方面就没有组织的能力。如前所述，"驱火妖"节实则是旅游产业催生出的一个节日，在此之前长达几十年中并未出现在可村社会，因此，当可村人自身不直接经营旅游产业而旅游公司又不来组织时，这个节日就又消失在历史中了，但人们对于此方面的记忆、实践方式及其影响依然存在。

"驱火妖"节中男性依然是主角，直接参与的主要是男性。但在可村复兴后的"驱火妖"中，有很多要素已与老人记忆中的有所不同，同时，这个节日的功能也发生了较大变化，在旅游产业的背景下，娱乐成为首要的功能。因此，对于女性参与的状况也与老人记忆中的"原汁原味"的"驱火妖"不同。在"驱火妖"节举办期间，女性不直接参与仪式的祭祀环节，却可以参加其之外的任意环节。"火妖"将灰抹到路人脸上，大家甚至可以相互抹灰，这个环节男女皆可进行，只是男女互抹是有一定的忌讳，一般非平辈之外的是不会有这种类似于戏谑行为的。

> 我们前些年自己寨子搞这个旅游的时候，我们就有这个"驱火妖"嘛，很好玩，我们在以前都没有过这个，那个时候，是一些老人、专家指导我们弄的，在那个场上，都是男人，但是之前的那些准备工作都是我们这些女人们做的。我们阿细这些类似于祭祀的事情都是男人做的，女人是不能在正经的场地上出现的，这个就更是了。因为这个仪式当时那些男人要赤裸着上身，身体上画着一些图案，我们阿细女人平时穿衣服这些要求是很严格的，肯定是不能露太多的，不

然别人会说的。祭祀这些我们女人一般不能直接参与，是什么原因我也不知道。之前的这些准备我们女人是会出很大的力气的，我们寨子里有一些年纪大的老年妇女她们会指导着我们当时年轻的女人去做准备工作，前几年的时候我们都不懂，后面就知道了。我记得我们委员会派我们几个女人去镇上买些颜料，我是很不懂，有几个识字多的姐妹就更懂一些。刚开始我们也不太明白弄这个东西会有什么重要的，但到后来，越来越知道旅游发展会给我们带来很多好处，我们后来干类似于这些事情还是非常有积极性的。当时我就在跳舞队跳舞，我们几个就做这些事情了。再后面几年，我们都比较懂了，很多我们的这些可村女人都会来做这些事情，哪怕不给什么报酬。①

可村女性在"驱火妖"节期间的行动，没有直接"喧宾夺主"，而是积极做好幕后工作，在很多人都不掌握这个文化资本时，积极去进行实践，在筹备工作中一展拳脚。根据对多位可村女性的访谈，在这个节日期间，有多位女性已成为这个节日的"知识分子"，她们从年老的女性那里学到了各种知识，使自己掌握了一定的主动权。在对 F 嫂的访谈中得知，她就是几位比较熟悉这个节日文化操作的一位，她们在筹备工作、仪式流程设计上都能有所作为，并且，当外地游客到可村来参观这个仪式时，她们会作为解说员出现，她们掌握了其中的"知识"，受到了可村人的羡慕、尊敬，在之后的相关活动中又发挥了积极作用。F 嫂谈到在"驱火妖"节举办的那几年，弥勒政府也是比较重视，每年都会派政府的一些工作人员到现场，当时她们几个女性筹备工作做得好，而且政府工作人员来时，她们的接待、解说工作做得很好，后面政府就给予了寨子旅游发展更多的支持，当时这个事情令她们非常自豪，她们觉得自己能给寨子带来利好，感觉自己所作所为非常有价值。

---

① 被访谈人：F 嫂（女，50 岁，可村彝族阿细人）。访谈时间：2017 年 4 月 3 日。访谈地点：可村 M 客栈。

"驱火妖"节完全是在旅游开发后被"复兴"出来的，与之不同，"祭密枝"仪式则是一直以来都存在的，作为阿细人一个重要的祭祀活动，在阿细社会中始终占据重要的位置。但从仪式发展为节日，还是和旅游开发、发展有直接联系。在可村初步开发旅游产业时期，就有相关专家、村中精英提到过将此仪式做大，成为一个节日，吸引外来游客。在"驱火妖"节顺利举办并产生一定的经济效益、社会效益之后，"祭密枝"节紧随其后，被成功运作，成为可村阿细旅游的另一重要节日。从"祭密枝"成为节日之前一直到村中自己运营成为一个重要的旅游参观项目，直到旅游公司接管了可村的旅游产业之后，尽管旅游公司对这个节日的运作不够十分重视，但可村人一直对"祭密枝"抱有十分的热情。

> 我们阿细人都认为有密枝神，没有这个神的保佑，我们寨子里的每个人都不会安生，庄稼也不会丰收。所以，一直以来，这个"祭密枝"就从来就没有断过。我们自己村里经营旅游产业的时候，政府也来帮我们宣传，影响很大，当时也有不少游客。前几年旅游公司接管了我们村子的旅游之后，他们好像也不太懂这个吧，不太重视，但我们自己并没有受这个影响。每年的农历四月份，我们都会自己组织，现在游客也有不少来看的，但没有前几年多。我们自己经营的时候，那个"驱火妖"和这个"祭密枝"，游客都很多。但"驱火妖"后来旅游公司不搞了，因为这些还是很费钱费时费事的，所以我们自己就没搞那个了，因为其实"驱火妖"我们阿细人觉得还是可有可无的，但这个"祭密枝"是必需的，不然我们就会认为会给寨子带来祸事。①

"祭密枝"作为阿细人最看中的祭祀活动，其直接参与祭祀的还是男性，女性是禁止参与祭祀环节的。与"驱火妖"相似，女性可以参与筹备、收尾等工作。对于为何不允许女性参与其中，通过对可村男女的访

---

① 被访谈人：Y嫂（女，43岁，可村彝族阿细人）。访谈时间：2017年4月10日。访谈地点：可村跳月广场。

谈，大概有两种观点，一种是歧视女性的，认为女性不洁；另一种说法是
祭祀活动有很大的"力量"，女性是抵挡不住的，会给女性带来灾难。至
于到底哪种说法是所谓正确的，很难考证，总之到密枝林的中心区域祭
祀，女性是绝对禁止的。旅游开发后，对于女性参与的禁忌有所松动，除
了祭祀的中心区域以外，其他地方女性是可以进入的，包括祭祀完毕之
后，和男性一样在树林里一起吃饭。而通过对于可村女性的访谈得知，她

图 5 - 5　可村"密枝节"中聚餐的阿细女人们①

们并不十分想直接参与到其中，可村女性比较认同的是女性"力量"小，
到这些地方可能很难抵挡住什么东西，所以她们即便是近几年也选择不去
直接参与到其中，但这并不意味着她们在此活动中的影响力会因此降低。

　　"祭密枝"活动的前期准备工作比较复杂、繁琐，由于男人们祭祀要
带上米饭、肉类、蔬菜等，以前他们都是带的生食上山，祭祀之后煮熟食
用。后来有不少女性提议可以将在家里煮熟的米饭带到山上去，这样可以

---

　　①　笔者拍摄于 2018 年 5 月 20 日。

节省时间，而祭祀后的肉食在山上煮熟就可以了。至于为何这样做，不少可村女性认为，因为旅游产业开发后，有一些游客会到山上观看，也会有一些游客在山上吃饭，这样到山上煮饭所需的时间太长，所需的灶具太大，难度会比较大，所以各家族派代表在家中煮好饭带到山上去比较妥当。大家工作都很繁忙，如果这个祭祀活动持续的时间太久，会耽误太多的时间。但祭祀的动物必须在山上杀死，好在这些肉食的数量不会有米饭多，所以，即使有游客食用，在山上烹饪的难度也不会太大。所以，从旅游产业开发后大家就这样操作了。

在旅游发展后，就有很多东西都发生变化了，这个"祭密枝"就有很大变化。我们寨子的女人脑子还是很好使的，提出了好多方便大家的方法。我们这些女人们不去参与祭祀，但我们会准备米饭、蔬菜，归置各种需要的东西，我们这几年有女人去山上吃饭的，但我没去过，我觉得我们还是不去的好，做好准备工作就挺好，活动结束后，也是我们这些女人去收拾好相关的东西。一到这个节日的时候，有很多游客过来，有时也有一些城里的亲戚会过来看，我们这些女人都会接待他们，给他们讲解一些知识，这几年"祭密枝"的时候，还有不少像你们这样的老师、研究生等等过来，他们经常会问一些问题，我们这些女人懂得也不少，有时比那些男人都更会讲。我们虽然不直接参与祭祀，但我们做的工作还是挺多的。特别是旅游开发后，我们这些女人在这些事上还是比较积极的。毕竟也是为了寨子好，为了我们好嘛。寨子发展的好了，也给我们带来了不少好处。像一到这种节日的时候，游客比平时更多了，我们可以借此机会做点生意什么的，都挺好的。像在这些时候我也在寨子里摆摊卖些民族工艺品，那些游客还是很爱买的，他们会一边看商品一边听我讲一些节日啊、习俗啊这些。①

---

① 被访谈人：Q嫂（女，44 岁，可村彝族阿细人）。访谈时间：2017 年 3 月 9 日。访谈地点：可村村口。

在可村的节日文化场域中，女性总是在阿细文化许可的范围内出场，并在不少环节承担重要的任务，特别是旅游产业开发后，她们大部分能积极参与，她们用比较温和的方式来发挥她们的智慧，采用不与男性发生直接对抗的方式参与其中。布迪厄在《区隔》中阐述了文化资本的获得方式，一种主要通过幼时在家庭中获得，另一种是以系统的方式学习而成。我们看到，可村阿细女性的文化资本当然相当部分是从小在家庭中习得，另外还有在学校教育中获得，同时，她们在社区中通过有意识的获取文化资本，体现了她们的能动性。虽然她们不能说出文化资本这个名词，但却在实在的实践中不断积累自己的文化资本，并能在一定的时候将其进行转化，以占据有利位置。

"阿细跳月"节是可村最新的节日，在暑假期间举办，是官方组织的旨在促进弥勒旅游的一个重要举措。近几年的盛况空前，给可村带来了很大的知名度。在各个参赛的舞蹈队中，女性都占有约一半的比例，女性的作用不可忽视。对于可村而言，其参加跳月比赛有两个队伍，分别代表旅游公司和村里，这两支队伍参赛，基本囊括了可村所有的跳月能手。对外宣传中，可村是阿细跳月的发源地，其阿细跳月最"正宗"，所以每年的跳月比赛可村人都铆足了劲儿，期望拿一个理想的名次，以不负盛名。在这个过程中，可村女性的作用非常突出，由于她们在旅游公司的舞蹈队作为"专业演员"每天都参与演出，非常有舞台经验，心理素质也好，所以她们的优势比较突出，另外，舞蹈队时常会有比较专业的艺术院校的师生过来调研，这些师生会和舞蹈队的队员有各种交流，特别从舞台服装、台风等问题上会给予她们一些启发。在舞蹈队中，女性接受外来的知识比较积极，她们更能将学来的东西运用到平时的工作和比赛中，所以，在比赛期间，这些女性她们的作用就更加突出。作为同村人，村寨的跳月队也会从旅游公司跳月队的女人们学来一些经验、新的知识，这样，在历年的比赛中，可村阿细跳月的成绩都很不错。由于可村阿细跳月的"水平"越来越高，其他代表队会你追我赶，近两年整个节日期间的比赛中，各个代表队的水平都较高，比赛的整体水平提高，观赏性也相应提高，整个节日的影响力也就越来越大了。

在 2017 年的"阿细跳月"节上，可村两支队伍的成绩不是很理想，分别获得了二等奖和三等奖，与一等奖无缘。

> 我觉得这次主要是我们的服装选的不是很好，我们今年没有置办新的服装，你看其他代表队他们的服装非常新，颜色也鲜艳。我们寨子跳的肯定还是好的，像我们寨子由于旅游发展的好，而且昆明好几个艺术学院的舞蹈系本科生都在我们这里实习，女生比较多，她们的老师也会过来指导，我们特别是女人还是会很留意学习很多东西，她们这些女孩都很会打扮，舞台服装也好，其实我们这里是非常有优势的，只是我们今年大意了，没有置办新的服装，我觉得这一点吃亏了些。我们跳的不错，不过这两年其他寨子代表队也跳得好，没办法，现在都很厉害了。我们寨子参加比赛，很多事情都是女人做的，选服装啊、化妆啊什么的，男人们其实没有我们更积极，我们还是要打起精神，再好好整整，争取明年再有个好名次。①

在"阿细跳月"节中，可村女性不仅在舞台的表演中是主力，在准备比赛时表现积极，并且在比赛以外的其他筹备工作也较主动地参与。在诸如布置舞台、会场等事务上她们同样也是主力。"阿细跳月"节日期间游客猛增，给可村带来了无限商机，如之前的 Q 嫂一样，在"阿细跳月"节日期间的大街上、舞台边，会看到刚刚下了跳舞场的可村女性身着民族服装兜售民族饰品、食品等，在游客的心中，她们成了阿细文化的重要代表人、阐释者。

如今的可村阿细节日文化，很大程度与旅游产业开发有着密切的联系。"前台"和"后台"节日文化都在变化，并且有些节日既属"前台"，又属"后台"。如果说，"驱火妖"节和"阿细跳月"节更侧重于"前台"文化展演，而"祭密枝"节是两者兼而有之的话，春节的节日文化则更多

---

① 被访谈人：小 K（女，23 岁，可村彝族阿细人）。访谈时间：2017 年 8 月 21 日。访谈地点：可村跳月广场。

地侧重于可村人的"后台"生活，即便如此，在春节的节日文化场域中，依然与旅游开发有着非常密切的联系，其文化变迁明显，可村女性在这个场域中有着灵活的策略，并在此中越来越能提升自己的地位和影响力。

春节是可村阿细人的一个重要节日，同汉族人过春节相似的是，他们在春节期间走亲访友，联络感情。其中的吃杀猪饭、祭祖等活动尤其能强化人与人之间的联系，稳固、拓展关系网络。但与汉族人过春节所不同的是，可村阿细人历来过春节很多活动、环节相对灵活，不像汉族人一样特别正式、隆重。进入腊月后半月，到了可村，除了吃杀猪饭的热闹气氛，其他与平日并无不同。他们不贴春联、窗花，也不是所有小孩子都穿新衣、戴新帽。在可村开发旅游之后，腊月后半月将近过年的一段时间甚至比平日里更冷清，因为这个时期的可村气温较低，也为整个红河地区旅游的淡季，游客们是攒足了劲儿准备过年七天假的时间到各处观光旅游，所以可村在腊月游客较少，很多店铺、酒店都处于歇业状态，寨子里非常安静。可村女人在年前便可有更多的时间做一下家里的事情，将过年需要的食物等准备妥当，家里有在外读书、工作的孩子，女人们会将孩子们的被褥洗好、晒好，迎接孩子们的到来。如今可村人过年其实主要只是过大年三十这一天，因为到大年初一，很多的游客就涌入村中，大部分的可村女性便开始繁忙起来。

大年初一我就来到了可村Z嫂家里，晚饭所需食材前一天她就准备好了，家里还有其他客人，有外村的亲戚和同家族的兄弟。主厨还是Z哥，她做帮厨，由于下午Z哥去传承中心教年轻人吹笛子，所以回家烧饭稍晚，晚饭吃的稍稍晚一些。一切操作、吃饭都在院子里进行，相对于年前的寒冷，年后的可村很明显暖和不少。吃饭期间，Z嫂还在忙活着，等有些客人吃得差不多了，孩子们已经退离饭桌，她才上桌吃饭。尽管如此，在招呼客人方面她是非常关键的人物，特别向我介绍各种春节习俗讲得头头是道。像她这样的可村女性看似不出现在"正式"场合，但其中的作用是不容小觑的。特别是旅游产业发展后，像Z嫂这样的认识汉字很少的女性也都能较好地用普通话同寨子外的人交往，在春节期间和客人的交往都显得非常主动。Z嫂平时并没有在村中的旅游公司上班，但到了春节期间，游客很多，她有时也会和寨子里的其他女性一样在村中摆摊，卖一些具有民族特色的饰品及其他饮料、食品，抑或是帮助别人卖。她说大年初二到初六寨子里的游客特别多，她们一般初二就开始做生意了，效益很不错的。同位女性，我们还很自然地聊到回娘家过年的问题。

> 我们阿细人没有严格的规定，以前春节回娘家是初二、初三，现在一到过年，我们比平时更忙，没时间回娘家，而且我们寨子里的女人很多娘家也是我们本村的，大家都忙，娘家人也没时间接待我们这些出嫁的姑娘，所以，现在大家干脆就不去了，或者有的是过年这几天找一个大家都比较不忙的时间回娘家，总之很灵活，本身就没有太严格的规定，那么现在就更灵活了。娘家是外村的特别是路途稍远的媳妇儿们，大部分过年这几天不回娘家，等过了很忙的这几天找一个休息时间再回。其实不仅是回娘家这个事情上，以前过年招待客人都是在家里吃中午饭，现在我们都很忙，像我家我年前就给亲戚打电话，让他们晚上来吃饭，好好和他们讲讲，亲戚们都理解的。同样的，我们如果去同村或邻村比较近的亲戚家，有时也会吃晚饭的时间去，只有那个时候有时间。像这种沟通的事我们家都是我来弄的。这个也很正常嘛，这几天请假也不好请，另外，不上班的寨子里的很多人她们会做些生意什么的，这几天还是很赚钱的，很多人不愿意错过这机会。在做生意上现在我们寨子里的女人们更厉害一些，她们讲普通话讲的也好，穿上民族服装又好看，所以很多女人她们会在过年这几天赚到不少钱呢。①

过年期间的可村道路两旁，到处是可村人摆的摊，其中经营的大部分是女性，我甚至看到一个七八十岁的老奶奶拿着几个绣花头饰、鞋垫在路边售卖，其与顾客还价、向游客介绍阿细刺绣的本领娴熟，可见并非是第

---

① 被访谈人：Z嫂（女，44岁，可村彝族阿细人）。访谈时间：2018年2月16日。访谈地点：可村Z嫂家中。

一次从事这个生意。在这期间，我充分见证了可村女性经商的本事，她们能灵活改变春节习俗，紧紧抓住难得的机遇，在春节期间经商上大有作为。她们懂得将自己的阿细身份凸显、放大，将平时积累、掌握的文化资本灵活运用并适时进行转化。

可村女性在"前台""后台"的节日文化场域中，主动学习、积极参与、规避风险，她们努力掌握更多的文化资本。她们已经意识到，在民族旅游产业开发的背景下，持有更多的文化资本不仅能提升自己的社会地位，更能将其转化为经济资本。有意识凸显的族群身份也是她们谋求更多资本的策略，她们努力将自己扮演成阿细文化的代表者、阐释者，以在旅游产业参与中，在阿细文化许可的范围内为自己、家庭争取更有利的位置。

小结　旅游中阿细文化的"真实性"与阿细女性的能动性

在民族旅游开发中，民族服饰展演是文化展演的重要内容。在可村，工作时间随处可见穿着阿细服饰的村民，特别是对于女性要求更为严格。舞台上展示出的民族服饰已与"真正的"阿细民族服饰有所区别。"后台"的阿细民族服饰在青年、老年群体皆有不同的表现，在旅游的影响下，整个可村"后台"的民族服饰呈现出从式微到"复兴"的趋势。在旅游情境中，可村女性在着装方面既要满足旅游公司、旅游发展的要求，又要体现出自己的"现代时尚""民族风情"，她们有时分场合选择服饰，大多数在村中用便捷、灵活的着装策略贯通"前台"与"后台"。

在可村旅游舞台上的文化展演中，阿细跳月是主角，其被渲染为青年男女交往的最重要媒介。阿细社会自由恋爱、"砍柴挑水定终身"的婚俗被大力宣传、重点包装。在"前台"中女性们是表演的主角，然而她们非常清楚这只是表演，这与她们"真正"的生活有很大不同。如今可村"后台"阿细人的婚俗正在发生着变化，越来越多受外来文化影响，呈现出趋同态势。可村姑娘的择偶观也在发生着变化，由于旅游发展前景良好，不少女性基于经济方面的考虑选择嫁入本村，在择偶中，感情基础依然是最基本的考虑要素，但经济方面的考量越来越多。

节日文化是可村民族旅游开发的重点，从旅游开发之初到如今一直伴随着可村人对节日的"复兴""改造""发明"等。如今，大多数可村的节日已纳入到"前台"，带有表演性质，同时，其中也有一些节日仪式既有展演功能，又承担着其"原始"功能。整个可村的节日在旅游发展后发生了"巨变"，由于旅游的发展带来经济结构的变化，从事工作的时间、方式、性质也随之变化，即便没有纳入"前台"的诸如春节等节日，也受其影响，习俗也在发生变迁，有仪式简化、过节时间缩短的趋势。如今的可村女性已比较明晰"真""假"节日，她们并不会因为出现"假"节日而感到焦虑，她们能分清各自的不同功能。她们充分利用节日的契机，在旅游产业中大展拳脚。她们既筹划设计，又实际操作，特别注重在其中将其文化资本进行转化，以扩大自身的影响力，为自己的家庭、自身谋求有利地位。

结语与讨论

本书以阿细村寨可村为田野点，主要研究旅游影响下女性的实践。这其中涉及的主要问题有：旅游业给阿细社会、文化变迁带来什么影响；在旅游开发的背景下，阿细女性是如何实践的，她们的能动性如何体现，结构与能动性的关系如何，她们的生存理性又如何体现；旅游开发对少数民族女性的社会地位、女性发展带来什么影响。针对以上本书研究的主要问题，以下，笔者对本书的论点进行总述并对相关问题展开讨论。

一　旅游影响下的阿细社会、文化变迁

本书对于女性实践的探讨是放在旅游开发的背景下，因此，旅游究竟给阿细社会、文化带来了哪些变化，这是本书研究的一个重要问题。旅游如今已成为可村众多生计方式中的一种，其所占比重有明显上升的趋势。生计方式的变化在一定程度上改变了阿细人的作息方式，如今他们劳作不仅要关注节气的变化、雨水的多寡，更要时刻关注旅游的淡旺季，关注上班、下班的时间等。他们的身份具有多重属性，身兼公司职工、商人、农民于一身。如今他们生活中的诸多方面被游客"凝视"，以往很多的"后台"生活逐步呈现于"前台"。

多种生计方式带给可村阿细人更多的选择，并带来很大的挑战。特别是对于女性而言，需要兼顾各种"活计"和料理好家务，这就形成整个阿细社会学习新技能的气氛，女性们纷纷学习各种"现代"服务、管理经验、现代网络操作等。与此同时，她们也主动学习"传统"阿细文化，以

积累更多文化资本，以便于在日后的旅游产业中进行经济资本的转化。旅游是一个新事物，在其中，女性可以以更独立的姿态参与其中，对男性的"依附性"降低，这给女性在当下新经济结构中能动性的凸显提供了必要条件。

在旅游从业中，年轻女性掌握的各种资本较多，她们更受欢迎，这在一定程度上也影响到了她们在家庭中的地位。夫妻关系更加重要，并趋向于向更平等的方向发展。婆媳关系中年轻女性的地位随之有较为明显的提高，孝敬老人的方式发生了变化，对其要求相对宽松，形式更加灵活。与之相关，女性在家庭中包括消费、子女教养等方面的话语权增强，家庭地位有所提高。家族生活、社区自治中女性在旅游中形成的新习性又突出体现，她们更能动地选择各种策略，影响力有一定的提升。旅游发展拉近了可村与外部世界的距离，更在很大程度上拓展了可村人的活动空间，阿细女性的社会关系随之拓宽。

旅游开发后，可村阿细人不断重新审视自身的文化，受其影响，阿细民族服饰文化变迁呈现出鲜明的特点。当周边阿细村寨的传统服饰影响力逐步下降时，可村的民族服饰呈现出从式微到"复兴"的发展态势。旅游开发对可村的节日文化变迁有较大影响，更多的节日仪式纳入旅游展演的"前台"，其具体仪式、功能都发生了明显的变化。受旅游开发的影响，可村家庭经济收入差距不断扩大，在择偶中可村阿细姑娘经济方面的考虑日益突出，择偶观已不同于往日。与之相联系，婚俗也发生变化，婚礼、陪嫁从无到有。

我们在考察旅游给可村阿细社会带来什么影响时，似乎看到的是整个阿细社会、文化的各个方面都卷入其中，但正如丹尼逊·纳什所言："我们不仅要理解和全面分析旅游发展所涉及的社会和心理变化过程，证明旅游确实是引发目的地社会变迁的一个因素也很必要。这里就应找到旅游的到来（如一个综合度假地的建立）与当地各种社会文化变迁（如较大亲属群的消失）两者之间充分的、必要的关系。为了做到这一点，我们必须排除其他可能导致变迁的内外部因素，如工业化、移民和大众传媒的影响。

它们可能同时发生，有时同时到来。"① 其实我们知道，没有旅游的影响，可村阿细社会文化一样会经历变迁，有些变迁就并非是旅游的影响，比如争取分家、小家庭的建立总是年轻女性，这一点在集体化之后全国都比较一致，这是经济结构变化使然。但放在如今的可村，旅游的影响是年轻女性分家愿望更迫切，因为她们更想快速地携自己的小家庭投入到旅游产业中，她们认为错过早期发展的机会将会非常被动。所以，类似于这样的例子，有些并非完全是旅游带来的影响，但在一部分却是。再比如，可村消费方式的变化，网购的兴起改变了可村人的消费习惯，这些在其他阿细村寨也是存在的，但旅游所起的作用主要在于，在这个过程中，可村是所有阿细村寨中走在最前方的，因为旅游的发展，其已经成为附近村寨的中心。

　　旅游影响下的可村阿细社会、文化变迁中，有些是非常明显的，有些则相对表现不突出。如前所述，受旅游开发的影响，很多可村阿细节日的仪式、功能皆发生了较大变化，但类似于像密枝节这样的节日仪式、功能则变化不明显，因为在阿细人的信仰体系、世界观中，树神、山神是所有神的中心，对她们的极度尊崇相对而言变化较小。另外，诸如阿细社会中长幼有序的秩序构建，分家的时机很有讲究，较早分家的诉求可以被阿细社会接纳，但当下阿细社会还很难接受一个新儿媳在刚结婚就分家的行为，因为阿细人普遍认为这是对阿细社会秩序的挑战。无论是神圣空间的构建，还是世俗秩序的维护，阿细人在这些方面都有某些同一性的东西存在，也正是这些同一性，保持了阿细人独有的民族气质。

　　对上述问题的阐述，并非有意突出所谓的"变"与"不变"，文化是动态的，是被建构的，"变"才是"不变"的。如萨林斯所言"变与不变这两种互不相容的对立观都是没有根据的。文化理念的每一次实际运用都是对它们进行的某种程度的再生产，而每一次诸如此类的参照也都是各不相同的。我们多少知道，事物在它们的变迁过程中必然要保留其中的某些同一性，否则这个世界就将变成了一个疯人院。"② 所以我们看到，受旅游

---

① ［美］丹尼逊·纳什：《旅游人类学》，宗晓莲译，云南大学出版社 2004 年版，第 23 页。
② ［美］马歇尔·萨林斯：《历史之岛》，蓝达居等译，上海人民出版社 2003 年版，第 195—196 页。

产业发展的影响，可村阿细社会、文化经历着较为明显的变迁，但阿细女性能坦然地面对、消化、吸收，因为在实际的社会、文化变迁中，文化有将外来的不同于过去的、自身的事物、事件纳入到自己体系中的能力。因此，可村阿细社会在旅游带来的社会、文化变迁中依然是平衡的、独特的。

二　旅游开发背景下阿细女性的生存理性

本书的研究对象可村阿细女性，在民族旅游开发的背景下，其身份具有多重属性，但归根到底她们依然属于农民。在对于农民行动逻辑的研究中，经济理性、生存理性、生存伦理，是人类学、社会学重要的研究内容，是进行相关研究绕不开的话题。关于农民是否时刻追求经济利益最大化是斯科特－波普金之争的核心内容。斯科特的研究表明，农民遵从的是一种"道义经济学"，他们追求的并非是经济利益最大化的经济理性，而是遵循"安全第一"的生存伦理，波普金的观点则完全与之相反，他认为农民行为与公司经营者并无不同，他们同样也追求经济利益的最大化。我们去研究问题，不能简单地套用一个他们中的某个理论、说法来阐释，只能将农民的实践放在特定、具体的社会、文化背景下来考量。

在对可村女性在"打工与做老板"选择上的考察可以发现，现阶段她们更倾向于"安全第一"的考虑。至于为何是这样的生存伦理，当然与她们的境遇相关。历史上的可村一直以来都是贫困、闭塞的阿细村寨，经济发展水平较低，每个家庭较少有剩余，只是在近十几年来，特别是旅游产业发展以来，多数家庭才有一些存款，但存款数量不大。在阿细文化中，大家对于投资并没有什么概念，历史上的她们做生意的极少，她们的主要生计是种田、畜牧业。作为极少接受学校教育的阿细女性，更是在投资、做生意上没有丝毫经验。长期以来的经济拮据、文化影响使得可村阿细女性非常害怕冒险，她们更多的是选择比较稳定哪怕回报率很低的策略。因此，大多数的她们现阶段选择的是在村内的旅游公司、私营客栈、酒店打工并同时兼顾种田，一旦她们有一些存款，她们大部分选择的还是比较"安全"的盖更多的房子向外出租，自己经营生意的较少。即便自己经营生意，她们会选择投入较少的生意来做，用她们的话说，"我们赢得起却赔不起"。因此，从此方面阿细女性的选择来看，我们不能下一个结论就说她们"胆子小、没冲劲儿"，因为她们脱离危机生存边缘的时间不长，她们在此方面追求经济利益最大化的条件不足，当然也就不可能去一味彰显她们的经济理性。

其实，行动者的实践无论是在经济场域或其他场域，其逻辑都非常复杂，远非是斯科特、波普金所概括的"道义经济"或"理性小农"可以简单概括或解释的，正如郭于华的研究所表明，"'道义经济'与'理性小农'的概括都不难在农民的生活世界中找到根据。实际上，这两种特性取向可以在同一个选择过程中呈现。"① 人是理性的，人都在追求物质利益，以满足自身的基本生存和进一步的发展，特别是在市场经济运行的今天，人们的经济理性显现的更加突出。但经济理性源于经济学对于经济人的假设，在人的实践中，人们的行为并非只是简单地考虑经济利益的最大化。即便是追求经济利益的行动，也不是单纯的，行动者总是要受到道德伦理、文化传统等的影响、制约。因此，在对作为农民的可村阿细女性各方面特别是经济场域的研究表明，她们的行动并非时刻都在追求经济利益最大化，但她们又丝毫没有远离对经济利益最大化的追求，有时在一个行动选择中，可以看到这两种追求的同时呈现。其实，即便在经济场域的选择，我们也不仅仅看到行动者的考虑只是经济方面的考虑，她们还要更多地考虑自身、家庭的安全等问题。因此，我们不妨将斯科特的经济方面考虑的"安全第一"推及非经济领域。

针对本研究，在民族旅游产业开发的背景下，可村女性在择业上面临着新的选择，她们中的大部分选择在家门口就业，哪怕她们的工资比外出打工少了许多，她们如此选择当然并非单纯追求经济利益的最大化，而主要是基于家庭安全、家庭再生产的角度考虑。外出打工虽然能挣更多的工资，但无法照顾孩子、老人，如果长期与丈夫分离，对于夫妻关系、感情

---

① 郭于华：《"道义经济"还是"理性小农"——重读农民学经典论题》，《读书》2005 年第 2 期。

也极为不利。她们认为即使挣了更多的钱，但对家庭带来了消极影响，她们认为这依然是非常不"划算"的。但事实不止于此，她们中的大多数还透露如今在家门口就业，同样也是不想丧失长远的发展机会，如今的可村旅游产业发展已步入正轨、蒸蒸日上，如果现在退出这个市场，对于自身、家庭文化资本等的积累是相当不利的，她们想较早地找到今后发展的机会，以在将来的旅游产业中赢取更多的经济资本，追求更大的经济利益。因此，在可村大部分女性择业的问题上看，这方面虽是经济行动，但我们要将其放在整个社会行动中去研究。正如格兰诺维特所言："经济行动只被看作是特殊的社会行动的范畴，即便它是最重要的范畴"。①

人的"理性"一直是哲学、社会科学所探讨的重要问题。作为行动者的农民，无论是"道义经济"或是"理性小农"的论调，都肯定了人的理性。千百年来，作为行动者的农民不仅是理性的，而且具有高超的生存智慧。所不同的是，"道义经济"强调的是农民的生存理性，而"理性小农"则意欲突出农民的经济理性。

研究实践，讨论理性，一定会涉及理性选择的问题，而理性选择则不得不提科尔曼。科尔曼是一位有很大抱负的理论家，他在其著作《社会理论的基础》中提到，其理论的构建不是局限于解释行动者的选择，而是用来解释社会系统的活动。他提出的理性选择理论，试图借鉴经济学的理论、研究方法来解释、研究非经济行为，他认为人具有完全自由行动能力，作为行动者的人的选择总是遵循效益最大化原则。这个效益最大化当然是借鉴经济学的经济利益最大化，他所强调的效益最大化除了考虑经济效益之外，还要综合考虑社会地位、社会声望等。科尔曼明确提出人的行动是理性行动，"行动者在一定条件下，最大限度实现个人利益的行动可称为理性行动。"② 贝克尔是理性选择理论的宣传者，与科尔曼相似，"贝

---

① ［美］马克·格兰诺维特：《经济行动与社会结构：嵌入性问题》，载［美］马克·格兰诺维特、［瑞典］理查德·斯维德伯格《经济生活中的社会学》，瞿铁鹏、姜志辉译，上海人民出版社 2014 年版，第 77 页。

② ［美］詹姆斯·S. 科尔曼：《社会理论的基础》（上），邓方译，社会科学文献出版社 2008 年版。

克尔证明经济学研究适用于范围广泛的非经济行为，他把这视为自己的任务。"① 他认为经济研究为所有人类行为的研究提供了统一的框架。"贝克尔认为下述假定是经济学研究方式的关键。第一，人们的偏好是相对稳定的，而且它们在各种不同类别的人口内没有实质性的不同，在不同文化或社会之间也没有实质性的不同。第二，人们以最大限度的信息为基础展现最优化的行为。第三，市场存在，它促使参与其中的人们的行动协调，而且有助于他们行为的相互一致性。"②

科尔曼、贝克尔这样的理性选择理论有一定的解释力，在 20 世纪 80 年代以后到现在都有不少追随者，由经济利益最大化扩展到社会利益最大化，其能将纷繁复杂的人类选择、行动简单化，但该理论明显有较大不足。针对本研究，如今可村阿细女性在择偶的选择上，越来越多会从各方面去考虑，经济方面的考虑是重点，另外，也会综合考虑对方的口碑、家族声望、文化资本等内容。历史上的可村姑娘有相当一部分嫁入本村，由于近年来旅游产业的快速发展，一些抓住先机的家庭率先掌握了更多的各种资本，经济差距随之拉大，与之前可村女性在本村选择配偶不同，如今的可村姑娘在经济方面的考虑也就更为突出。旅游产业发展前，可村姑娘选择配偶主要是以"感觉好、瞧得上"为主要标准，因为那时大家经济资本、文化资本等的持有差别很小，那时的她们嫁入本村，并不存在择偶的"高攀""下嫁"的情况。从可村女性择偶方面的考察，不同时期的可村阿细女性，她们对配偶的选择当然是理性的，会考虑各种因素。但我们要看到，不仅不同文化人们的考虑、选择会不同，即便同是阿细社会，不同时期的可村阿细姑娘，她们在择偶实践上，其理性的体现也是不同的。因为，此时的阿细文化已不同于彼时的阿细文化了。如今的可村，依然有约一半的阿细姑娘选择嫁在本村，她们的考虑更多的是"过更好的日子"，"可村发展前景好"；老一代的可村女性嫁在本村，则更关注的是"方

---

① ［英］帕特里克·贝尔特、［葡］菲利佩·卡雷拉·达·席尔瓦：《二十世纪以来的社会理论》，瞿铁鹏译，商务印书馆 2014 年版，第 177 页。
② ［英］帕特里克·贝尔特、［葡］菲利佩·卡雷拉·达·席尔瓦：《二十世纪以来的社会理论》，瞿铁鹏译，商务印书馆 2014 年版，第 177 页。

便"。因此，理性选择理论在可村女性择偶实践上就无法做出合理解释。因为，这样的理论往往忽视或抹去文化的差异，这实在不能解释不同文化背景中行动者的选择、行动、实践。并且，像择偶这样的行动者选择，除了考虑"效益"以外，类似于情感等非理性方面也是理性选择理论所不能衡量、解释、概括的。

如今经济全球化的深入发展，每个人都被裹挟进市场经济中，行动者的行动特别是经济行动当然有许多共性，追求经济利益最大化的诉求越来越强，可村女性的实践也能体现出此点。长期生活在自给自足的社会，较为恶劣的生存环境使得她们在很长的历史时期都生活在"水深齐颈"的生存边缘。市场经济的全面进入，尤其是近年来民族旅游产业的快速发展，加速了其社会转型的速度。年轻女性对于普遍意义上的现代市场、经济有了深刻的认识，但这并不能掩盖她们依然是阿细人的事实，她们的任何选择、实践都有阿细文化的烙印。

格兰诺维特认为，"帕森斯等人对于经济行动与经济现象的解释，过度地强调了社会系统文化价值规范的影响，使经济行动者成为文化价值规范的木偶，因此是一种过度社会化和'过度嵌入性'的看法，而经济学对于经济行为和经济现象的看法，则是一种社会化不足和'零嵌入性'的概念，因为她们认为经济行动者完全是为个人的工具理性目标，进行原子化的完全理性或有限理性决策"。[1] 经济学对于行动者的经济行动考量是基于"零嵌入"的前提，并且经济场域的行动者是原子化的个人，经济学的理性是从个人的经济利益追求来衡量的，在这里我们需要讨论一下真正的具体社会中的行动者，他们的理性考虑是基于个人还是家庭，究竟是个人主义还是家庭主义。关于此方面，阎云翔有较为深刻的研究，在他对下岬村的系列研究中有不少内容也从女性的角度去探讨此问题。虽然阎云翔的研究中突出了"个体化""个人主义"的内容，他从个人的独立自主性、个人情感、个人欲望等方面论述了个人主义的兴起、发展。[2] 阎云翔对此方

---

① 刘少杰：《社会学理性选择理论研究》，中国人民大学出版社 2012 年版，第 67 页。
② 阎云翔：《私人生活的变革：一个中国村庄里的爱情、家庭与亲密关系（1949—1999）》，龚小夏译，上海人民出版社 2017 年版，第 247 页。

面的研究，在可村女性身上同样也有一些体现，她们的确呈现出越来越关注自身的态势，特别是从如今的消费上可以看出，女性对自身身体、自身感受更加重视。但与此同时，其实阎云翔也在研究中涉及年轻女性的"战斗"方面，他也指出从姑娘到儿媳这个特殊的人生阶段中，年轻女性的独立自主性是最突出的，一旦自己争取的小家庭建立之后，她们的策略又会变得没有太多激烈的成分，显得比较保守。正如研究中所言，"年轻女性权力实际上是她们作为新儿媳的权力，它被局限在家庭生活的一个特定方面"。① 在对可村女性的研究中，她们在做出各种选择的时候，如果是基于理性考虑，她们考虑的基点大多数是家庭的安全、发展、再生产。即便是在尽快推动分家的问题上，她们也多基于未来小家庭的考虑，也并非完全是为了自己。又如她们在村中旅游产业工作兼种田还是去县城工作的选择上，绝大多数女性选择的是前者，尽管很多女性她们没有长时间离开过可村，她们也想有去县城工作的经历，以接近更多的"现代文明"，但从家庭利益的考虑，而不是更多地从自己挣钱多少及个人的欲求出发，她们大多会选择待在村寨中。当然也有一小部分人会选择听从自己的声音、自己挣更多的工资考虑，去最近的城里——"县城"工作。不过据调查，这种行为在可村已婚女性中不仅数量很少，并且为数不多的她们在经过短暂的"进城"后，又会返回到可村中。

从可村女性的实践中，我们可以看出，完全意义上经济学中的理性所基于的单个行动者的经济利益考虑是不成立的，她们很多时候会遵循"家庭安全第一"的"生存伦理"，而这个"生存伦理"实则就是人类学中所讲的生存理性。单个行动者经济利益最大化的理性不成立，那么，经济学所信奉的行动者行动的"零嵌入"当然也是不成立的。因此，本书即使强调经济理性，也并非一定是基于单个个体女性的经济理性，其更多经济方面的算计、经济利益的追求是基于家庭的考虑。所以，本书所提出的经济理性，实际是生存理性的一个方面，是生存理性中聚焦经济利益追求的那个组成部分。

---

① 阎云翔：《中国社会的个体化》，陆洋等译，上海译文出版社 2012 年版，第 197 页。

从研究中看，在经济全球化纵深发展、社会转型加剧的今天，可村女性实践中经济方面的考虑日渐增多，她们的行动更多地考虑家庭经济利益。我们很难将经济学中所强调的个体经济效益最大化追求的经济理性完全抽离出来，所以说，可村女性的经济理性是生存理性的一部分。她们是理性的，尽管她们并非时刻进行理性算计，但我们不能简单、单方面地给可村女性贴一个"道义经济实践者"或"理性小农"的标签，很多时候她们的实践能同时凸显以上两种特征。可村阿细女性依然较强的体现出追求"安全第一"的生存伦理，而无论是经济效益追求的经济理性，还是同时又凸显的追求安全的生存伦理，现阶段更多时候是基于家庭的考虑，个体大多时候是镶嵌在家庭中，只有当家庭安全、利益得到充分保障的基础上，她们才会更重视突出个人的诉求，谋求个人的发展。阿细社会、文化的力量依然非常强大，可村阿细女性的选择、实践时刻带有他们的影子，但可村女性并非完全是结构的木偶，她们在阿细社会、文化中展开自己的能动性，彰显着自己的生存智慧。

三 旅游影响下阿细女性实践中的结构与能动性

在行动者的实践方面，布迪厄提出"惯习"的重要概念，"与唯心论不同，惯习观提请我们注意，这些建构的原则存在于社会建构的性情倾向系统里。这些性情倾向在实践中获得，又持续不断地旨在发挥各种实践作用；不断地被结构形塑而成，又不断地处在结构生成过程之中"。[①] 行动者的实践既不是受结构的压倒性作用，又无时无刻不在结构之中。长期以来，可村阿细女性在特有的社会结构、文化下，有着独属于自身的生存策略、实践逻辑。当旅游产业发展，经济结构发生变化，女性可以较为独立地参与其中，结构留给能动性的空间增大，其能动性更加凸显。

在旅游产业中，年轻女性更受欢迎，她们大多数会参与其中。这时，

---

① 皮埃尔·布迪厄、华康德：《实践与反思——反思社会学导引》，李猛、李康译，中央编译出版社1998年版，第211页。

婆婆们会努力做好家里的后勤工作。婆婆和儿媳妇都会积极调整策略，再生产出良好的代际关系，为家庭、自身赢得一个有利的位置。当下中国孝道的衰落成为很多研究者的共识，阎云翔在他的研究中指出沉默的公众舆论、信仰世界的倒塌、经济剥夺和无情的市场逻辑等原因造成了孝道的衰落。① 在可村阿细社会中，从女性的家庭生活来看，婆婆的权威的确较从前有所下降，但与阎云翔对北方汉族下岬村的研究不同，目前可村阿细社会中，"孝"依然是阿细人进行道德评判的最重要的准则，公众舆论并没有沉默，它时刻监督着阿细人的实践。在可村，人们依然会在不同场合较多地谈论到关于对待老人的问题，如果谁家的子女对年老、丧失劳动能力的父母、长辈不尽赡养、照顾的责任，或是平时对他们的态度比较恶劣，都会受到舆论的极大谴责，并且人们在家族生活、公共生活中也会孤立这些不孝儿女。阎云翔的研究同时也指出了年轻一代更适合市场经济，年老一代的贫困无法给子辈更多的财产，"由于无法给儿子提供什么，父母身份不再具有传统的神圣性，而年轻人也不再遵循孝道。做父母的深感陷入困境，既无助又无望"。② 然而，在对可村女性实践、代际关系的探讨上，笔者在阿细社会中发现了与以上研究的不同。

长期以来的阿细社会中，经济不发达，每个家庭的剩余都较少，各家庭的经济收入差距很小，大多都是只能维持最基本的生存，所以并不存在父母认为给子辈财产少而有所愧疚的问题。改革开放后，尤其是民族旅游产业在可村的全面铺开，一些先搭上这个列车的家庭获得了更多的资本、更多的发展机会，不断加大了收入差距，但目前来看，可村的收入差距纵向相比的确拉大，如果横向与其他地区、民族的村寨相比，差距并不十分明显。对于父母给予子代的财产，既比较有限并且差距并不大，所以，子代不能以父母留给他们的财产少为由，来对父母不孝敬。因此，可以说，在可村社会中，长辈权威的下降是有限的，我们很难说其"孝道"大大下

---

① 阎云翔：《私人生活的变革：一个中国村庄里的爱情、家庭与亲密关系（1949—1999）》，龚小夏译，上海人民出版社2017年版，第209—214页。

② 阎云翔：《私人生活的变革：一个中国村庄里的爱情、家庭与亲密关系（1949—1999）》，龚小夏译，上海人民出版社2017年版，第213页。

降，只是子代对于父母、长辈的孝以一种新方式延续。当当下的社会环境、舆论、生计方式比较有利于年轻女性时，可村阿细婆婆更主动地承担各种力所能及的家务和其他劳动，比较主动地让渡家庭权威，以争取子辈对于自身"尽孝"的更多资本和舆论支持；年轻儿媳妇则在不违反阿细社会中"孝"的道德规范的前提下，争取更大的自身发展空间，并时刻注意做到履行尽孝义务，最起码也要从"表面上"让大家都挑不出来大的毛病，以避免自己在阿细社会中处于不利位置。所以，在可村我们看到，父母与子女、婆媳之间的关系都维持的较好，极少出现儿媳妇呵斥婆婆的现象，更少见到在大街上吵架、骂街的情况。任何社会的任何文化必然处在变化之中，在这个过程中，可村女性以一种积极的姿态和生存智慧去应对这种变化。所以我们看到，在各种环境发生变化的时候，她们并非死死抓住过去的孝道标准不放，也并没有无所适从，或许像可村阿细婆婆有一些不甘，也留下一声叹息，但她们并不是无助无望的。

"布迪厄用'场'这个概念指那些社会生活领域，在这些社会生活领域，通过各种策略，会发生与重要物品或资源有关的斗争。"① 在各个场域中，可村女性用自己的策略去积累资本，占据有利地位。如今的可村，很多事务都因旅游产业开发而起。在旅游产业中占据有利位置，资源的争夺在所难免。由于旅游产业的发展，相关政府部门对可村的土地管理更为严格，对作为主要景点的可村古村房屋的修缮、翻新、对临街铺面房屋翻盖的管理也有更多要求，古村房屋在即将自然倒塌之前一般不会被批准翻新、修缮，以保持古色古香。临街房屋的翻盖必须经过村、镇、县三级政府相关部门审批，对房屋的层数、外观都有明确要求。村寨中宅基地的划分要求更为严格，宅基地的数量必须与家中男丁的数量精确匹配，绝不允许任何人多划分宅基地。

旅游产业的发展，旅游公司占据了不少家庭的田地、山地，作为赔偿的问题也是可村家庭、可村女性非常关心的问题。这些问题事关每个家

---

① ［英］帕特里克·贝尔特、［葡］菲利佩·卡雷拉·达·席尔瓦：《二十世纪以来的社会理论》，瞿铁鹏译，商务印书馆 2014 年版，第 46 页。

庭、每个可村女性的直接利益，她们对于相关意见、建议的反应比较积极，她们的诉求都需要通过村民代表、村委会主任等人在各级相关部门进行反应，再进行商讨，最终给予解决。如今可村女性最关心的是房子的修建，她们都希望自家的房子越来越好、越多，这就意味着她们可以将房屋向外出租或自己做生意，比较轻松地获取经济效益。在她们最关心的问题上，她们并没有"直接"参与其中。在社区治理中，可村女性一直都直接参与度比较低。长期以来"男主外、女主内"的性别角色期待、文化程度较低等原因，导致她们伸张自身及家庭的权益多通过对直接参与的男性施加影响的方式来达成。直到现在，可村村委会中的工作人员、村民代表中绝大多数仍为男性。现阶段可村女性对于以上社区治理相关问题的关注度很高，对于房屋修建、修缮、土地相关赔偿利益的争夺高于历史上任何一个时期，但即便如此，她们的参与方式与过去的差别并不是很大，依然是极少数直接参与。她们中的大多数是通过日常生活中对于相关人员、组织潜移默化的影响，积极利用各种关系网络来达到反应、争夺的目的。在访谈中，大多数可村女性认为她们在社区治理中，没有必要和男性争取直接参与权，她们认为自己对自身比较清醒的认知决定了这样间接的方式更能达到自己的目的，并符合阿细社会对于女性的要求，她们更愿意在与男性没有正面冲突的情况下去达到一定的目的。

在这个过程中，其实涉及两种资源、地位的争夺，一种是大家普遍关心的房屋修建、修缮、土地赔偿利益的争夺；另一种则是公共事务影响力的争夺，但值得注意的是，第二种资源的争夺实则是第一种资源追求、争夺的主要途径。在第一种资源的争夺中，她们使尽浑身解数，当然着力点主要在于对主管部门的影响上，所以在这里，公共事务影响力的争夺就显得非常重要。但恰恰是在这个争夺中，她们却主动地选择"缺位"，她们并没有选择直接争取话语权的方式，而是依然采取迂回的方式来达到自己的目的。虽然她们选择的"缺位"与"传统"的方式差别不大，但她们的自觉意识却比"传统"时期要强得多。

在旅游产业催生的新节日"阿细跳月节"的参与中，女性积极进行筹备，以扩大自己的影响力，积累文化资本。她们在参与节日比赛前积极请

教相关的专家，从舞台服装、妆容、舞步等各方面进行提升，她们结伴设
计、购买服装，积极组织排练，有时男人也要听从她们的指挥。对于她们
的这些实践，放在"传统"的视角下，阿细男性会认为她们在"逞能"，
不给自己"面子"，很多女性会用类似于"女人能顶半边天"的"现代话
语"来为自己的行动找到合理化解释，较多的男性已比较认同这种说法。
其实，究其原因，是因为女性在旅游从业中"抛头露面"的新习性已经形
成，已被阿细人普遍接受。

在民族旅游产业开发后，可村阿细女性的生活空间不断扩大，昔日感
觉遥不可及、高高在上的"县城""城里人生活"失去了其"高级感"，
经济实力的增强、可村知名度的提高、日益便利的交通使得可村阿细女性
的活动空间从"村里"延伸到"城里"，县城成为她们经常消费、娱乐、
交友的空间，尤其是她们中的年轻一代更能做到自信地与"县城人"交
往。旅游的发展，村中不少的"城里人"成为可村的常客，不少从事服务
行业的可村女性与他们积极交往，从中进行知识的交换，扩展自己的视
野，甚至她们通过相互邀请到家中做客、礼物交换等方式，结成长期往来
的朋友关系。在这些交往实践中，可村女性会时而脱离跟在男人身后的角
色，不少时候是以独立的个人姿态、身份来进行。在调查中，可村社会及
男性们普遍认为只要交往的人品好，安全有保证，这并没有什么不好，
"不能用过去的标准来要求现在的女人，时代不同了"。所以，可村女性是
在当下的而不是过去的社会结构给能动性留有的余地中大胆作为。

尽管社会结构给能动性留出了空间，但这个空间是有限的。当刚结婚
的年轻儿媳妇有分家的诉求、要谋求小家庭的建立时，通常不会被阿细社
会认可。在前文的研究中有一位年轻的儿媳妇就有这样的诉求，她做了各
方面的努力，从家庭内部着手再到社会舆论支持的争取，但到最后还是失
败了。长期以来，可村阿细多兄弟的家庭分家，通常在年轻媳妇儿有了第
一个孩子之后，公公婆婆为孩子办了"满月酒"之后才能进行。这样才意
味着家庭后继有人，老一辈的任务完成，也才能为自己"孝"的诉求披上
合法的外衣。可村阿细人普遍认为，这是涉及"孝道"生产、长幼有序社
会结构的重要实践，因此大幅度更改的可能性较小。所以当年轻儿媳妇觉

得这个"权威"无法挑战时，她又理性地退回。因此我们看到，如今可村阿细女性实践中能动性不断凸显，但其能动性依然是有边界的。

在家族活动中，可村阿细女性一直以来都有着重要的作用，但一直是"跟在男人身后"的形象，在家族祭祀、家族议事等重要"正式"场合中她们是不能出现的，她们的作用主要是做好"后勤工作"。旅游产业开发后，可村女性走向职场，走上舞台"抛头露面"，但如今在家族生活中，她们的行动依然比较保守。不能出现的场合她们依旧不出现，偶尔也会在类似于家族内部的满月酒中"刷存在感"，以一种个体性的方式出现在大众面前，增强自己的影响力，但这种行动的采取依然有限，其是在当下阿细社会结构、文化的许可范围内，所以，其实这种行动还属于"传统"的一种"现代"的表现方式，依然是她们习性的表现。

"习性是性情的生成系统，是在童年早期默会获得的，因而是持久的。性情生成人的实践、即兴创作、态度或身体的运动。习性提供'游戏感'或'实践感'，允许人们提出无数的策略以成功应付无数的处境。""人们知道如何进行他们的日常活动，不必那种知识用话语表达出来。"① 数年来，可村女性在家族活动及其他场域的实践中，以一种比较自然的策略来谋求生存、发展，这种行动、策略有时是她们无法言说的，也不是时时都进行如经济学意义上的算计，而这正构成她们实践逻辑的一部分。可村阿细社会、文化正在经历着变迁，旅游产业的发展又加快了其速度，"人类学有关文化变迁的研究表明，人的各种实践活动以及从中折射出的能动性并非一定要表现为反抗、革新和取代传统的文化模式，文化以自身特有的惯性在吸纳和整合不同的文化特质。积淀已久的文化理念和价值体系绝不会轻易被荡涤干净，只不过被一种符合现代性要求和话语的策略巧妙地掩盖起来，并产生出内与外的分类体系。"② 无论哪个历史阶段，可村阿细女性的实践活动都表现得比较"温和"，我们并没有看到她们的激烈行为，其实就是"习性"在起作用，她们用"合适的"话语与策略来表达诉求、

---

① ［英］帕特里克·贝尔特、［葡］菲利佩·卡雷拉·达·席尔瓦：《二十世纪以来的社会理论》，瞿铁鹏译，商务印书馆 2014 年版，第 45 页。

② 刘珩：《文化转型：传统的再造与人类学的阐释》，《民族论坛》2012 年第 11 期。

实践，社会具有韧性，她们的行动、实践也具有突出的韧性。

四　旅游开发与少数民族女性发展

阎云翔在对下岬村的研究中提到家庭内部性别角色的重新定位问题，他指出 20 世纪 90 年代以后，"夫妻关系的各个主要方面都有了新的定位：双方关系更亲密，感情更好，男人承认女人对家庭经济极其重要的贡献以及妻子当家的权利，家庭暴力大为减少，许多丈夫愿意分担家务。"[①] 在经济全球化的今天，生产方式的同质化趋势明显，同下岬村相似，可村女性在家庭中的话语权不断增强，尽管可村男女嘴上都不说家里是男人或是女人当家，他们说的更多的是"家里的事商量着来"，但实际上女人在家庭中的地位的确不断提高。在可村阿细社会中，男人们不常讲"怕老婆"的话题，就算现在村里的老妇人也较少有挨过丈夫打的现象，这与阎云翔对北方汉族村落的研究不同，可村阿细女人在两性关系中，很少会选择激烈的方式对抗。她们一般采取比较迂回的"战略、战术"，所以，表面来看，夫妻关系、两性关系一直都比较和谐。

民族旅游开发后，大量可村女性参与其中，在民族歌舞表演、旅游服务工作、民族服饰展示中，可村女性成为主角，这在传统的阿细社会中是不存在的。路易莎·莎因在《中国的社会性别与内部东方主义》中对贵州西江苗族社区进行了考察，她指出西江苗族村寨为了构建有差异的文化来供汉人消费，苗族男人积极参与商品化的活动，把苗族女人作为少数民族的文化特征来展示，在这个过程中，苗族男人充当了"文化掮客"的角色。[②] 与路易莎的研究相似，在可村旅游产业发展的过程中，进行民族文化展演的确女性要承担的更多。在阿细社会中，女性本身就具备一定的文化资本，但在旅游开发前，很多文化资本并未有条件转化为经济资本，正

---

① 阎云翔：《私人生活的变革：一个中国村庄里的爱情、家庭与亲密关系（1949—1999）》，龚小夏译，上海人民出版社 2017 年版，第 123 页。

② ［美］路易莎·莎因：《中国的社会性别与内部东方主义》，载马元曦《社会性别与发展译文集》，生活·读书·新知三联书店 2000 年版，第 102 页。

是由于游客的品位所驱，阿细女性手中所持的文化资本快速地转化为经济资本，为其地位的提高创造了条件。

在传统阿细社会中，在绝大多数场合男性都是绝对的主角。阿细女性吃苦耐劳，承担家务、田中重活，但地位十分低下，其表达诉求、自我发展的机会非常少。民族旅游产业发展后，女性可以较为独立地参与其中，她们对男性的"依附"程度降低，新的生计方式带给她们更大的能动性空间。她们更能在经济、文化场域中发挥自己的价值，尤其是近些年来，更多的女性特别是受过良好学校教育的女性参与其中，她们以更加积极的姿态去学习，深度参与，她们能动地积累更多的文化资本、社会资本等，在适当时候将这些资本进行转化，使得自己在经济场域中更能占据有利地位，其在家庭中的话语权不断增强，家庭地位也有较为明显的提高，同时，其象征资本也日益增多，这本身为阿细女性的发展带来有利的条件。

可村阿细女性在诸多场域能动性的凸显，在民族旅游产业开发的背景下，也推动了阿细结构、文化的再生产，并在客观上推动了民族地区经济的发展、民族文化的保护和发展，这两者之间是相互促进的关系。"在旅游开发过程中，地方的'土著文化'必然会受到旅游者所带来的现代化与全球化文化的影响，从而引起地方文化的变迁。但地方的'土著'并不是只能对现代性的文化做出消极的反映。在与外来文化发生接触的过程中，地方会基于自身文化理念，在本土宇宙观的支配下将外来文化纳入到他们自己的体系中去，借以完成新时期的文化转型，从而建构起他们新的文化认同。"① 经济全球化很容易使各民族文化朝着趋同的方向发展，可村民族旅游的开发为阿细文化作为文化资本向经济资本转变提供了平台、条件，阿细文化的独特性也因此得到较好保持。在调查中笔者发现，可村女性在文化场域中积极实践，展示、保护阿细文化的自觉性不断增强。现在越来越多的她们会更多地提到"我们阿细人"如何如何，她们更认同自己的族群身份，更为自己的族群身份而自豪。陈刚在研究中指出，泸沽湖摩梭人

---

① 吴其付：《民族旅游文献中的文化认同研究》，《广西民族研究》2011年第1期。

在旅游发展过程中，交流和融合加强，当地居民的族群认同被强化。① 通过对本书的研究，笔者比较赞同其观点，在可村旅游产业发展中，村民普遍族群认同得到强化，在女性身上表现得非常突出。族群认同得到强化，可村女性们更积极地去展示、保护民族文化，这又为可村下一步的民族旅游发展打下更良好的基础。因此，可以说，可村阿细女性因为在旅游产业开发的背景下，得到了更多展示自己、更多的发展机会，与此同时，她们也大大地促进了民族旅游产业的发展，这使得两方面实现了良性循环。

当下的可村阿细女性在自身发展方面有了更好的基础，在私人生活领域中的重要性越来越突出，地位有所提高，这得到了阿细社会、男性的一致认同。在家族内部的事务中，如今习惯于"抛头露面"的女性争取在其中"在场"，社会地位有所凸显，但家族活动依然是以男性命名的活动，女性依然"依附"于男性，男性的主体地位并未改变。"赋权妇女是以自上而下方式提高妇女个体或群体的意识并增强其挑战从属地位的能力，来改变社会性别权力关系的过程，主要活动包括增强弱势妇女获得知识、资源、网络及决策的机会，以便使她们能够控制自己的生活，自主决策与资源控制。"② 在可村，赋权于阿细女性取得了一定的成效，在公共生活中，特别是影响公共决策的公共生活中，可村阿细女性的参与度也有一定提升，但相比男性，其影响力依然较弱。如前文所讲，尽管在社区治理方面，可村女性认为现阶段她们并不想直接参与，她们更愿意通过关系网络对村寨中的男性施加影响，以达到自己相应的目的。她们认为此种策略更有效，更符合她们和阿细社会的特点。但我们应该看到，可村阿细女性在此方面自我表达的愿望尽管较以前有所提高，但还并不十分强烈，她们自我表达方面的能力有限，公共生活、政治生活的参与度依然较低。在其中男性仍然是主体，在此方面她们的地位依然有待提高。

本书以可村为调查点，来探讨在民族旅游开发背景下，在阿细社会转型加剧、阿细文化经历着快速变迁的当下，关注阿细女性的实践，根本是

---

① 陈刚：《多民族地区旅游发展对当地族群关系的影响：以川滇泸沽湖地区为例》，《旅游学刊》2012 年第 5 期。

② 章立明：《性别与发展》，知识产权出版社 2016 年版，第 68 页。

关注阿细女性的生存之道、发展之路。对一个村寨、一个人群的关注当然十分必要，对可村女性的关注是因为其独特性，当然也有一定的普遍性。如今民族村寨通过旅游产业开发来促进民族经济、社会的发展已非常普遍，因此，本书探讨的相关问题不仅止步于可村阿细女性发展、民族旅游产业开发，希望在一定的普遍性上推而广之，来探讨民族旅游产业开发和少数民族女性发展的相关问题，特别是落脚点放在人上，重点关注作为弱势群体的少数民族女性的发展问题。

女性发展的程度如何，直接关系着一个社会的文明程度，因此其是社会发展中最重要的问题之一。回顾国际上对于女性与发展的研究，其主要起源于全球妇女运动。女性问题在 20 世纪 70 年代之后与社会发展的各领域开始衔接、接轨，形成了一系列研究的理论框架和个案研究。其中最有影响力的是妇女参与发展和社会性别与发展。妇女参与发展主要涉及经济发展、平等、赋权、教育、就业、福利、效率等方面的问题，社会性别与发展理论强调物质和社会结构对于性别平等的重要作用。可以说，妇女参与发展理论重点关注现存社会结构下公平分配对于女性发展的重要作用，而社会性别与发展理论则采取的是性别平等主流化与赋权政策相结合的方法。"性别平等主流化是指在法律、政策、计划和项目中自上而下的贯彻性别平等主线。"① 我国在促进妇女发展方面吸收了各理论的有益成分，在中华人民共和国成立后的各个时期，国家都发动了对男性中心观念的批判，各种相关保护妇女权益的法律、法规出台并进行适时的修改、完善，这些都为推动女性发展打下了坚实基础。

在本书的研究中可以看到，在民族地区经济快速发展、制度环境给予保障的背景下，少数民族女性发展的必要条件已经初步具备，同时也提高了她们自我发展的自觉性、积极性。但大部分少数民族地区的女性长期在两性不平等的环境中生活，这种惯性还将在一定程度上存在。这就需要外部继续、持续不断地推进两性平等的制度保障和形成良好的性别文化，以促进女性、特别是少数民族女性的发展。后现代女性主义研究者也非常注

---

① 陈方：《性别与发展研究：起源、理论和方法》，《中华女子学院学报》2009 年第 6 期。

重突出此点，"后现代女性主义渴望彻底摆脱二元对立、非此即彼的思维习惯，渴望在'太初之始，万物无名'的状态下诠释所有声音的意义，认为只有解构男女之间的二元对立逻辑，建构以多元差异为特征，且有着特殊布局和角度的女性世界才能彻底摧毁男性中心主义，在两性社会地位真实平等基础上获得社会结构有序运行与良性发展的新动力。"[1] 两性平等一直都是党中央重视、强调的，十九大进一步指出，"坚持男女平等基本国策，保障妇女儿童合法权益。"男女平等作为基本国策，保障了广大女性的地位和发展权利，与此同时，还要注重各方面的差异。特别是不同民族、族群有不同的文化特点，我们要尊重民族文化的差异，在尊重的前提下，为少数民族女性提供更多有利的外部条件，以促进她们的发展。

少数民族女性在促进民族旅游发展及民族地区经济、社会发展中都发挥着重要的作用。在少数民族地区经济发展、外部制度的影响下，她们自我发展意识强烈，地位有所提高。进一步促进少数民族女性合法权益的实现、促进她们的发展，是全面建成小康社会的应有之意。与此同时，更加促进少数民族女性的发展、充分调动她们的积极性，也更能助力推动少数民族地区经济发展、社会进步，促进全面建成小康社会目标的实现。

---

[1] 潘萍、何良安：《后现代主义、后现代女性主义与后现代女性生存方式》，《浙江学刊》2010 年第 4 期。

参考文献

一 中文著作

巴莫阿依：《彝族祖灵信仰研究》，四川民族出版社1994年版。

巴莫阿依、黄建明编：《国外学者彝学研究文集》，云南教育出版社2000年版。

戴庆夏：《中国彝学（第二辑）》，民族出版社2003年版。

刁统菊：《华北乡村社会姻亲关系研究》，中国社会科学出版社2016年版。

高丙中：《现代化与民族生活方式的变迁》，天津人民出版社1997年版。

葛永才：《弥勒彝族历史文化探源》，云南民族出版社1995年版。

光映炯：《旅游场域与东巴艺术变迁》，中国社会科学出版社2012年版。

郭于华：《仪式与社会变迁》，社会科学文献出版社2001年版。

李霞：《娘家与婆家：华北农村妇女的生活空间和后台权力》，社会科学文献出版社2010年版。

刘霓：《西方女性学：起源、内涵与发展》，社会科学文献出版社2001年版。

刘少杰：《社会学理性选择理论研究》，中国人民大学出版社2012年版。

路芳：《火的祭礼：阿细人密祭摩仪式的人类学研究》，北京大学出版社2012年版。

马翀炜、陈庆德：《民族文化资本化》，人民出版社2004年版。

马元曦主编：《社会性别发展译文集》，生活·读书·新知三联书店2000年版。

弥勒县地方志编纂委员会编纂：《弥勒县志（1978—2005）》，德宏人民出版社2008年版。

潘盛之：《旅游民族学》，贵州民族出版社1997年版。

彭多意、崔江红等:《变迁中的彝族社区——以可邑村为例》,民族出版社2007年版。

彭兆荣:《人类学仪式的理论与实践》,民族出版社2007年版。

沈海梅:《中间地带——西南中国的社会性别、族性与认同》,商务印书馆2012年版。

石连顺、石晓莉:《阿细人生礼仪》,云南民族出版社2007年版。

孙九霞:《传承与变迁——旅游中的族群与文化》,商务印书馆2012年版。

王丽华主编:《全球化语境中的异音——女性主义批判》,北京大学出版社2008年版。

王政、杜芳琴主编:《社会性别研究选译》,生活·读书·新知三联书店1998年版。

伍雄武、普同金:《彝族哲学思想史》,民族出版社1998年版。

徐赣丽:《民俗旅游与民族文化变迁——桂北壮瑶三村考察》,民族出版社2006年版。

杨甫旺:《彝族社会历史文化调查研究》,云南大学出版社2006年版。

杨慧、陈志明、张展鸿主编:《旅游、人类学与中国社会》,云南大学出版社2001年版。

杨振之等:《东道主与游客:青藏高原旅游人类学研究》,中国社会科学出版社2016年版。

易谋远:《彝族史要》,社会科学文献出版社2007年版。

余宁平、杜芳琴著:《妇女学的全球与区域视界:不守规矩的知识》,天津人民出版社2003年版。

云南社会性别小组编:《边缘的突破——云南社会性别探索与实践》,云南大学出版社2007年版。

云南社会性别与发展小组编:《参与性发展中的社会性别足迹》,中国社会科学出版社2005年版。

云南省弥勒县志编纂委员会编纂:《弥勒县志》,云南人民出版社1987年版。

云南省民族民间文学红河调查队搜集整理:《阿细的先基》,云南人民出版社1959年版。

张国富：《弥勒彝族文化概览》，云南民族出版社 2008 年版。

张晓萍主编：《民族旅游的人类学透视—中西旅游人类学研究论丛》，云南
　　大学出版社 2005 年版。

章立明：《结构与行动：西双版纳傣泐家庭婚姻中的社会性别分析》，人民
　　出版社 2011 年版。

章立明：《性别与发展》，知识产权出版社 2016 年版。

赵旭东：《结构与再生产：吉登斯的社会理论》，中国人民大学出版社
　　2017 年版。

朱慧珍：《女性生存状态透视：广西少数民族女性口述史》，广西师范大学
　　出版社 2013 年版。

朱映占等：《云南民族通史》，云南大学出版社 2016 年版。

宗晓莲：《旅游开发与文化变迁——以云南省丽江县纳西族文化为例》，中
　　国旅游出版社 2006 年版。

　二　中文译著

［挪威］弗雷德里克·巴特：《斯瓦特巴坦人的政治过程——一个社会人类
　　学研究的范例》，黄建生译，上海人民出版社 2005 年版。

［法］让·鲍德里亚：《消费社会》，刘成富、全志钢译，南京大学出版社
　　2014 年版。

［加］宝森：《中国妇女与农村发展：云南禄村六十年的变迁》，胡玉坤
　　译，江苏人民出版社 2005 年版。

［英］帕特里克·贝尔特、［葡］菲利佩·卡雷拉·达·席尔瓦：《二十世
　　纪以来的社会理论》，瞿铁鹏译，商务印书馆 2014 年版。

［法］西蒙娜德·波伏娃：《第二性》，陶铁柱译，中国书籍出版社 1998 年版。

［英］卡尔·波兰尼著：《巨变：当代政治与经济的起源》，黄树民译，社
　　会科学文献出版社 2013 年版。

［法］皮埃尔·布尔迪厄：《布尔迪厄访谈录——文化资本与社会炼金术》，
　　包亚明译，上海人民出版社 1997 年版。

［法］皮埃尔·布尔迪厄：《男性统治》，刘晖译，中国人民大学出版社

2017 年版。

［法］皮埃尔·布迪厄：《实践感》，蒋梓骁译，译林出版社 2012 年版。

［法］皮埃尔·布尔迪厄：《实践理论大纲》，高振华、李思宇译，中国人民大学出版社 2017 年版。

［法］皮埃尔·布尔迪厄、［美］华康德：《实践与反思——反思社会学导引》，李猛、李康译，中央编译出版社 1998 年版。

［英］拉德克里夫 - 布朗：《社会人类学方法》，夏建中译，山东人民出版社 1988 年版。

［英］玛丽·道格拉斯：《洁净与危险》，黄剑波等译，民族出版社 2008 年版。

［美］马克·格兰诺维特、［瑞典］理查德·斯维德伯格编著：《经济生活中的社会学》，瞿铁鹏、姜志辉译，上海人民出版社 2014 年版。

［美］Nelson Graburn：《人类学与旅游时代》，广西师范大学出版社 2009 年版。

［美］斯蒂文·郝瑞：《田野中的族群关系与民族认同——中国西南彝族社区考察研究》，巴莫阿依、曲木铁西译，广西人民出版社 2000 年版。

［英］安东尼·吉登斯：《社会的构成：结构化理论大纲》，李康、李猛译，生活·读书·新知三联书店 1998 年版。

［德］恩斯特·卡西尔：《人论——人类文化哲学导引》，甘阳译，上海译文出版社 2013 年版。

［美］詹姆斯·S. 科尔曼：《社会理论的基础》，邓方译，社会科学文献出版社 2008 年版。

［英］埃德蒙·R. 利奇：《缅甸高地诸政治体系》，杨春宇、周歆红译，商务印书馆 2012 年版。

［美］Dean MacCannell：《旅游者：休闲阶层新论》，张晓萍等译，广西师范大学出版社 2008 年版。

［美］玛格丽特·米德：《三个原始部落的性别与气质》，宋践等译，浙江人民出版社 1998 年版。

［美］丹尼逊·纳什：《旅游人类学》，宗晓莲译，云南大学出版社 2004 年版。

［美］马歇尔·萨林斯：《历史之岛》，蓝达居等译，上海人民出版社 2003

年版。

［美］马歇尔·萨林斯：《文化与实践理性》，赵丙祥译，上海人民出版社
2002 年版。

［美］瓦伦·L．史密斯主编：《东道主与游客———旅游人类学研究》，张
晓萍等译，云南大学出版社 2002 年版。

［美］詹姆斯·C．斯科特：《农民的道义经济学：东南亚的反叛与生存》，
程立显等译，译林出版社 2001 年版。

［法］列维－斯特劳斯：《结构人类学》，谢维扬、俞宣孟译，上海译文出
版社 1995 年版。

［英］John Urry：《游客凝视》，杨慧等译，广西师范大学出版社 2009 年版。

［美］斯蒂文·瓦戈：《社会变迁》，王晓莉等译，北京大学出版社 2007 年版。

［美］阎云翔：《礼物的流动：一个中国村庄中的互惠原则与社会网络》，
李放春、刘瑜译，上海人民出版社 2017 年版。

［美］阎云翔：《私人生活的变革：一个中国村庄里的爱情、家庭与亲密关
系（1949—1999）》，龚小夏译，上海人民出版社 2016 年版。

［美］阎云翔：《中国社会的个体化》，陆洋等译，上海译文出版社 2012 年版。

［加］朱爱岚：《中国北方村落的社会性别与权力》，胡玉坤译，江苏人民
出版社 2010 年版。

三 中文论文

巴胜超：《密枝节祭祀中女性的缺席与在场》，《云南社会科学》2010 年第
3 期。

白志红：《当代西方女性主义人类学的发展》，《国外社会科学》2002 年第
2 期。

蔡富莲：《凉山彝族毕摩文献中的女性形象研究》，《民族文学研究》2015
年第 5 期。

陈斌：《旅游发展对摩梭人家庭性别角色的影响》，《民族艺术研究》2004
年第 1 期。

陈方：《性别与发展研究：起源、理论和方法》，《中华女子学院学报》

2009 年第 6 期。

陈刚：《从社会转型到文化转型：泸沽湖地区摩梭社会文化变迁》，《民族论坛》2012 年第 11 期。

陈刚：《多民族地区旅游发展对当地族群关系的影响：以川滇泸沽湖地区为例》，《旅游学刊》2012 年第 5 期。

陈学金：《"结构"与"能动性"：人类学与社会学中的百年争论》，《贵州社会科学》2013 年第 11 期。

宫留记：《场域、惯习和资本：布迪厄与马克思在实践观上的不同视域》，《河南大学学报（社会科学版)》2007 年第 3 期。

郭于华：《"道义经济"还是"理性小农"：重读农民学经典论题》，《读书》2005 年第 2 期。

郝彧：《彝族家支文化中的女性地位》，《西南民族大学学报（人文社会科学版)》2015 年第 11 期。

何明：《当下民族文化保护与开发的复调逻辑——基于少数民族村寨旅游与艺术展演实践的分析》，《云南师范大学学报》（哲学社会科学版）2008 年第 1 期。

吉国秀：《婚姻支付变迁与姻亲秩序谋划——辽东 q 镇的个案研究》，《社会学研究》2007 年第 1 期。

金少萍：《云南少数民族妇女与旅游业的互动发展》，《中央民族大学学报》2003 年第 5 期。

李春霞、彭兆荣：《彝族"都则"（火把节）的仪式性与旅游开发》，《旅游学刊》2009 年第 4 期。

李霞：《国外女性人类学的发展过程》，《民族研究》2001 年第 5 期。

李晓莉：《女性择偶的动因与需求——以云南楚雄直苴村彝族择偶为例》，《思想战线》2005 年第 2 期。

廖婧琳、孙九霞：《旅游发展与少数民族家庭变迁：从单一性到复杂性》，《贵州社会科学》2015 年第 5 期。

刘代霞：《女性意识在彝族哭嫁歌中的裸现》，《贵州大学学报》（社会科学版）2014 年第 7 期。

刘珩：《文化转型：传统的再造与人类学的阐释》，《民族论坛》2012 年第 11 期。

刘统霞：《结构与能动性的关系流变探讨——文化人类学的研究主题》，《山东社会科学》2008 年第 2 期。

路芳：《祭火仪式的绘身与叙事——以弥勒阿细祭火仪式为例》，《民族文学研究》2010 年第 2 期。

麻国庆：《家庭策略研究与社会转型》，《思想战线》2016 年第 3 期。

马翀炜：《众神狂欢与意义追寻——彝族阿细人驱火妖节日的人类学分析》，《民族艺术研究》2003 年第 3 期。

马翀炜、李晶晶：《混搭：箐口村哈尼族服饰及其时尚》，《学术探索》2012 年第 2 期。

马林英：《当代凉山彝族婚姻文化中女性角色的变迁》，《中华女子学院学报》1999 年第 4 期。

满珂：《能动性理论与女性人类学的发展研究》，《北方民族大学学报》（哲学社会科学版）2016 年第 3 期。

茆晓君：《新视角下"整体生存伦理"之历史脉络及意义研究》，《青海民族研究》2011 年第 1 期。

潘蛟：《火把节纪事：当地人观点？》，《民族艺术》2004 年第 3 期。

潘萍、何良安：《后现代主义、后现代女性主义与后现代女性生存方式》，《浙江学刊》2010 年第 4 期。

彭兆荣：《"东道主"与"游客"：一种现代性悖论的危险——旅游人类学的一种诠释》，《思想战线》2002 年第 6 期。

彭兆荣：《民族志视野中真实性的多种样态》，《中国社会科学》2006 年第 2 期。

彭兆荣、路芳：《阿细密枝山祭祀仪式与生态和谐——以云南省弥勒县西一镇红万村为例》，《广西民族研究》2009 年第 3 期。

普丽春：《彝族舞蹈"阿细跳月"的文化特征浅析》，《思想战线》2001 年第 2 期。

沈海梅：《族群认同：男性客位化与女性主位化——关于当代中国族群认

同的社会性别思考》，《民族研究》2004 年第 5 期。

孙九霞：《族群文化的移植："旅游者凝视"视角下的解读》，《思想战线》
　　2009 年第 4 期。

孙九霞、张倩：《旅游对傣族物质文化变迁及其资本化的影响——以傣楼
　　景观为例》，《广西民族大学学报》（哲学社会科学版）2011 年第 3 期。

覃德清、戚剑玲：《西方旅游人类学与中国旅游文化研究》，《广西民族研
　　究》2001 年第 3 期。

万义：《村落社会结构变迁中传统体育的非物质文化遗产保护——以弥勒
　　县可邑村彝族阿细跳月为例》，《体育科学》2011 年第 2 期。

王东昕、邹华：《从〈阿细的先基〉看人类早期的婚性问题》，《云南民族
　　学院学报》（哲学社会科学版）1998 年第 3 期。

王宁：《从"消费自主性"到"消费嵌入性"——消费社会学研究范式的
　　转型》，《学术研究》2013 年第 10 期。

王天夫、王飞、唐有财：《土地集体化与农村传统大家庭的结构转型》，
　　《中国社会科学》2015 年第 2 期。

王跃生：《家庭结构转化和变动的理论——以中国农村的历史和现实经验
　　为基础》，《社会科学》2008 年第 7 期。

文军：《从生存理性到社会理性选择：当代中国农民外出就业动因的社会
　　学分析》，《社会学研究》2001 年第 6 期。

吴其付：《民族旅游文献中的文化认同研究》，《广西民族研究》2011 年第
　　1 期。

辛允星、赵旭东：《羌族下山的行动逻辑——一种身份认同视角下的生存
　　策略选择》，《广西民族大学学报》（哲学社会科学版）2013 年第 4 期。

徐新建：《人类学眼光：旅游与中国社会》，《旅游学刊》2000 年第 2 期。

杨慧：《民族旅游与族群认同、传统文化复兴及重建——云南民族旅游开
　　发中的"族群"及其应用泛化的检讨》，《思想战线》2003 年第 1 期。

杨杰宏：《多元互动中的旅游展演与民俗变异———以丽江东巴文化为
　　例》，《民俗研究》2013 年第 2 期。

姚艳：《文化传承的困境——阿细跳月的个案研究》，《贵州民族学院学报》

（哲学社会科学版）2006 年第 1 期。

苑国华：《从"规则"到"策略"：布迪厄的亲属与婚姻理论述评》，《黑龙江民族丛刊》2011 年第 1 期。

张爱华：《农村中年女性的温情策略与家庭关系期待——对河北上村隔代照顾实践的研究》，《妇女研究论丛》2015 年第 5 期。

张佩国：《整体生存伦理与民族志实践》，《广西民族大学学报》（哲学社会科学版）2010 年第 5 期。

张晓萍：《从旅游人类学的视角透视云南旅游工艺品的开发》，《云南民族学院学报》（哲学社会科学版）2001 年第 5 期。

张晓萍：《旅游开发中的文化价值———从经济人类学的角度看文化商品化》，《民族艺术研究》2006 年第 1 期。

张晓萍：《文化旅游资源开发的人类学透视》，《思想战线》2002 年第 1 期。

张晓萍：《西方旅游人类学中的"舞台真实"理论》，《思想战线》2003 年第 4 期。

张晓萍、黄继元：《纳尔逊·格雷本的"旅游人类学"》，《思想战线》2000 年第 1 期。

张兆曙：《生存伦理还是生存理性？——对一个农民行为论题的实地检验》，《东南学术》2004 年第 5 期。

赵巧艳：《布迪厄实践理论视角下民族旅游与社会性别的互动——以龙胜金坑红瑶为例》，《人文地理》2011 年第 6 期。

郑宇、曾静：《社会变迁与生存理性：一位苗族妇女的个人生活史》，《民族研究》2015 年第 3 期。

朱虹：《身体资本与打工妹的城市适应》，《社会》2008 年第 6 期。

朱宇晶：《表征性父权：传统、女性策略与父权再生产》，《民俗研究》2017 年第 3 期。

宗晓莲：《试论布迪厄的文化再生产理论对文化变迁研究的意义——以旅游开发背景下的民族文化变迁研究为例》，《广西民族学院学报》2002 年第 2 期。

四 外文著作与论文

Clifford Geertz, *Agricultural Involution: The Processes of Ecological Change in Indonesia*, University of California Press, 1963.

Darya Maoz, "The Mutual Gaze", *Jorunal of Travel Research*, 2006 (1).

Louisa Schein, *Minority Rules-The Miao and the Feminine in China's Cultural Politics*, Duke University Press, 2000.

Nelson Graburn, "The Anthropology of Tourism", *Annals of Tourism Research*, 1983 (10).

Nunez T., "Tourism, Tradition and Acculturation: Weeken Dismo in a Mexican Village", *South Western Journal of Anthropology*, 1963 (21).

Stevan Harrell, *Perspectives on the Yi of Southwest China*, University of California Press, 2001.